SHEHUI BAOXIAN
YI'NAN ANLI JIEXI YU YAODIAN POUXI

社会保险

疑难案例解析与要点剖析

栾居沪 王立林 著

中国法制出版社
CHINA LEGAL PUBLISHING HOUSE

前 言 PREFACE

社会保险是社会经济发展到一定阶段的产物。以1951年《劳动保险条例》的颁布为标志，我国建立了初步的社会保障制度。随着社会主义市场经济的建立，逐步形成了养老保险、医疗保险、工伤保险、失业保险和生育保险的社会保险制度框架。2010年《社会保险法》的颁布，标志着我国社会保险制度在立法上形成了比较完善的制度体系，各个险种相对独立又相互衔接，显现了社会保障制度的中国特色。

任何制度都有一个完善的过程。这不仅符合唯物辩证法的一般规律，也是推动社会发展的内在动力和源泉。社会保险也是如此。

本书想把社会保险争议的来源和解决途径通过案例的形式展示，以求达到类案检索同案同判的效果。一般情况下，知识或信息的输出有三种方式：结构化表达、形象化类比、可视化呈现。结构化表达要求既有观点又有逻辑；形象化类比要运用比喻和能够调动受众尽可能多感官的手法来完善表达出来的陈述；可视化呈现就是将你的内容在最终介质上呈现时，尽量以图形、图像化的视觉方式予以展示。相较于前两种方式，人们更容易理解和接受可视化的东西。内容信息的可视化有这样一个说法：字不如表，表不如图，图不如线。本书作了大胆尝试，即对部分案例法律历程、焦点问题分析，采用表、图和线的方式去呈现，试图达到可视化的效果。

我国自古就有重视案例的传统。行政和司法实践中，案例日益成为裁判与法学理论研究的有机结合体，它虽然不属于我国的正式法律渊源，但发挥着指导和参考的作用。正如读书人穷尽一生不可能读完世间书籍一样[①]，法律人也不可能在有限的时间内阅读行政或司法实践中的所有案例。类案检索给我们打开了方便之门。2020年7月27日，最高人民法院印发《关于统一法律适用加强类案检索的指导意见（试行）》，要求法官在办理相关类似案件时，应当进行类案检索，做到同案同判，以统一法律适用。作为法律人，我们也应当运用检索思维，把握检索方法，形成检索习惯。通过检索，我们系统思考案件历程、争议焦点以及社会保险行政机关、劳动争议仲裁机构和司法机关对同一问题是如何认知的，从而达到对所关涉案件“知己知彼”的目的。更为重要的是，检索的过程也是学习和梳理案件细枝末节的过程，对当事人和律师而言更是如此。本书提供了社会保险争议焦点问题检索的典型案例，试图从节约当事人时间和经济成本的角度出发，为和谐社会的构筑尽一份绵薄之力。

本书对案例的编撰有以下几个特点：一是对案情的简介不是案件事实的简单陈述，而是法院确认的事实；二是案例呈现的法律程序不仅有劳动争议仲裁机构的仲裁裁决或社会保险行政部门的具体行政行为，而且有一审、二审甚至再审、检察机关的法律监督；三是笔者根据案例的发展历程，结合自己的工作实践和法律认知，对案例中呈现的焦点问题及案例中可能会涉及的其他问题进行了解析和要点剖析。

本书案例大多取自高级人民法院、最高人民法院的判决案例和最高人民法院公报案例，少数取自中级人民法院的案例，具有代表性、典型性、权威性的特点。从这些真实案例形成过程，我们可以体认社会保险行政机关、劳动人事争议仲裁机构、司法机关在社会保险问题上的相同与不同的认知，权衡和思考不同角度对同一问题的不同认识，从而引发法律人对法律效果、社会效果、政治效果的系统思考。

本书既是从事人力资源和社会保障管理、企事业单位调解、劳动人事

① ［美］房龙：《宽容》，郭丽莉译，煤炭工业出版社2016年版，第87页。

争议仲裁、司法审判、工会等工作人员的工具用书，也可作为律师、法律工作者在案件办理过程中的检索工具，更是广大劳动者的维权指南，还可作为高等院校人力资源和社会保障专业的辅助教材。

作者

2022年4月11日

目 录 CONTENTS

第三章 养老保险争议

第四章 医疗保险争议

第五章 工伤保险争议

第六章 失业保险争议

第七章　生育保险争议

第一章

社会保险争议内容和性质界定

社会保险涉及劳动者、用人单位、社会保险行政部门、社会保险经办机构。说到社会保险争议，我们立刻会联想到劳动者与用人单位之间的社会保险劳动争议，其实，社会保险争议案件还包括劳动者、用人单位与社会保险行政部门、社会保险经办机构之间的社会保险行政争议的案件。社会保险争议按照争议类型，可以分为社会保险行政争议和社会保险劳动争议。正确认识社会保险行政争议和社会保险劳动争议，关系到劳动争议仲裁机构、人民法院职责权限与人力资源社会保障部门行政权能的合理划分。因此，在确定这两者的界限范围时，应当以《社会保险法》《社会保险费征缴暂行条例》作为依据。

社会保险争议按照争议内容，可以分为社会保险手续办理争议、社会保险缴费争议、社会保险金发放争议、社会保险待遇争议以及与社会保险有关的其他争议。社会保险手续办理争议、社会保险缴费争议、社会保险金发放争议属于行政争议的范畴，而社会保险待遇争议原则上属于劳动争议案件受案范围。实践中，与社会保险有关的争议，应具体问题具体分析。社会保险争议可以图示为：

- 社会保险争议
  - 行政争议
    - 社会保险行政部门
      - 责令改正争议
      - 行政处罚争议
    - 社会保险机构
      - 社会保险手续办理争议
      - 社会保险缴费争议
      - 社会保险金发放争议
  - 劳动争议
    - 劳动关系是否存续及存续期间争议
    - 因社保手续不能补办而产生的社会保险待遇争议

一、社会保险行政争议

按照《社会保险行政争议处理办法》第二条的规定，社会保险行政争议是指经办机构在依照法律、法规及有关规定经办社会保险事务过程中，与公民、法人或者其他组织之间发生的争议。经办机构是指法律、法规授权的劳动保障行政部门所属的专门办理养老保险、医疗保险、失业保险、工伤保险、生育保险等社会保险事务的工作机构。因此，社会保险行政争议是发生在公民、法人、其他组织与社会保险行政部门、社会保险经办机构之间的争议。

《社会保险行政争议处理办法》第六条第一款规定："有下列情形之一的，公民、法人或者其他组织可以申请行政复议：（一）认为经办机构未依法为其办理社会保险登记、变更或者注销手续的；（二）认为经办机构未按规定审核社会保险缴费基数的；（三）认为经办机构未按规定记录社会保险费缴费情况或者拒绝其查询缴费记录的；（四）认为经办机构违法收取费用或者违法要求履行义务的；（五）对经办机构核定其社会保险待遇标准有异议的；（六）认为经办机构不依法支付其社会保险待遇或者对经办机构停止其享受社会保险待遇有异议的；（七）认为经办机构未依法为其调整社会保险待遇的；（八）认为经办机构未依法为其办理社会保险关系转移或者接续手续的；（九）认为经办机构的其他具体行政行为侵犯其合法权益的。"以上都属于社会保险行政争议的范围。

社会保险缴费争议和社会保险金发放争议属于行政争议。《社会保险法》第六十三条第一款规定，用人单位未按时足额缴纳社会保险费的，由社会保险费征收机构责令其限期缴纳或者补足；第八十三条第二款规定，用人单位或者个人对社会保险经办机构不依法办理社会保险登记、核定社会保险费、支付社会保险待遇、办理社会保险转移接续手续或者侵害其他社会保险权益的行为，可以依法申请行政复议或者提起行政诉讼；第八十四条规定，用人单位不办理社会保险登记的，由社会保险行政部门责令限期改正。《社会保险费征缴暂行条例》第二十六条规定，缴费单位逾期拒不缴纳社会保险费、滞纳金的，由劳动保障行政部门或者税务机关申请人民法院依法强制缴纳。根据以上规定，用人单位未为劳动者参加社会保险的，劳动者有权向劳动保障部门或税务机关投诉，由他们强制向用人单位征收；社会保险机构未依法支付社会保险待遇、办理社会保险转移接续手续的，劳动者可以提起行政复议或行政诉讼。从法律关系来分析，缴纳社会保险费是国家法律、法规规定的一种强制性行政义务，反映的是国家社会保险征缴部门与缴费义务主体（用人单位和劳动者）之间的一种管理与被管理的行政关系，并非劳动争议当事人之间的民事关系。用人单位不缴纳社会保险费，违反的是行政管理法律法规，损害的不仅是劳动者的利益，还包括国家的利益，即整个社会保障制度。参加社会保险和缴纳社会保险费是征缴范围内的用人单位和劳动者的法定义务，必须严格依照法律规定的标准缴纳。同理，法律也没有赋予劳动仲裁部门和人民法院对此争议评判的依据和空间。养老保险金的发放或者社会保险待遇的给付属于社会保险经办机构应当自觉履行的法定职责，属于依法授权行使行政职权的职责，如果产生纠纷，应属于行政案件，不宜作为劳动争议案件处理。另外，我国社会保险从办理登记、缴费、发放社会保险待遇费用到监督检查等，均明确规定了由社会保险管理部门负责和管理。这一规定与我国当前社会发展阶段相适应，如果人为地由司法权强行介入，不仅不利于日益完善的社会保险功能的正常运作，而且也不利于劳动者合法权益的切实保护。

二、社会保险劳动争议

社会保险劳动争议，是指劳动者与用人单位之间的因社会保险问题而产生的争议。例如，因用人单位没有为劳动者办理社会保险手续，且社会保险经办机构不能补办导致劳动者不能享受社会保险待遇，劳动者要求用人单位赔偿损失的，就属于典型的社会保险劳动争议纠纷。

社会保险待遇损失可分为养老保险待遇损失、医疗保险待遇损失、工伤保险待遇损失、失业保险待遇损失、生育保险待遇损失。笔者认为，如果用人单位未办理社会保险导致劳动者遭受具体损失的，劳动者要求取得具体待遇的纠纷原则上应属于劳动争议受案范围，这是因为在用人单位未依法参加社会保险的情况下，国家有关规定已明确将上述社会保险待遇的支付义务转向用人单位，即此类争议仅限于劳动者与用人单位之间，而不涉及社会保险经办机构的权利义务。例如，《工伤保险条例》第六十二条第二款规定，依照本条例规定应当参加工伤保险而未参加工伤保险的用人单位职工发生工伤的，由该用人单位按照本条例规定的工伤保险待遇项目和标准支付费用。根据《最高人民法院关于审理劳动争议案件适用法律问题的解释（一）》第一条第五项的规定，劳动者以用人单位未为其办理社会保险手续，且社会保险经办机构不能补办导致其无法享受社会保险待遇为由，要求用人单位赔偿损失发生的纠纷，属于劳动争议，当事人不服劳动争议仲裁机构作出的裁决，依法提起诉讼的，人民法院应予受理。《最高人民法院民事案件案由规定》的社会保险纠纷项下的五个案由分别是养老保险待遇纠纷、工伤保险待遇纠纷、医疗保险待遇纠纷、生育保险待遇纠纷、失业保险待遇纠纷，这些都是社会保险待遇纠纷，这是最高人民法院认为社会保险待遇纠纷属于劳动争议受案范围的直接体现。

但是，以下因社会保险待遇导致的损失不属于劳动争议：

（一）未参加工伤保险及未足额缴纳工伤保险费导致的损失

对于用人单位未足额缴纳工伤保险费，如降低缴费基数导致劳动者享受到的工伤待遇低于应当享受的标准，劳动者能否起诉用人单位要求补足其差额，《工伤保险条例》并未明确规定，实践中也产生诸多争议。根据笔者多年的工作实践，对于用人单位已为劳动者办理了工伤保险参保手续，但因用人单位没有足额缴纳工伤保险费而引发的工伤保险待遇争议，劳动者向劳动行政部门申请解决是最佳维权途径。具体有以下方案可供选择：

第一，向劳动保障监察部门举报、投诉，由劳动监察部门责令改正，并补缴应由用人单位缴纳的工伤保险费，然后申请社会保险经办机构进行待遇变更。《劳动保障监察条例》第二十七条第一款规定："用人单位向社会保险经办机构申报应缴纳的社会保险费数额时，瞒报工资总额或者职工人数的，由劳动保障行政部门责令改正，并处瞒报工资数额1倍以上3倍以下的罚款。"《工伤保险条例》第六十二条第三款规定："用人单位参加工伤保险并补缴应当缴纳的工伤保险费、滞纳金后，由工伤保险基金和用人单位依照本条例的规定支付新发生的费用。"因此，对用人单位违反社会保险法律法规，瞒报、漏报、少报社会保险缴费基数，侵害劳动者社会保险合法权益的行为，劳动者可以到当地劳动保障监察机构举报投诉，由劳动监察机构进行查实并责令改正，然后申请社会保险机构进行待遇变更。

第二，直接向社会保险机构举报投诉并申请待遇变更。《社会保险法》第六十三条第一款规定："用人单位未按时足额缴纳社会保险费的，由社会保险费征收机构责令其限期缴纳或者补足。"这表明，社会保险机构在用人单位未按时足额缴纳社会保险费时，有责任责令其限期缴纳或者补足，并在缴纳或者补足后变更其社会保险待遇。

第三，申请行政复议或行政诉讼。根据《工伤保险条例》第五十五条第五项规定，工伤职工或者其近亲属对经办机构核定的工伤保险待遇有异议的，有关单位或者个人可以依法申请行政复议，也可以依法向人民法院提起行政诉讼。按照《社会保险法》，社会保险经办机构有责任、有义务对用人单位的社会保险缴纳申报进行监督管理，对因监督管理不到位而造成职工待遇降低引发的争议，工伤职工可通过行政复议或行政诉讼的途径解决。

（二）未缴纳养老保险导致的待遇损失

这个问题较为复杂。《最高人民法院关于审理劳动争议案件适用法律问题的解释（一）》第一条第五项"劳动者以用人单位未为其办理社会保险手续，且社会保险经办机构不能补办导致其无法享受社会保险待遇为由，要求用人单位赔偿损失发生的纠纷"、第六项"劳动者退休后，与尚未参加社会保险统筹的原用人单位因追索养老金、医疗费、工伤保险待遇和其他社会保险待遇而发生的纠纷”均属于劳动争议，当事人不服劳动争议仲裁机构作出的裁决，依法提起诉讼的，人民法院应予受理。根据以上规定，人民法院受理养老保险待遇损失有两个方面的限制：一方面，劳动者必须达到退休年龄；另一方面，用人单位没有参加社会保险统筹。不同之处在于没有限定劳动者在退休之后才能主张权利。根据该解释第一条第五项的规定，可以确定以下内容：第一，养老保险缴费年限争议不属于劳动争议受案范围；第二，未足额、及时缴纳养老保险导致的待遇损失不属于劳动争议受案范围；第三，未办理养老保险导致的待遇损失属于劳动争议受案范围，但前提是劳动者必须提交社会保险经办机构出具的不能补办证据，以证明养老保险手续已经不能补办。

《社会保险法》第十六条第二款规定，参加基本养老保险的个人，达到法定退休年龄时累计缴费不足十五年的，可以缴费至满十五年，按月领取基本养老金；也可以转入新型农村社会养老保险或者城镇居民社会养老保险，按照国务院规定享受相应的养老保险待遇。《实施〈中华人民共和国社会保险法〉若干规定》第二条规定：“参加职工基本养老保险的个人达到法定退休年龄时，累计缴费不足15年的，可以延长缴费至满15年。社会保险法实施前参保、延长缴费5年后仍不足15年的，可以一次性缴费至满15年。”第三条第一款规定：“参加职工基本养老保险的个人达到法定退休年龄后，累计缴费不足15年（含依照第二条规定延长缴费）的，可以申请转入户籍所在地新型农村社会养老保险或者城镇居民社会养老保险，享受相应的养老保险待遇。”因此，只要参加过养老保险，基本上都可以补缴，也可以转入户籍地新农合或城镇养老保险，基本上不存在社会保险经办机构不能补办导致其无法享受养老保险待遇的问题。

三、与社会保险有关的争议

目前，实践中受理的与社会保险有关的争议包括社会保险费代付返还争议、双方协议以给付一定数额金钱免除社会保险缴费义务而产生的争议以及企业年金等争议，应具体问题具体分析。

（一）社会保险费代付返还争议

用人单位为劳动者建立社会保险关系，劳动者垫付用人单位未依法缴纳的社会保险费用后，请求用人单位返还的，或者用人单位垫付应当由劳动者缴纳的社会保险费用后，请求劳动者返还的，是否作为劳动争议处理，在实践中争议较大。

反对作为劳动争议受案范围的意见主要认为：第一，如果把实践中出现的劳动者追索代用人单位补缴的社会保险费纠纷作为劳动争议案件处理，那就相当于鼓励劳动者代用人单位缴纳社会保险费，与《社会保险法》规定的缴费系用人单位法定义务精神不符，劳动者将更乐于采取代缴的方式取代要求社会保险行政部门向用人单位追缴的方式维权，不利于促进行政机关积极履行监管义务。第二，争议处理过程中，劳动者与用人单位可能对劳动者代缴的社会保险费标准存在争议，实践中审理此类案件时必须审查劳动者缴纳社会保险费的标准，不仅加大了劳动争议审判的工作量，而且在实质上产生了法院变相处理社会保险费追缴的法律后果，不符合司法解释的规定。笔者认为，反对意见具有一定的合理性，但是此类问题应当具体问题具体分析，不能一概不作为劳动争议处理。如果双方对缴付基数没有争议，则用人单位代劳动者缴纳或者劳动者代用人单位缴纳社会保险费属于纯粹的劳动债权债务，作为劳动争议处理比较妥当。

（二）双方协议以给付一定数额金钱免除社会保险缴费义务而产生的争议

由于社会保险转移不畅或者劳动者参加了城乡居民养老保险或者劳动者出于短视行为不愿意参加社会保险，实践中出现用人单位和劳动者都不愿意缴纳养老保险的情形，于是双方达成协议由用人单位给付劳动者一定数额的金钱作为补偿，以此免除用人单位的缴纳义务。在协议执行过程中主要存在以下几种可能情形：一是用人单位未按协议支付，劳动者请求用人单位按协议支付；二是用人单位按协议支付后，劳动者仍然要求用人单位缴纳社会保险，用人单位要求返还支付的社会保险费补偿；三是双方达成协议后，劳动者以用人单位未缴纳社会保险为由解除劳动合同，并要求解除劳动合同的经济补偿。笔者认为，此类争议属于劳动争议受案范围，劳动争议仲裁机构首先需要判断的是双方达成的协议是否有效、是否应履行。如果用人单位已经支付了补偿，可以请求返还；如果用人单位未支付，劳动者不能请求支付，因为社会保险的缴纳是国家规定的强制性义务，不能以协议的方式规避或变通。

（三）企业年金争议

企业年金是指企业及其职工在依法参加基本养老保险的基础上，自愿建立的补充养老保险制度。实践中，企业年金纠纷并不少见，但对于是否属于劳动争议受案范围，争议较大。对于企业年金纠纷是否属于劳动争议受案范围，首先要弄清企业年金的法律性质及其与基本养老保险制度的区别。《企业年金办法》第二条规定："本办法所称企业年金，是指企业及其职工在依法参加基本养老保险的基础上，自主建立的补充养老保险制度。国家鼓励企业建立企业年金。建立企业年金，应当按照本办法执行。"因此，企业年金是补充养老保险，不属于国家法律强制缴纳的养老保险制度，是企业自愿缴纳的，应当看作企业给予员工的一种福利待遇，补缴企业年金不属于社会保险争议，而是福利待遇纠纷。《企业年金办法》第三十条第一款规定，因订立或者履行企业年金方案发生争议的，按照国家有关集体合同的规定执行。福利待遇纠纷属于劳动争议受案范围，仲裁机构和人民法院均应受理。

第二章

社会保险争议的类型

社会保险争议比较复杂。按社会保险险种分，有养老保险争议、医疗保险争议、工伤保险争议、失业保险争议和生育保险争议；按争议的处理方式，可分为社会保险行政争议和社会保险劳动争议；按争议的具体内容，可分为社会保险费缴纳争议、代缴社会保险争议、追缴社会保险争议。社会保险争议之间相互交织、错综复杂，很难从一个角度去厘清。笔者按传统观点，着力从社会保险种类争议出发，梳理出一些常见的社会保险争议。

社会保险争议类型图示为：

- 社会保险争议类型
  - 按社会保险险种分
    - 养老保险争议
    - 医疗保险争议
    - 工伤保险争议
    - 失业保险争议
    - 生育保险争议
  - 按争议的处理方式分
    - 行政争议
    - 劳动争议
  - 按争议的内容分
    - 社会保险缴纳争议
    - 代缴社会保险争议
    - 追缴社会保险争议

专题一　劳动者与用人单位之间社会保险费缴纳争议

劳动者与用人单位之间社会保险费缴纳争议，按照是否存在劳动关系可分为两种类型：第一类是劳动者与用人单位之间存在劳动关系的情况下发生的社会保险缴纳争议，第二类是劳动者与用人单位不存在劳动关系的情况下发生的社会保险缴纳争议。第一类又分两种情形：一是因为用人单位在代扣代缴过程中少扣、未扣或应缴未缴用人单位或劳动者的社会保险费发生的争议；二是因用人单位生产经营困难，没有或暂时没有缴纳社会保险费，劳动者出于办理退休或调动工作的原因，由劳动者代交社会保险费发生的争议。第二类也有两种情形：一是劳动关系终止后，劳动者个人或原用人单位在无缴纳社会保险义务的情况下，因代交社会保险费发生的争议；二是在无劳动关系的情况下，第三方受用人单位的委托因代缴（或代交）社会保险费与劳动者发生的争议。

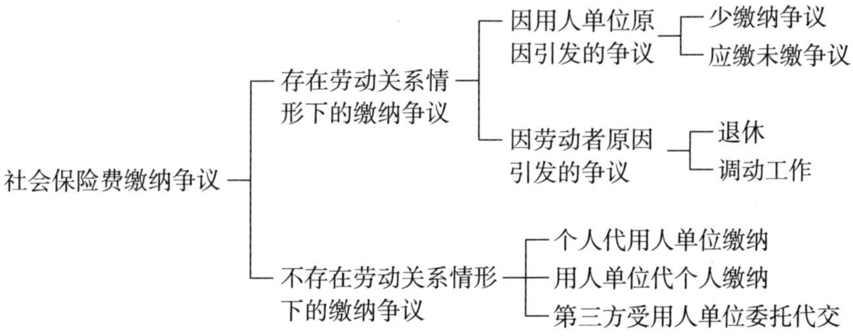

案例一　不存在劳动关系情况下的代缴社会保险费争议不属于劳动争议

案情简介

杨某于2007年到某机械厂工作。2014年12月9日，杨某在单位吊运工件时左手不慎被钢丝夹伤，后被认定为工伤。后因杨某发生工伤事故后一直不来上班，2015年4月，机械厂以“解除或终止劳动合同”的理由，为杨某办理了社会保险减员手续。2015年5月5日，杨某申请劳动仲裁，认为机械厂办理社会保险减员手续的行为属于违法解除劳动合同，应当支付赔偿金。该案经劳动仲裁、一审、二审，由江苏省常州市中级人民法院于2016年12月9日作出了（2016）苏04民终2847号民事判决书，最终认定机械厂违法解除劳动合同，应当支付赔偿金。鉴于劳动关系的不确定性，在该案处理过程中，机械厂于2015年5月以“重新就业”为由为杨某办理了社会保险增员手续，并于2015年7月开始为杨某缴纳社会保险费，截至2017年3月共计缴纳22490.59元。

机械厂于2017年7月17日向劳动人事争议仲裁委员会提出申请，要求杨某返还2015年7月至2017年3月的社会保险费用共计22490.59元。

案件历程

（一）劳动人事争议仲裁委：不予受理

该委于2017年7月17日作出了不予受理通知书。

机械厂不服，遂诉至法院。主要理由为：根据生效判决认定的事实，双方劳动关系已经在2015年4月解除，机械厂为杨某缴纳社会保险费已经没有法律依据，杨某应当将取得的不当利益返还，故请求法院判令被告杨某立即返还不当得利22490.59元并承担本案诉讼费用。

（二）法院：驳回起诉

法院认为，根据《社会保险法》的规定，社会保险费实行统一征收。用人单位应当自行申报、按时足额缴纳社会保险费，非因不可抗力等法定事由不得缓缴、减免。职工应当缴纳的社会保险费由用人单位代扣代缴，用人单位应当按月将缴纳社会保险费的明细情况告知本人。社会保险费征收机构应当依法按时足额征收社会保险费，并将缴费情况定期告知用人单位和个人。用人单位未按时足额缴纳社会保险费的，由社会保险费征收机构责令其限期缴纳或者补足。用人单位或者个人认为社会保险费征收机构的行为侵害自己合法权益的，可以依法申请行政复议或者提起行政诉讼。按照上述法律规定，社会保险费用的缴纳是国家社会保险征缴部门与缴费义务主体之间管理与被管理的行政关系，并非劳动争议当事人之间的民事关系。且社会保险的登记、核定、缴纳、待遇的给付、监管均属于社会保险经办机构及相关职能部门的法定职责。据此，已经缴纳的社会保险费用能否返还，也应当由社会保险经办机构及相关职能部门处理，而非人民法院民事案件的受理范围。机械厂以不当得利为由向杨某主张返还用人单位缴纳的22490.59元社会保险费用的诉请，不属于人民法院受理民事纠纷的范围，依法应当不予受理。[①]

案例二　缴纳社会保险费是用人单位的法定义务

案情简介

朴某与某安装公司于2011年3月至2016年3月15日存在劳动关系。安装公司诉朴某不当得利。安装公司称，朴某在公司工作期间，公司为其缴纳社会保险，根据《劳动法》的规定，劳动保险分为单位缴纳部分和个人缴纳部

① 案例取自江苏省溧阳市人民法院（2017）苏0481民初5683号民事裁定书，载《江苏省高级人民法院公报》总第55辑（2018）参阅案例5号。

分，朴某拖欠2011年至2016年个人应缴保险费总计15000元，此款经多次催要未果。朴某辩称：其在安装公司工作期间，每月实发工资都是按照北京市最低工资标准发放的，按照相关规定，扣除保险到手部分就达不到北京市最低工资标准了，个人应缴纳的社会保险费，安装公司已经从自己的工资中扣除了，遂不同意安装公司的诉讼请求。朴某承认此间未自行缴纳过社会保险费中应由个人承担的部分。对上述事实及代缴数额双方均无异议。

案件历程

（一）一审法院：驳回起诉

一审法院认为，没有合法根据，取得不当利益，造成他人损失的，应当将取得的不当利益返还遭受损失的人。本案中，被告在与原告存在合法劳动关系期间的社会保险费个人应缴部分均由原告垫缴。劳动合同解除后，原告要求被告返还垫缴的社会保险费个人应缴部分于法有据，本院予以支持，超出原告代缴部分的诉讼请求，本院不予支持。被告所述其个人应缴部分社会保险费不应包括在其最低工资之内的辩解意见因不符合相关规定，本院不予支持。判决朴某于本判决生效之日起七日内返还安装公司为其代缴的社会保险费共计14948.52元。

朴某不服，提起上诉。事实和理由为：1.一审法院认定上诉人在与被上诉人存在劳动关系期间的社会保险费中个人应缴纳部分均由被上诉人垫缴是错误的。上诉人与被上诉人劳动关系存续期间的社会保险费中上诉人应缴纳部分由被上诉人依法代扣代缴。被上诉人代扣代缴符合《社会保险法》第六十条“职工应当缴纳的社会保险费由用人单位代扣代缴”的规定，同时也符合日常生活经验法则。2.一审判决认定的基本事实缺乏证据证明，被上诉人未提交证据证明社会保险费个人应缴纳部分均由被上诉人垫缴。3.一审判决法律适用错误。上诉人与被上诉人劳动关系存续期间，被上诉人按照北京市最低工资标准支付上诉人工资。如被上诉人所称上诉人的社会保险费个人应缴纳部分均由被上诉人垫缴，那么上诉人的工资在扣除社会保险费个人应缴纳部分后，将低于北京市最低工资标准。4.一审法院认定为垫缴，代缴与垫缴不是同一性质。

（二）二审法院：驳回上诉

二审法院认为，根据本案查明的事实，安装公司为朴某垫缴了2011年至2016年社会保险费中个人应缴部分，现安装公司主张朴某返还其垫缴的社会保险费用，于法有据，本院予以支持。朴某如认为其工资在扣除社会保险费个人应缴纳部分后将低于北京市最低工资标准，则属于双方间的劳动争议，与本案不属同一法律关系，其可另行主张。①

案例三　社会保险经办机构收缴职工个人的社会保险费违法

案情简介

集团公司人力资源部为吕某出具的《证明》内容为：“现有我单位职工吕某前去贵处补缴我单位欠费期间保险费，请予办理。”

（一）社会保险经办机构：收缴了以个人名义缴纳的社会保险费

2019年4月26日，吕某持集团公司人力资源部出具的《证明》，到某社保中心补缴了其2008年8月至2009年11月的基本养老保险等六项社会保险费，其中单位应缴纳额为5820.18元、吕某个人应缴纳额为2153.78元、利息4101.49元，合计12075.45元，该款项由吕某从丈夫的银行卡中支付。吕某结清社保欠费后，社保中心将吕某的社会保险关系及养老保险基金9311.72元转移到济南市某城区社会保险事业处。

① 案例取自北京市第三中级人民法院（2017）京03民终6616号民事判决书。除单独说明外，本书案例均取自中国裁判文书网等公开来源，下略。

吕某认为社保中心的行政行为违法，起诉至法院。

（二）一审法院：社会保险事业中心征缴行为违法

一审法院认为，《社会保险法》第六十条第一款规定，用人单位应当自行申报、按时足额缴纳社会保险费。职工应当缴纳的社会保险费由用人单位代扣代缴。第六十三条第一款规定，用人单位未按时足额缴纳社会保险费的，由社会保险费征收机构责令其限期缴纳或者补足。《社会保险费征缴暂行条例》第十二条第二款规定，缴费个人应当缴纳的社会保险费，由所在单位从其本人工资中代扣代缴。根据以上法律法规规定，职工应当缴纳的社会保险费由用人单位代扣代缴是法律确定的缴纳方式。本案某社保中心在2019年4月26日征缴吕某2008年8月至2009年11月的基本养老保险等六项社会保险费时，未按照法定方式责令用人单位代缴，而是直接将用人单位应当缴纳的社会保险费、利息及代缴职工部分一并由吕某丈夫缴纳，某社保中心征缴程序违反法律规定，依法应当予以撤销。但是鉴于某社保中心已经将吕某的社会保险关系及保险基金转移到济南市某城区社会保险事业处，撤销社保中心征缴行为势必给涉及社会公共利益的社会保险基金造成损害，据此依法确认社保中心征缴行为违法，但不予撤销。吕某代用人单位缴纳的社会保险费可以根据《社会保险法》《劳动合同法》的相关规定通过劳动争议程序向用人单位追偿，寻求权利救济。

社保中心不服，遂提起上诉。

（三）二审法院：社保中心征缴行为违法

二审法院认为，根据相关法律法规的规定，对于通过用人单位参加社会保险的职工而言，其应当缴纳的社会保险费由用人单位代扣代缴是法律明确规定的社会保险费缴纳方式。从本案查明的基本事实来看，某社保中心在2019年4月26日征缴吕某2008年8月至2009年11月的基本养老保险等六项社会保险费时，并未按照上述法定方式由用人单位代缴，而是将用人单位应当缴纳的社会保险费、利息和职工应通过用人单位代缴的社会保险费一并由职工吕某一方直接缴纳。社保中心在本案中的这一征缴程序违反法律法规的相关规定。因吕某的社会保险关系及保险基金已经被转移至济南市某城区社会保险事业处，撤销社保中心在本案中的征缴行为会给涉及社会公共利益的社会保险基金造成损害。一审法院考虑该具体情况，依法确认社保中心的征缴行为违法但不予撤销，并无不当。至于吕某一方代用人单位缴纳的社会保险费，吕某可另行向用人单位追偿，但这并不影响本案中对社保中心征缴行为违法的认定。[①]

评析与思考

劳动者与用人单位之间的社会保险缴纳争议，不仅表现为劳动者与用人单位之间因缴纳社会保险履行义务产生的争议，而且表现为劳动者与用人单位之间在相互没有义务的前提下发生的缴纳社会保险争议。

一、社会保险缴纳中的代缴、代交与垫缴

在社会保险的缴纳行为上，代缴、代交与垫缴由于其各自的行为决定了其含义的区别。“代缴”的“代”是代替的意思，“缴”，多指履行义务或被迫。“代交”的“交”，是主动交付或上交，没有履行义务的被动性，也没有被迫的意思。“垫缴”的“垫”应该是替人付钱的意思。查《现代汉语词典》关于“垫”的基本释义有四：1.用东西支、铺或衬，使加高、加厚或平正，或起隔离作用；2.填补空缺；3.暂时替人付钱；4.垫子。[②]因此，从字面的含义来看，代缴指的是代替别人缴纳，钱是别人的，自己只是代替别人完成缴纳这个行为；代交，是主动缴纳，自愿交付；垫缴的钱是垫缴者自己的，是自己从自己兜里拿钱，只是出于一定的目的暂时替人缴纳。代缴与垫缴不关注以什么

---

① 案例取自山东省淄博市中级人民法院（2020）鲁03行终9号行政判决书。

② 中国社会科学院语言研究所词典编辑室：《现代汉语词典》，商务印书馆1988年版，第242页。

人的名义，追求的是目的的实现。

在实践中，有一个“垫资”的概念，但“垫资”不是一个法律概念，法律、行政法规层面对什么是垫资也没有明确规定，在民事行为中，各类变相的垫资行为更为复杂、隐蔽、多样。通常只有在合同里明确约定了“垫资”“垫付款”等字样或类似意思表示才会认定为垫资，也即垫资需双方对此形成合意。《政府投资条例》第二十二条第二款规定的“政府投资项目不得由施工单位垫资建设”，这意味着国家首次将禁止施工单位垫资建设政府投资项目上升到立法层面。

二、劳动者与用人单位之间社会保险缴纳争议中“不当得利”规则的适用

根据《社会保险法》的规定，职工应当缴纳的社会保险费由用人单位代扣代缴。职工应当参加基本养老保险、基本医疗保险、失业保险，由用人单位和职工共同缴纳基本养老保险费、基本医疗保险费、失业保险费。案例三表明，职工应当缴纳的社会保险费由用人单位代扣代缴是法律确定的缴纳方式。因此，缴纳社会保险是用人单位和职工的共同义务，用人单位代扣代缴职工应当缴纳的社会保险费是社会保险费缴纳中用人单位的特别义务。《民法典》第九百八十五条规定：“得利人没有法律根据取得不当利益的，受损失的人可以请求得利人返还取得的利益，但是有下列情形之一的除外：（一）为履行道德义务进行的给付；（二）债务到期之前的清偿；（三）明知无给付义务而进行的债务清偿。”如果用人单位或职工由于种种原因为对方代交了社会保险费，那么代交的社会保险费属于什么性质？又以什么方式追回？代交的社会保险费是否构成“不当得利”？用人单位或职工以“不当得利”提起诉讼要求对方返还垫付的社会保险费是劳动争议还是民事争议？

“不当得利”是民事法律领域的概念，其构成要件有四：一方获得利益、他方受到损失、获得利益和受到损失之间有因果关系、获得利益没有合法根据。在劳动关系的履行过程当中，无论是用人单位代替职工缴纳应由职工个人缴纳的社会保险费，还是职工个人代替用人单位缴纳应由用人单位缴纳的

社会保险费，都是基于劳动关系这一基本事实，目的都是履行缴纳社会保险的法定义务。只是在履行这一法定义务的过程中，暂时替对方履行了应由对方履行的相关义务。从不当得利的构成要件来看，应该履行义务的一方因为没有履行自己应当履行的缴纳社会保险义务，而获得了代交利益；代交的一方因为代为对方履行社会保险缴纳义务而受到了金钱的损失；这种代交社会保险费的行为基于双方劳动关系而产生了获得利益与受到损失之间的因果关系；但代交社会保险费的一方并没有替对方履行缴纳社会保险费的义务，在法律上也没有代交义务的根据。因此，这种代交社会保险费的行为，属于在劳动关系履行过程当中的不正常现象，其间发生了争议，理应成为劳动争议的受案范围，属于劳动争议中的不当得利返还诉求。案例三中一审、二审的判决表明，劳动者代用人单位缴纳的社会保险费可以通过劳动争议程序向用人单位追偿，寻求权利救济。另外，对于劳动关系双方签有不缴纳社会保险的协议，用人单位以社会保险补贴的形式发放给劳动者后，劳动者又以用人单位不缴纳社会保险为由投诉的，用人单位缴纳社会保险后，可以以不当得利追回先前发放的社会保险补贴。[①]因为将不缴纳社会保险改为发放保险补贴之约定不仅有损个人社会保险利益，也侵害了全体社会的整体利益，违反了法律、行政法规强制性规定，属于无效约定，用人单位有权向劳动者追偿社会保险补贴。[②]

三、典型案例裁审意见的商榷

（一）关于案例一。杨某与某机械厂自2015年4月起已不存在劳动关系，其后机械厂缴纳社会保险费的行为已不属于劳动关系过程中的义务范围，既不属于代扣代缴，也不属于垫缴，杨某也没有不当得利，其实质是与社会保险经办机构之间因错误履行义务而产生的纠纷。严格地讲，这既不是社会保

---

① 北京市高级人民法院（2019）京民申2888号民事裁定书。

② 陕西省高级人民法院（2020）陕民申3067号民事裁定书。

险行政争议，也不属于劳动争议，而是机械厂与社会保险经办机构之间平等民事主体之间的不当得利争议。

（二）关于案例二。从案件经过来看，该案没有经过劳动争议仲裁前置程序，一审、二审也没有按照劳动争议处理，而是按照劳动者与用人单位的不当得利纠纷审理。笔者认为，该案有以下几点值得商榷：

一是代扣代缴社会保险费是用人单位的特别义务。案件中，安装工程公司在缴纳社会保险的过程中，有代扣代缴社会保险的义务，2011年3月至2016年3月，作为应该履行法定义务的用人单位却没有履行应该履行的法定义务，本身有错在先，应当承担相关责任。

二是工资发放应有一个详细清单。《工资支付暂行规定》第六条第三款规定："用人单位必须书面记录支付劳动者工资的数额、时间、领取者的姓名以及签字，并保存两年以上备查。用人单位在支付工资时应向劳动者提供一份其个人的工资清单。"案例中，用人单位是起诉者，按照证据规则的规定，用人单位应该承担举证责任，但从案件的发展历程来看，没有相关证据证明用人单位提供了工资发放清单。

三是最低工资发放标准没有查清。对于按照最低工资标准发放工资的用人单位，其最低工资是否包含劳动者个人应当缴纳的各项社会保险费，各地的规定有所不同。如根据《关于调整北京市2016年最低工资标准的通知》第一条第二款第三项的规定，劳动者个人应缴纳的各项社会保险费和住房公积金不作为最低工资标准的组成部分，用人单位应按规定另行支付。在一审、二审过程中，劳动者均提出了最低工资标准中关涉的劳动者个人缴纳的社会保险费，但一审认为不符合2016年北京市最低工资标准，二审则认为与本案不属于同一法律关系。

四是劳动关系期间的劳动者与用人单位的争议应该按照劳动争议处理。案件中，因缴纳社会保险费发生在劳动者与用人单位之间，是用人单位没有履行代扣代缴的义务，还是劳动者应当向用人单位支付由自己支付的社会保险费，这显然属于劳动争议。值得称道的是，案例二给我们提供了一个解决劳动者与用人单位因缴纳社会保险费争议解决的思路，案件引用了民事争议中类似“垫资”的“垫缴”概念，为劳动者与用人单位之间不当得利返还提供了新的解决途径。

（三）关于案例三。一审、二审法院均认为，按照《社会保险法》第六十条第一款、第六十三条和《社会保险费征缴暂行条例》第十二条的规定，职工应当缴纳的社会保险费应当由用人单位代扣代缴，肯定了用人单位在缴纳社会保险费问题上的职责和义务，不存在由职工个人代替用人单位缴纳社会保险费的缴纳方式。案例在确认社会保险经办机构征缴行为违法的同时，指引了劳动者和用人单位因缴纳社会保险费引发争议的解决途径，即可以根据《社会保险法》《劳动合同法》的相关规定通过劳动争议程序向用人单位（或劳动者）进行追偿，寻求权利救济。

专题二 第三方代缴社会保险费争议

第三方代缴社会保险，主要指的是劳动者与无关联的第三方以用人单位、用工单位或以自己的名义代为缴纳社会保险费的行为。实践中，争议最多的是第三方以自己的名义或以用工单位的名义代为缴纳社会保险费的行为。

案例一 第三方代缴社会保险费，社会保险基金不支付的待遇由用人单位承担

案情简介

焦某于2014年9月1日入职医疗公司，从事招标专员工作，工作地点在北京市，合同期限从2014年9月1日至2018年12月31日，在职期间月均工资为4000元。2015年12月25日9时许，焦某因工作需要下楼取放在车里的U盘，在行至单位所在的大厦一楼下台阶时不慎踩空摔倒受伤，经医院诊断为右胫腓骨骨折。2016年5月19日，医疗公司向焦某作出《解除劳动合同通知书》，以焦某医疗期满不能从事原工作也不能从事由公司另行安排的工作为由，通知焦某于2016年4月1日解除双方劳动关系。某市人力资源和社会保障局于2017年1月20日认定焦某所受伤害为工伤。2017年4月27日，某市劳动能力鉴定委员会鉴定焦某工伤致残等级为九级。2014年9月至2016年1月，医疗公司委托案外人科技公司为包括焦某在内的在京员工向北京市社保部门缴纳了社会保险（含失业保险）。

2017年8月14日，焦某向劳动人事争议仲裁委员会提起仲裁申请，请求裁决医疗公司向焦某支付：1.医疗费75254.64元；2.住院期间的护理费3750元；

3.住院伙食补助费1250元；4.交通费、住宿费6729元；5.鉴定费用299元；6.停工留薪期工资48000元；7.一次性伤残补助金36000元；8.一次性工伤医疗补助金41244元；9.一次性伤残就业补助金61866元；10.违法解除劳动合同的赔偿金16000元。

案件历程

（一）劳动人事争议仲裁委员会：支持部分仲裁请求

劳动人事争议仲裁委员会于2017年9月27日裁决医疗公司向焦某支付：1.停工留薪期工资26693元；2.违法解除劳动合同的赔偿金16000元；3.一次性伤残就业补助金56497元。

焦某不服该仲裁裁决，遂向法院提起诉讼。

（二）一审法院：支持部分诉讼请求

一审法院认为，焦某在医疗公司工作期间发生工伤，医疗公司未在事故伤害发生之日起30日内向统筹地区社会保险行政部门提出工伤认定申请，应依据《工伤保险条例》第十七条第四款之规定，负担此期间焦某因工伤发生的医疗费37633.38元及住院伙食补助费。焦某主张的工伤体检费、一次性工伤医疗补助金、一次性伤残补助金，因工伤发生时医疗公司已为焦某缴纳了工伤保险费，依照《工伤保险条例》《关于北京市工伤保险基金支出项目标准及相关问题的通知》第二条第四项之规定，焦某主张的上述赔偿项目应由工伤保险基金支付；焦某称因医疗公司委托第三方代缴社保导致社保部门拒绝以工伤保险基金支付前述工伤待遇，但未能提交证据证明社保部门就是否因社保代缴而拒绝以工伤保险基金支付焦某前述工伤待遇作出正式的、合法有效的答复，故焦某主张医疗公司赔偿上述损失没有法律依据，依法不予支持。焦某发生工伤并被确认为九级伤残，在此情况下，医疗公司不得依据《劳动合同法》第四十条的规定解除劳动合同；医疗公司在焦某停工留薪期内以焦某不能从事原工作也不能从事由公司另行安排的工作为由解除与焦某的劳动关系，系违法解除劳动合同，应当向焦某支付赔偿金16000元（4000元/月 ×2个月 ×2）。

焦某不服，提起上诉。上诉请求为：依法改判医疗公司支付焦某一次性伤残就业补助金61866元、一次性伤残补助金36000元、一次性医疗补助金41244元。事实和理由为：第一，医疗公司未依法为焦某办理职工工伤保险待遇，应当承担全部工伤保险待遇赔偿责任。一审法院认定焦某发生工伤时医疗公司已为其缴纳工伤保险费，属于认定事实错误。第二，一审法院认定“焦某未能提交证据证明社保部门就是否因社保代缴而拒绝以工伤保险基金支付一次性伤残补助金、一次性医疗补助金待遇作出正式合法有效的答复，故焦某主张医疗公司赔偿上述损失没有法律依据”，属于适用法律错误。一方面，焦某主张一次性伤残补助金、一次性医疗补助金待遇是基于医疗公司未依法为焦某办理职工工伤保险手续的事实，焦某仅需举证医疗公司未为其办理工伤保险手续即可。另一方面，医疗公司主张已经通过关联公司代缴社保，并认为应当由社保部门承担一次性伤残补助金、一次性医疗补助金待遇支付责任，那么，应当由医疗公司举证社保部门应当支付的事实依据及相应法律规定。第三，一审法院引用北京市工伤支付相关规定判决医疗公司按照6个月的标准赔偿焦某一次性就业补助金，属于适用法律错误。综上，一审判决部分有误，二审法院应予纠正。

（三）二审法院：工伤保险待遇应当由用人单位全额支付

二审法院除对一审法院查明事实予以确认外，另查明：1.焦某曾向社保代缴单位（科技公司）所在地社保经办机构即北京市丰台区社会保险基金管理中心申领工伤保险待遇，该中心拒绝向焦某支付工伤保险待遇；2. 2015年度武汉市在岗职工平均工资为65720元/年。

二审法院认为，《社会保险法》第五十七条第一款规定：“用人单位应当自成立之日起三十日内凭营业执照、登记证书或者单位印章，向当地社会保险经办机构申请办理社会保险登记。社会保险经办机构应当自收到申请之日起十五日内予以审核，发给社会保险登记证件。”第五十八条第一款规定：“用人单位应当自用工之日起三十日内为其职工向社会保险经办机构申请办理社会保险登记。未办理社会保险登记的，由社会保险经办机构核定其应当缴纳的社会保险费。”依据上述规定，为职工缴纳社会保险是用人单位的法定义务，用人单位应当向其所在地的社会保险经办机构办理社会保险登记，并应当向其所在地的社会保险经办机构为其职工缴纳社会保险。社会保险登记实行属地管理，开户和缴费单位应当是“用人单位”，即与劳动者建立劳动关系的用人单位，用人单位委托第三方代缴职工社会保险的行为不合法。一般而言，劳动者享受社会保险待遇的前提应当是与参保单位存在劳动关系。而在社会保险代缴的情形下，用人单位所在地与社会保险缴纳地、社会保险缴纳主体与实际工作单位均不一致。代缴是直接以社保代缴公司的名义为职工缴纳社保，此种情形不是代理而是代替。由于社保带有人身性质，代缴公司虽代替用人单位缴纳社保费用，但不能代替用人单位为劳动者申请工伤待遇，而在账户名义上，却又显示用人单位并未为其职工缴纳工伤保险，根据《社会保险法》第四十一条“职工所在用人单位未依法缴纳工伤保险费，发生工伤事故的，由用人单位支付工伤保险待遇”之规定，应由用人单位承担职工应享受的所有工伤保险待遇。就本案而言，医疗公司委托科技公司为其职工焦某代缴工伤保险，而社保代缴单位（科技公司）所在地社保经办机构未向焦某支付工伤保险待遇，焦某所享受的工伤保险待遇损失应由用人单位医疗公司承担。因此，医疗公司应支付焦某的一次性伤残补助金为36000元（4000元/月 ×9个月）；一次性医疗补助金43816元，但焦某仅主张41244元，超过部分视为焦某自动放弃；一次性伤残就业补助金为65724元。[①]

案例二　双方约定社会保险费由第三方代缴并不违法

案情简介

易某于2009年5月4日入职某材料公司，双方签订书面劳动合同，合同

① 案例取自湖北省武汉市中级人民法院（2018）鄂01民终3245号民事判决书。

期自2009年5月4日起至2012年6月30日止，工作岗位为销售代表，工作地点位于甘肃省兰州市，主要负责西北地区销售业务。合同约定实行不定时工作制度和休假制度，“乙方在人事关系所在地投保，甲方依规定予以报销”。2012年7月1日双方续订劳动合同，期限自2012年7月1日起至2017年6月30日止，其中约定“乙方受托在其户籍或人事关系所在地投缴社会保险，并及时报甲方核销企业应承担部分”；上述合同到期后，双方又于2017年7月1日签订无固定期限劳动合同，易某的工作岗位为销售服务代表。2017年11月1日，易某向材料公司递交了解除劳动关系通知书，解除事由为克扣劳动报酬、未依法办理各项社会保险，双方劳动关系于2017年11月1日终止。另查明，2009年至2012年，易某自行缴纳社保的部分缴费凭证原件由材料公司负责保管，材料公司当庭出示了相关费用的报销凭证及明细；2012年12月10日，材料公司作为乙方与案外人甘肃省人才中心（甲方）签订《单位委托人事代理合同书》，其中第一条“甲方向乙方提供下列人事服务”第（一）项约定“代行管理各类人员或部分聘用人员的党团关系、人事档案和户籍关系”，第（八）项约定“代收缴为其代管人员的养老保险、医疗保险、工伤保险、生育保险、住房公积金手续”，合同签订后双方即依约履行，由案外人前锦公司（化名）为材料公司员工代理缴纳社保公积金，材料公司则按月将代办费用电汇至甘肃省，易某亦位于材料公司向甘肃省人才中心提交的人事代理人员登记表名册中；2013年11月28日，材料公司与案外人前锦公司签订《人事外包服务协议》，双方就案外人为材料公司代管员工人事关系、代缴社保和公积金缴纳等事项进行了约定，2013年12月9日，易某签订书面参保类型确认承诺书，认可由上述案外人为其代办社保，合同生效后，案外人开始为易某正常缴纳社保，材料公司则对案外人支付的相关费用逐月结算。2017年11月7日，易某向劳动争议仲裁委员会申请劳动仲裁，请求裁决材料公司向其支付2009年5月至2017年11月拖欠的工资提成奖金23680元、支付2010年至2017年11月拖欠的差旅费5000元、支付解除劳动合同经济补偿金81999元。

案件历程

（一）劳动争议仲裁委员会：第三方代交社会保险违法

劳动争议仲裁委员会于2017年12月13日作出仲裁裁决，裁决内容为：1.被申请人十日内向申请人支付解除劳动合同经济补偿金81999元；2.驳回申请人的其他仲裁请求。

材料公司不服仲裁裁决，诉至法院。

（二）一审法院：代交社会保险并不违法，无须支付解除劳动合同经济补偿金

一审法院认为，劳动者与用人单位建立的合法劳动关系受法律保护，双方应依照相关法律法规行使各自的权利义务。一审法院针对原告不支付被告解除劳动合同经济补偿金81999元的诉请作如下分析：原、被告双方作为平等民事主体，其签订的数份劳动合同均对被告社保缴纳问题进行了明确约定，双方在劳动关系存续期间均遵照执行，并未因社保问题产生过任何争议，被告于2013年签订的《参保类型确认承诺书》中亦载明其放弃对案外人及用人单位主张经济赔偿及法律责任的权利，经一审法院当庭释明，被告并未提交其他证据支持其主张，故其以公司未依法为其缴纳社保为由被迫辞职的抗辩意见理据不足，对其该项抗辩意见不予采信。故原告不向被告支付解除劳动合同经济补偿金的诉请理据充分，予以支持。

易某不服，遂提起上诉。

（三）二审法院：双方约定有效，代交社会保险并不违法

二审法院认为，当事人对其主张有责任提供证据予以证实，没有证据或证据不足以证实其主张的应承担举证不能的法律后果。现上诉人正常参加社会保险，且双方的劳动合同中对该情形予以了约定，双方在劳动关系存续期间均遵照执行，并未因社保问题产生过任何争议，一审法院认定被上诉人为

上诉人依法缴纳社保的处理并无不当，上诉人以此为由主张经济补偿金的请求，缺少事实依据，本院不予支持。

易某不服，申请再审。

（四）再审法院：双方约定代缴社会保险并不违法

再审法院认为，本案争议焦点为易某依据《劳动合同法》第三十八条和第四十六条规定主张材料公司支付解除劳动合同经济补偿应否得到支持。《劳动合同法》第三十八条规定，用人单位有未及时足额支付劳动报酬、未依法为劳动者缴纳社会保险以及规章制度违反法律、法规的规定损害劳动者权益等情形的，劳动者可以解除劳动合同。《劳动合同法》第四十六条规定，劳动者依照该法第三十八条规定解除劳动合同的，用人单位应当向劳动者支付经济补偿。本案中，易某以材料公司用案外人前锦公司名义为其缴纳社会保险违反合同约定为由，主张材料公司未依法为其缴纳社会保险费。经查，材料公司与前锦公司曾签订《人事外包服务协议》，就前锦公司为材料公司代管员工人事关系、代缴社保和公积金缴纳等事项进行了约定。易某亦签订书面参保类型确认承诺书，认可由前锦公司为其代办社保。材料公司按照约定委托前锦公司为易某缴纳了社会保险，该做法并不违反法律规定，也未侵犯易某的合法权益。故易某主张材料公司未依法为其缴纳社会保险费，依据不足。①

评析与思考

这是两起因异地缴纳社会保险费引发的劳动争议案件，但司法机关的认识却截然相反。

---

① 案例取自天津市高级人民法院（2019）津民申592号民事裁定书。

一、社会保险登记、缴纳社会保险费应符合法律规定

（一）两个案例代表着两种观点

案例一中用人单位医疗公司所在地为武汉，但案件当事人焦某的劳动合同履行地在北京，用人单位在北京没有分支机构，所以委托了北京的第三方以第三方的名义为焦某在北京市参加了社会保险。当发生了工伤保险待遇不能在工伤保险经办机构支付的情形时，就说明社会保险费的缴纳不符合国家的相关规定，第三方代缴社会保险费的行为是违法的。

案例二中的易某虽然没有因第三方代缴社会保险费影响到其享受社会保险待遇，但该案涉及对第三方代缴社会保险费行为的认定。案例二中的易某在劳动合同期限内涉及社会保险费的缴纳有三种行为：一是个人缴纳、单位报销；二是用人单位委托第三方缴纳；三是经劳动者同意，用人单位与第三方签订缴纳协议，由第三方缴纳。按照相关规定，这三种方式都是不符合国家规定的。

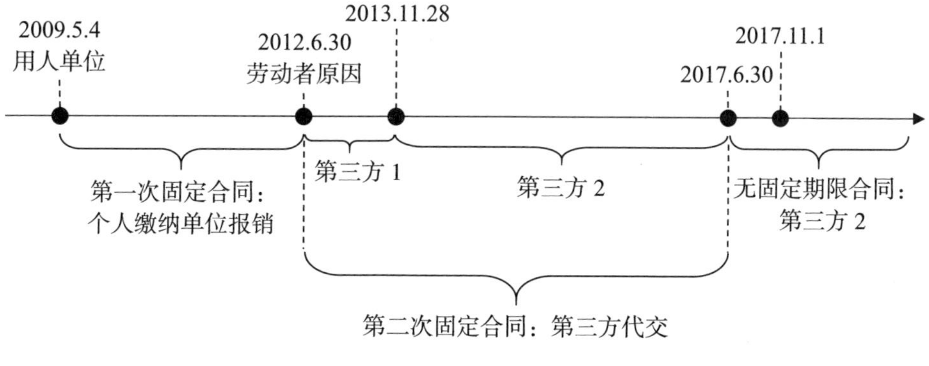

（二）社会保险费缴纳的法律性规范

《社会保险法》第五十七条第一款、第二款规定：“用人单位应当自成立之日起三十日内凭营业执照、登记证书或者单位印章，向当地社会保险经办机

构申请办理社会保险登记。社会保险经办机构应当自收到申请之日起十五日内予以审核，发给社会保险登记证件。用人单位的社会保险登记事项发生变更或者用人单位依法终止的，应当自变更或者终止之日起三十日内，到社会保险经办机构办理变更或者注销社会保险登记。”第五十八条第一款规定：“用人单位应当自用工之日起三十日内为其职工向社会保险经办机构申请办理社会保险登记。未办理社会保险登记的，由社会保险经办机构核定其应当缴纳的社会保险费。”由以上规定可知，关于社会保险有如下三个强制性规定：一是用人单位30日内办理社会保险登记的义务。社会保险登记，也就是我们平时所说的办理社会保险手续，不仅用人单位自身要及时办理社会保险登记，而且用人单位应该为其职工办理社会保险登记。二是为其职工缴纳社会保险费的义务。三是办理社会保险手续、缴纳社会保险费，应该到用人单位所在地社会保险经办机构办理。因此，为职工缴纳社会保险是用人单位的法定义务，用人单位应当向其所在地的社会保险经办机构办理社会保险登记，并应当向其所在地的社会保险经办机构为其职工缴纳社会保险，社会保险登记实行属地管理，开户和缴费单位应当是“用人单位”，即与劳动者建立劳动关系的用人单位。

对于用人单位和用工单位不一致的情形，《劳务派遣暂行规定》有特别的规范。《劳务派遣暂行规定》第十八条规定：“劳务派遣单位跨地区派遣劳动者的，应当在用工单位所在地为被派遣劳动者参加社会保险，按照用工单位所在地的规定缴纳社会保险费，被派遣劳动者按照国家规定享受社会保险待遇。”第十九条规定：“劳务派遣单位在用工单位所在地设立分支机构的，由分支机构为被派遣劳动者办理参保手续，缴纳社会保险费。劳务派遣单位未在用工单位所在地设立分支机构的，由用工单位代劳务派遣单位为被派遣劳动者办理参保手续，缴纳社会保险费。”以上规定表明，办理参保手续、缴纳社会保险费是用人单位的法定义务。无论是劳务派遣单位、劳务派遣单位的分支机构，还是用工单位代劳务派遣单位为被派遣劳动者办理参保手续、缴纳社会保险费，都是在履行劳务派遣单位的法定义务。这里的“代”，表示的是以劳务派遣单位的名义办理参保手续、缴纳社会保险费，是代替而不是代理。

二、实践中社会保险费缴纳的情形

实践中，社会保险费缴纳有如下十一种情形。

关于缴纳社会保险费的十一种情形

与劳动者存在劳动关系或人事关系的单位	实际用工单位	实际缴纳主体	
用人单位	用人单位	用人单位	A
		用人单位分支机构	B
		第三方以用人单位名义（代理）	C
		第三方以自己名义（代替）	D
劳务派遣单位	用工单位	劳务派遣单位	E
		劳务派遣单位分支机构	F
		用工单位以劳务派遣单位名义（代理）	G
		用工单位以自己名义（代替）	H
		第三方以劳务派遣单位名义（代理）	I
		第三方以自己名义（代替）	J
		第三方以用工单位的名义（再代替：为用工单位代理）	K

社会保险费缴纳的十一种情形中，A、B、E、F为正常缴纳，C、D、G、H、I、J、K为非正常缴纳。非正常缴纳，就是我们平常说的社会保险费代缴的情形。在社会保险费代缴的情形下，用人单位所在地与社会保险缴纳地、社会保险缴纳主体与实际工作单位均不一致。社会保险费的代缴，在实践中又分为以自己的名义缴纳社会保险和以被代理人的名义缴纳社会保险两种。社会保险缴费的十一种情形中，D、H、J都是以自己的名义缴纳社会保险费的情形；C、G、I都是以被代理人的名义缴纳社会保险的情形。发生缴纳社会保险争议的情形，大都是以自己的名义缴纳社会保险的D、H、J情形，实践中大都是第三方以自己的名义缴纳社会保险费的情形。

代缴是直接以第三方的名义为职工缴纳社会保险费，此种情形不是代理而是代替。由于社会保险涉及人身性质，第三方虽代替用人单位缴纳社保费用，但不能代替用人单位为劳动者申请社会保险待遇。比如，案例中的当事人申请工伤保险待遇，工伤认定和劳动能力鉴定的用人单位并不是社会保险缴费的单位。也就是说，用人单位与第三方代缴的社会保险缴费单位并不一致，社会保险账户上显示用人单位并未为其职工缴纳工伤保险。根据《社会保险法》第四十一条“职工所在用人单位未依法缴纳工伤保险费，发生工伤事故的，由用人单位支付工伤保险待遇”之规定，应由用人单位承担职工应享受的所有工伤保险待遇。

三、社会保险代缴的类型及风险

（一）劳动代理、人事代理

劳动代理、人事代理真实的意义是代理，而不是代缴。代理是用人单位为减轻人力资源管理的事务性工作，将本单位的工资发放、社会保险和公积金缴纳委托给其他人力资源公司实施，这是常见的民商事活动。《民法典》第一百六十二条规定：“代理人在代理权限内，以被代理人名义实施的民事法律行为，对被代理人发生效力。”代理应该是代理人以“被代理人”的名义实施，而市场上各类打着“社保代理”旗号的操作是以代理人自己的名义缴纳社会保险，这显然是“社保代理机构”以自己的名义为被代理人或被代理人的员工缴纳社会保险，不符合法律意义上的代理。

（二）有“关系”无“劳动”的代缴

劳务派遣单位为被派遣劳动者代扣代缴社会保险是该类“代缴”的主要表现形式，有其正当性，符合法律规定。用人单位（包括劳务派遣单位、建筑施工企业、商业保险公司等）可以通过劳务派遣的形式实现对其“三性”岗位用工人员的社会保险费缴纳。

（三）无“关系”有“劳动”的“代缴”

无“关系”有“劳动”，指的是“代缴”社会保险的单位与劳动者无劳动关系，而劳动者有为其他用人单位提供劳动之实的情形。该种形式的“代缴”有两种情形。

第一种是异地用工。用人单位跨区域用工，但用人单位用工地又无分支机构，无法在当地缴纳社会保险，而在当地就业的劳动者在当地参加社会保险的情形。该种情形下的代缴有三种风险：一是用人单位支付经济补偿的风险。按照《社会保险法》第四条、第十条的规定，如果劳动者以用人单位未依法缴纳社会保险为由主张解除劳动合同，那么用人单位应当向劳动者支付经济补偿，这是用人单位因社会保险不合法“代缴”面临的经济补偿的风险。例如，北京市第三中级人民法院（2021）京03民终219号民事判决书指出：“首先，林某自2010年入职，但根据农业公司提交的证据可以明确其自2018年12月起才委托案外公司在深圳给林某缴纳社保，但林某系在北京市朝阳区为农业公司提供劳动，林某社会保险缴纳情况与林某的实际劳动关系情况不符，农业公司委托第三人为林某缴纳社会保险不符合相关法律的规定。其次，农业公司亦认可其委托案外公司在深圳给陈某缴纳社保未经过林某同意，仅通知过林某，林某对此不予认可，农业公司就此并未举证证明。农业公司存在未依法为林某缴纳社会保险费的情况，造成林某相关社保权益受损，考虑本案的实际情况，林某以此为由提出解除劳动合同并要求农业公司支付解除劳动关系经济补偿金，本院对此予以支持。”二是工伤保险待遇不能兑现的风险。例如，上海的公司在北京委托第三方代缴社会保险，如果发生了工伤，在认定工伤时由于实际用人单位并没有缴纳社保，而缴纳社保的单位又不是用人单位，可能会导致工伤保险基金拒付工伤保险待遇，最后工伤保险待遇还是由真正的用人单位承担。三是连带赔偿的风险。例如，委托的第三方机构代缴社保，若三方之间存在争议，致使未及时办理退休手续导致员工未能享受退休待遇的，用人单位需要承担连带责任。

第二种是用人单位违反法律规定不给职工缴纳社会保险。尽管劳动者提供正常劳动，但用人单位却不给缴纳社会保险，致使劳动者只能通过劳动代理这种途径来解决自己的社会保险问题。

（四）无“关系”无“劳动”的“代缴”

这是伪造证明材料的代缴。当事人以欺诈、伪造证明材料、冒用他人证件、虚构劳动关系等手段办理社会保险业务，以达到骗取社会保险待遇或取得其他不应当取得待遇资格的目的。假劳动代理、人事代理之名，行虚构劳动关系之实是其主要特征，主要有以下两种类型：

一是由于户口迁移、买车买房、子女上学等都要求在当地有一定年限的社会保险缴费记录，社会保险违法代缴就应运而生。该类情形的社会保险代缴，主要是通过中介机构挂靠或通过中介机构获得用人单位的“员工身份”，由中介机构收取高额服务费用来代缴社会保险费的。这种社会保险的代缴可能要受到社会保险行政机构的行政处罚。

二是通过虚构劳动关系，社会保险代理机构为不具备参保条件的社会人员代缴社会保险，以达到骗取社会保险待遇的目的。这可能会涉及刑事责任，王某兴等人劳动仲裁执行虚假诉讼监督案[①]尤为典型。当事人为从执行款项中优先受偿，伪造证据将普通债权债务关系虚构为劳动争议申请劳动仲裁，获取仲裁裁决或调解书，据此向人民法院申请强制执行，构成虚假诉讼。王某兴、王某福因构成虚假诉讼罪被追究刑事责任，曾某明因构成枉法仲裁罪被追究刑事责任。

---

① 最高人民检察院检例第55号。

专题三　追缴社会保险费争议

用人单位未缴、未足额缴纳社会保险费，劳动者投诉社会保险行政部门、社会保险经办机构要求履行社会保险费追缴职责争议，或者社会保险行政部门、社会保险经办机构主动履行追缴社会保险费职责行为发生的争议，都属于追缴社会保险费争议的范畴。该争议涉及工作职责行为的性质认定和追溯时效的判断。

案例一　追缴社会保险费不适用行政处罚2年追诉时效

案情简介

许某于2000年3月到某摩托车公司从事搬运工作。摩托车公司从2011年10月开始为许某缴纳社会保险。2016年3月30日，人民法院对许某诉摩托车公司劳动争议纠纷作出（2015）九法民初字第11964号民事判决书，判决“原告许某与被告某摩托车公司于2015年6月6日解除劳动关系”。2017年3月8日，许某向社会保险局提交《基本养老保险少（漏）报投诉书》，以摩托车公司未为投诉人办理基本养老保险为由，要求摩托车公司办理参保并补缴自1995年2月至2015年12月的基本养老保险费。2017年9月18日，摩托车公司曾向社会保险局发出《关于许某参保的处理意见》，该意见载明的主要内容为：“一、根据法院的民事判决书，我公司与许某之间的劳动关系从2000年3月开始建立。我公司从2011年10月开始为许某参加社会保险，其中包含养老保险。许某要求补缴2011年10月以前的社会保险已经超过追究时效，我公司有权不予补缴。二、为了配合贵局的工作，我公司在明知超过追究时效的情况下，还是愿意积极面对，但许某于2008年农转非，由国家一次性为其购买了前面10年的养老保险，我公司无法也无须重复缴纳。综上，我公司对许某事件处理意见为同意从2008年6月1日参保至2011年9月职工参保的期间，其中公司应当承担的部分由我公司承担，职工个人承担部分由许某自行承担。”

案件历程

（一）社会保险经办机构：补缴2000年3月至2011年2月的基本养老保险费

2017年10月11日，社会保险局向摩托车公司发出《关于许某社会保险手续的通知》载明：“一、经核查，你单位在为职工许某办理社会保险参保方面存在违反社会保险法律法规的行为。二、你单位须在收到本通知后10个工作日内到我局办理许某的社会保险相关手续。若逾期未前来办理，我局将根据相关规定向社会保险征收部门提交强制征收计划。”2017年11月16日，社会保险局向摩托车公司作出《某市参保单位职工（个人参保人员）补缴基本养老保险费明细表》，确认摩托车公司应当为许某补缴2000年3月至2011年2月期间的基本养老保险费88540.88元。另外，社会保险局称下达征收计划的时间段应为2000年3月至2011年9月，因系统原因，之前补缴征收计划下达成功时间段为2000年3月至2011年2月，故将未成功下达的2011年3月至2011年9月期间的补缴征收计划重新下达，并于2018年5月24日向摩托车公司邮寄送达了《养老保险漏投补收预算明细表》。

摩托车公司不服社会保险局下达的征收计划，遂诉至法院。

（二）一审法院：补缴的社会保险费明显超过两年的追诉时效

一审法院认为，本案的争议焦点是摩托车公司未依法给许某缴纳社会保险费的违法行为终止的时间起算点的问题。《实施〈中华人民共和国社会保险法〉若干规定》第二十九条规定："2011年7月1日后对用人单位未按时足额缴纳社会保险费的处理，按照社会保险法和本规定执行；对2011年7月1日前发生的用人单位未按时足额缴纳社会保险费的行为，按照国家和地方人民政府的有关规定执行。"《劳动保障监察条例》第二十条规定："违反劳动保障法律、法规或者规章的行为在2年内未被劳动保障行政部门发现，也未被举报、投诉的，劳动保障行政部门不再查处。前款规定的期限，自违反劳动保障法律、法规或者规章的行为发生之日起计算；违反劳动保障法律、法规或者规章的行为有连续或者继续状态的，自行为终了之日起计算。"本案中，社会保险局对摩托车公司作出的《某市参保单位职工（个人参保人员）补缴基本养老保险费明细表》实质为核定的征收计划。由于摩托车公司从2011年10月开始为许某缴纳社会保险费，其未按时足额为许某缴纳社会保险费的违法行为从缴费之日起即终止。许某于2017年3月8日向社会保险局投诉，要求补缴社会保险费的期间跨越2011年7月1日前后，故其关于补缴2011年7月1日前的社会保险费的要求明显超过两年的追诉时效，社会保险局在此情形下仍然向摩托车公司作出补缴2000年3月至2011年2月的社会保险费的征收计划，适用法律、法规错误，依法应予撤销。

社会保险局、许某不服一审判决，提出上诉。

（三）二审法院：补缴的社会保险费超过两年的追诉时效

二审法院认为，《社会保险法》第五十八条第一款规定，未办理社会保险登记的，由社会保险经办机构核定其应当缴纳的社会保险费。社会保险局作为依法成立的社会保险经办机构，具有核定本辖区内用人单位应当缴纳的社会保险费的法定职责。《实施〈中华人民共和国社会保险法〉若干规定》第二十九条规定："2011年7月1日后对用人单位未按时足额缴纳社会保险费的处理，按照社会保险法和本规定执行；对2011年7月1日前发生的用人单位未按时足额缴纳社会保险费的行为，按照国家和地方人民政府的有关规定执行。"《劳动保障监察条例》第二十条规定："违反劳动保障法律、法规或者规章的行为在2年内未被劳动保障行政部门发现，也未被举报、投诉的，劳动保障行政部门不再查处。前款规定的期限，自违反劳动保障法律、法规或者规章的行政行为发生之日起计算；违反劳动保障法律、法规或者规章的行为有连续或者继续状态的，自行为终了之日起计算。”本案中，摩托车公司从2011年10月开始为许某缴纳社会保险费，此时其欠缴费用的违法行为已经结束，对此前欠缴社会保险费的追诉时效应当开始计算。许某于2017年3月8日向社会保险局投诉，要求补缴2011年7月1日前的社会保险费的要求明显超过了上述条例规定的两年追诉时效。社会保险局在此情形下向摩托车公司作出补缴2000年3月至2011年2月的社会保险费的征收计划，适用法律、法规错误，应予撤销。一审判决认定事实清楚、适用法律、法规正确，上诉人提出的上诉理由不能成立，不予支持。

许某不服二审判决，申请再审。

（四）再审法院：追缴社会保险费与违法行为超过追诉时效是否构成处罚是两个不同层面的问题

《社会保险法》第四条第二款规定，“个人依法享受社会保险待遇，有权监督本单位为其缴费情况”，该法第六十三条第一款还规定，“用人单位未按时足额缴纳社会保险费的，由社会保险费征收机构责令其限期缴纳或者补足”。《实施〈中华人民共和国社会保险法〉若干规定》第二十九条规定：“2011年7月1日以后对用人单位未按时足额缴纳社会保险费的处理，按照社会保险法和本规定执行；对2011年7月1日前发生的用人单位未按时足额缴纳社会保险费的行为，按照国家和地方人民政府的有关规定执行。”《劳动保障监察条例》第二十条规定：“违反劳动保障法律、法规或者规章的行为在2年内未被劳动保障行政部门发现，也未被举报、投诉的，劳动保障行政部门不再查处。前款规定的期限，自违反劳动保障法律、法规或者规章的行为发生之日起计算；违反劳动保障法律、法规或者规章的行为有连续或者继续状态的，自行为终了之日起计算。”而《劳动保障监察条例》第二十条的规定为劳动保障行政执法时效规定，该条规定分为两款，在执法中不能仅依照第一款的两年时效规定，还需综合第二款规定判断违法行为是否存在连续或者继续状态以此确定劳动保障监察执法时效。《社会保险法》实施之前的《社会保险费征缴暂行条例》和《社会保险稽核办法》均未对清缴企业欠费问题设置追诉期。根据《社会保险费征缴暂行条例》的界定，社会保险费缴纳属于行政征收范畴，其与行政处罚的性质并不相同，追缴社会保险费与违法行为超过追诉时效是否构成处罚是两个不同层面的问题。因此，追缴社会保险费并不适用行政处罚相关追诉时效的规定。当用人单位未及时、足额为劳动者办理社会保险，发生缴纳社会保险费的违法行为时，一方面行政机关可以按照《劳动保障监察条例》第二十条规定进行追缴和处罚，另一方面社会保险经办机构仍然可以继续追缴社会保险费的历史欠费，法律法规对此并未限定追缴期。本案中，该案一、二审判决理由认定“许某于2017年3月8日向社会保险局投诉，要求补缴社会保险费的期间跨越2011年7月1日前后，故其关于补缴2011年7月1日前的社会保险费的要求明显超过两年的追诉时效，社会保险局在此情形下仍然向摩托车公司作出补缴2000年3月至2011年2月的社会保险费的征收计划，显然适用法律、法规错误，依法应予撤销”，混淆了行政征收与行政处罚，存在适用法律错误的情形，指令重庆市第五中级人民法院再审本案；再审期间，中止原判决执行。

（五）二次再审：追缴社会保险费并不适用行政处罚相关追诉时效的规定

本案争议焦点是社会保险局作出的补交社会保险费的行政行为是否合法，该行为是行政征收行为还是行政处罚行为，是否适用行政处罚相关追诉时效的规定。根据《社会保险费征缴暂行条例》的规定，社会保险费缴纳属于行政征收范畴，其与行政处罚的性质并不相同，追缴社会保险费与违法行为超过追诉时效是否构成处罚是两个不同层面的问题。因此，追缴社会保险费并不适用行政处罚相关追诉时效的规定。当用人单位未及时、足额为劳动者办理社会保险，发生缴纳社会保险费的违法行为，一方面行政机关可以按照《劳动保障监察条例》第二十条规定进行追缴和处罚，另一方面社会保险经办机构仍然可以继续追缴社会保险费的历史欠费，法律法规对此并未限定追缴期。原审判决混淆了行政征收与行政处罚概念，适用法律错误，应予纠正。[①]

案例二　未缴社会保险费的投诉不适用2年追诉时效

案情简介

申某于2016年7月26日向某人力资源和社会保障局（以下简称某人社局）递交《投诉劳动保障违法行为登记表》，称其入职建筑工程有限公司以来，该公司未依法按时足额为其申报缴纳社会保险费，故请求责令建筑工程有限公司依法申报1990年4月至2000年3月应当缴纳的社会保险费。

案件历程

（一）社会保险行政部门：投诉超过时效，不予受理

某人社局收到该投诉后，于2016年7月29日作出《劳动保障监察投诉案件不予受理决定书》，答复其投诉不符合受理条件，依照《广东省劳动保障监察条例》第四十条规定，决定不予受理；因申某投诉的违法行为终止于2000年3月，超出劳动保障违法行为的查处期限，依照《劳动保障监察条例》第二十条规定，不再查处。

申某对该不予受理决定不服，诉至一审法院。

（二）一审法院：社会保险费的缴纳或补足并无期限规定

一审法院认为，《社会保险法》第六十条第一款规定："用人单位应当自行申报、按时足额缴纳社会保险费，非因不可抗力等法定事由不得缓缴、减免。职工应当缴纳的社会保险费由用人单位代扣代缴，用人单位应当按月将

---

① 案例取自重庆市第五中级人民法院（2019）渝05行再2号行政判决书。

缴纳社会保险费的明细情况告知本人。”第六十三条第一款规定：“用人单位未按时足额缴纳社会保险费的，由社会保险费征收机构责令其限期缴纳或者补足。”《社会保险费征缴暂行条例》第五条规定：“国务院劳动保障行政部门负责全国的社会保险费征缴管理和监督检查工作。县级以上地方各级人民政府劳动保障行政部门负责本行政区域内的社会保险费征缴管理和监督检查工作。”第十三条规定：“缴费单位未按规定缴纳和代扣代缴社会保险费的，由劳动保障行政部门或者税务机关责令限期缴纳；逾期仍不缴纳的，除补缴欠缴数额外，从欠缴之日起，按日加收2‰的滞纳金。滞纳金并入社会保险基金。”《劳动保障监察条例》第二十条规定：“违反劳动保障法律、法规或者规章的行为在2年内未被劳动保障行政部门发现，也未被举报、投诉的，劳动保障行政部门不再查处。前款规定的期限，自违反劳动保障法律、法规或者规章的行为发生之日起计算；违反劳动保障法律、法规或者规章的行为有连续或者继续状态的，自行为终了之日起计算。”本案中，原告向被告投诉请求责令用人单位为其缴纳社会保险费，被告作为劳动保障行政部门，依法负有法定职责对该投诉进行相应处理。对于社会保险费的缴纳或补足，并无相应法律法规规定责令缴纳或补足的期限，社会保险费的责令缴纳与上述规定的劳动保障违法行为查处并非同一概念，被告适用《劳动保障监察条例》的相关规定以原告本次投诉超过查处期限为由不予受理属适用法律错误，其作出的不予受理决定依法应予撤销。

某人社局不服判决，提起上诉。

（三）二审法院：社会保险费的责令缴纳与劳动保障违法行为查处（2年期限）并非同一概念

二审法院认为，关于上诉人是否具有相应职责问题，《社会保险费征缴暂行条例》第五条规定：“国务院劳动保障行政部门负责全国的社会保险费征缴管理和监督检查工作。县级以上地方各级人民政府劳动保障行政部门负责本行政区域内的社会保险费征缴管理和监督检查工作。”第十三条规定：“缴费单位未按规定缴纳和代扣代缴社会保险费的，由劳动保障行政部门或者税务机关责令限期缴纳；逾期仍不缴纳的，除补缴欠缴数额外，从欠缴之日起，按日加收2‰的滞纳金。滞纳金并入社会保险基金。”2003年4月起施行的《社会保险稽核办法》第三条第一款规定：“县级以上社会保险经办机构负责社会保险稽核工作。”2004年12月起施行的《劳动保障监察条例》第三条第一款规定：“国务院劳动保障行政部门主管全国的劳动保障监察工作。县级以上地方各级人民政府劳动保障行政部门主管本行政区域内的劳动保障监察工作。”第四条第一款规定：“县级、设区的市级人民政府劳动保障行政部门可以委托符合监察执法条件的组织实施劳动保障监察。”2011年7月起施行的《社会保险法》第七条第二款规定：“县级以上地方人民政府社会保险行政部门负责本行政区域的社会保险管理工作，县级以上地方人民政府其他有关部门在各自的职责范围内负责有关的社会保险工作。”据此，上诉人某人社局作为人社（劳动）行政部门，劳动保障监察只是其职责之一，其仍负有本辖区内社会保险的管理监督职责。公民要求用人单位补缴社会保险等投诉由相关区人社局所属社保中心处理在实践中亦较为常见。

关于对被上诉人申某的投诉的理解问题，被上诉人申某于2016年7月26日递交《投诉劳动保障违法行为登记表》，内容为：“原告于1990年4月入职建筑工程有限公司，于2000年3月离开，该公司未依法按时足额为其申报缴纳社会保险费，故请求被告责令建筑工程有限公司为原告依法申报1990年4月至2000年3月应当缴纳的社会保险费。”从形式上看，该投诉属于劳动保障违法投诉，从被上诉人表述的请求部分内容字面看，是“责令用人单位为其申报应当缴纳的社会保险费”，但从上诉人2016年8月15日作出的《关于申某信访事项的答复》“您……要求公司为您补缴1990—2000年的社保费事项，依法应当通过诉讼途径解决……请您向有管辖权的法院提出”可见，被上诉人的真实诉求应该是“投诉违法行为、责令用人单位为其补缴社会保险费”，被上诉人投诉的目的主要在于为其补足社会保险费。这样理解，符合投诉人的真实意思，有利于解决行政争议。一审判决认为被上诉人的投诉请求是责令用人单位为其缴纳社会保险费，并无不当，二审予以支持。上诉人认为其请求是“责令用人单位为其申报应当缴纳的社会保险费，而非要求责令用人单位为其缴纳或者补足社会保险费”的理由，不予支持。

关于上诉人对被上诉人的投诉是否仅属于要求上诉人履行劳动保障监察职责的问题，前面已阐述对被上诉人投诉请求的理解问题。对于投诉的公民，在法律法规掌握理解及行政机关职能的区分上不能过于苛求。被上诉人通过劳动保障违法行为投诉的方式，反映其社会保险合法权益遭受侵害，请求上诉人处理，当然包括请求上诉人履行劳动保障监察职责，但根据其真实的请求，亦包括社会保险的稽核补缴。上诉人认为根据某省试点的社会保险费地税部门全责征收改革（2009年开始），责令用人单位缴纳社会保险费的查处职责系由社会保险费征收机构负责（地方税务机关），其不具有相关职责，但是，根据前述有关其职责的阐述，普通公民可能无法厘清责令用人单位缴纳社会保险费的查处职责不是由上诉人负责，且目前确实存在仍由人社部门所属的社保中心稽核责令补缴社会保险的情况。本案被诉不予受理决定亦未以此作为不予受理的理由。另，即便上诉人没有相应职责，亦宜在不予受理决定中告知投诉人向有权机关投诉或转送有职责单位处置。

关于上诉人适用《劳动保障监察条例》的相关规定以原告本次投诉超过查处期限为由不予受理是否适当问题。《社会保险法》第六十条第一款规定：“用人单位应当自行申报、按时足额缴纳社会保险费，非因不可抗力等法定事由不得缓缴、减免……”第六十三条第一款规定：“用人单位未按时足额缴纳社会保险费的，由社会保险费征收机构责令其限期缴纳或者补足。”《社会保险费征缴暂行条例》第十三条规定：“缴费单位未按规定缴纳和代扣代缴社会保险费的，由劳动保障行政部门或者税务机关责令限期缴纳；逾期仍不缴纳的，除补缴欠缴数额外，从欠缴之日起，按日加收2‰的滞纳金。滞纳金并入社会保险基金。”根据上述规定，用人单位负有为劳动者参加社会保险、缴纳社会保险费的法定义务，非因不可抗力等法定事由不得缓缴、减免。对于用人单位未按时足额缴纳社会保险费的，社会保险经办机构责令其限期缴纳或者补足并无期限限制。

《劳动保障监察条例》第十一条规定：“劳动保障行政部门对下列事项实施劳动保障监察……（七）用人单位参加各项社会保险和缴纳社会保险费的

情况……”第二十条规定：“违反劳动保障法律、法规或者规章的行为在2年内未被劳动保障行政部门发现，也未被举报、投诉的，劳动保障行政部门不再查处。前款规定的期限，自违反劳动保障法律、法规或者规章的行为发生之日起计算；违反劳动保障法律、法规或者规章的行为有连续或者继续状态的，自行为终了之日起计算。”从上述规定来看，用人单位缴纳社会保险费的情况属于实施劳动保障监察的事项之一。实践中，对要求用人单位补缴纳社会保险费投诉的处理，是否必须通过劳动保障监察程序（适用2年查处期限）进行处理，存在不同理解或做法。上诉人主张“责令用人单位缴纳社会保险费的投诉，人社（劳动）行政部门也只能通过劳动保障监察程序实现，过了2年期限后人社（劳动）部门不能查处”，但在实际处理中，多数做法仍然是认为人社（劳动）部门对违反劳动保障法律、法规或者规章的行为的查处具有法定的2年期限，而责令用人单位对社会保险费的缴纳或补足（社会保险费的稽核），没有期限规定，不属于上述规定的对劳动保障违法行为的查处。

社会保险是国家为了预防和分担年老、失业等社会风险，强制社会多数成员参加的社会保障制度；相关的法律法规均对有关社会保险的补缴、催缴未设定期限限制；上诉人在一审庭审中亦明确对于单位确实无法补缴的情况，当事人可以通过自行补缴的办法实现社会基本保障的权益。据此，足以说明社会保险的社会基本保障属性，该属性在《社会保险法》的总则条文中得以充分体现。《实施〈中华人民共和国社会保险法〉若干规定》第二十七条第二款规定：“职工认为用人单位有未按时足额为其缴纳社会保险费等侵害其社会保险权益行为的，也可以要求社会保险行政部门或者社会保险费征收机构依法处理。社会保险行政部门或者社会保险费征收机构应当按照社会保险法和《劳动保障监察条例》等相关规定处理……”该条规定明确了社会保险部门处理相关投诉时所适用的法律法规不是只有《劳动保障监察条例》。据此，社会保险行政部门应对有关社会保险权益受侵害的投诉作出正确区分后，充分考虑社会保险的基本保障属性，准确适用相关法律法规进行处理。实际处理中“社会保险部门责令用人单位对社会保险费的缴纳或补足（社会保险稽核），没有期限规定，不属于劳动保障违法行为的查处”的多数做法应予肯定。一审判决认定社会保险费的责令缴纳与劳动保障违法行为查处（2年期限）并非同一概念，上诉人适用《劳动保障监察条例》的相关规定以被上诉人的投诉超过查处期限为由不予受理属适用法律错误，并无不当，二审予以支持。[①]

评析与思考

这是因追缴社会保险费引发的两起社会保险行政争议案件，案例一是关于社会保险行政部门的，案例二是关于社会保险经办机构的，都涉及追缴社会保险费的时效、性质和认识。

一、社会保险行政部门、社会保险经办机构在社会保险费补缴问题上的职责

（一）社会保险行政部门的职责

《实施〈中华人民共和国社会保险法〉若干规定》第二十七条第二款规定："职工认为用人单位有未按时足额为其缴纳社会保险费等侵害其社会保险权益行为的，也可以要求社会保险行政部门或者社会保险费征收机构依法处理。社会保险行政部门或者社会保险费征收机构应当按照社会保险法和《劳动保障监察条例》等相关规定处理。在处理过程中，用人单位对双方的劳动关系提出异议的，社会保险行政部门应当依法查明相关事实后继续处理。"该条规定明确了社会保险行政部门处理相关投诉时所适用的法律法规不是只有《劳动保障监察条例》。据此，社会保险行政部门应对有关社会保险权益受侵害的投诉作出正确区分后，充分考虑社会保险的基本保障属性，准确适用相关法律法规进行处理。笔者同意案例一的观点，社会保险费缴纳属于行政征收范畴，其与行政处罚的性质并不相同，追缴社会保险费与违法行为超过追诉时效是否构成处罚是两个不同层面的问题。因此，追缴社会保险费并不适

① 案例取自广东省广州铁路运输中级法院（2017）粤71行终193号行政判决书。

用行政处罚相关追诉时效的规定。

关于社会保险行政部门在社会保险费补缴问题上的职责履行，山东省高级人民法院（2019）鲁行再69号行政判决书也认为：

《劳动保障监察条例》第二十条虽然规定了劳动保障行政部门对劳动违法行为查处的追究时效及超过追究时效的法律后果，即对于超过两年追究时效的违法行为，劳动保障行政部门不再予以查处，但从保护劳动者权益角度出发，对于用人单位未按时足额缴纳社会保险费用的，劳动行政保障部门依据《劳动保障监察条例》第二十条规定，以企业未依法缴纳社会保险费行为在2年内未被发现，也未被举报、投诉为由不再查处的，人民法院不应予以支持，当事人请求履行查处职责，且能够提供相应材料初步证明企业存在未依法缴纳社会保险费用的，人民法院应当判决责令有关劳动保障行政部门履行相应职责。

山东省高级人民法院（2020）鲁行再54号行政判决书又重申了这一观点：

劳动保障行政部门履行追缴社会保险的职责并不受2年处罚期限的限制，被申请人城阳区人社局针对李某提起的启动社会保险征收补缴的书面申请，作出的不予受理决定缺乏法律依据。但劳动保障行政部门追缴社会保险之前提是相对人与企业确认存在劳动关系及企业存在未依法缴纳社会保险费的行为，相对人请求履行上述查处职责，劳动保障行政部门应当就上述征缴之基础事实条件进行调查核实，并在此基础上作出相应的行政处理决定。在无相关证据证实存在征缴社会保险条件的情况下，人民法院亦不具备直接作出责令劳动保障行政部门履行征缴社会保险职责判决的条件和时机，但是应当就劳动保障行政部门未予处理的行为责令其重新作出处理。

（二）社会保险经办机构的职责

《社会保险法》第六十三条第一款规定："用人单位未按时足额缴纳社会保险费的，由社会保险费征收机构责令其限期缴纳或者补足。"该条对于责令缴纳或者补足没有明确规定时效问题。笔者同意案例二的观点，人社（劳动保障）部门对违反劳动保障法律、法规或者规章行为的查处具有法定的2年期限，但责令用人单位对社会保险费的缴纳或补足（社会保险费的稽核），没有期限规定，不属于上述规定的对劳动保障违法行为的查处。

（三）征缴社会保险费是法律法规的强制性规定

《社会保险法》第六十条第一款规定："用人单位应当自行申报、按时足额缴纳社会保险费，非因不可抗力等法定事由不得缓缴、减免……"第六十三条第一款规定："用人单位未按时足额缴纳社会保险费的，由社会保险费征收机构责令其限期缴纳或者补足。"《社会保险费征缴暂行条例》第十三条规定："缴费单位未按规定缴纳和代扣代缴社会保险费的，由劳动保障行政部门或者税务机关责令限期缴纳；逾期仍不缴纳的，除补缴欠缴数额外，从欠缴之日起，按日加收2‰的滞纳金。滞纳金并入社会保险基金。"根据上述规定，用人单位负有为劳动者参加社会保险，缴纳社会保险费的法定义务，非因不可抗力等法定事由不得缓缴、减免。对于用人单位未按时足额缴纳社会保险费的，相关部门责令其限期缴纳或者补足并无期限限制。

二、追缴社会保险费没有2年时效的限制

（一）从文义解释的角度去理解《劳动保障监察条例》第二十条规定中的2年时效

《劳动保障监察条例》第二十条规定："违反劳动保障法律、法规或者规章的行为在2年内未被劳动保障行政部门发现，也未被举报、投诉的，劳动保障行政部门不再查处。前款规定的期限，自违反劳动保障法律、法规或者规

章的行为发生之日起计算；违反劳动保障法律、法规或者规章的行为有连续或者继续状态的，自行为终了之日起计算。”《劳动保障监察条例》第二十条的规定为劳动保障行政执法时效规定，在执法中不能仅依照第一款的2年时效规定，还需综合第二款规定判断违法行为是否存在连续或者继续状态以此确定劳动保障监察执法时效。

当对法律法规产生多种解释或者有异议时，首先应该从文义解释的角度去理解，然后寻求其他的解释方法。之所以对《劳动保障监察条例》第二十条规定中的2年时效产生了不同的理解，关键就在于对于“查处”的认知判断。笔者认为，这里的“查处”应该理解为调查和处理，而重在“处”。“处”又分为处理和处罚。处理，是对原来不正确的行为进行纠正，也就是我们所说的责令改正，对于少缴、未缴社会保险的违法行为来说，就是责令缴纳或者责令补缴。处罚是一种行政措施，对于没有按照责令缴纳、责令补缴进行改正的或严重的违法行为，就应该实行处罚。《劳动保障监察条例》第二十条规定的2年时效，指的就是这种行政处罚强制措施。因此，社会保险行政部门或社会保险经办机构责令用人单位对社会保险费的缴纳或补足，是对用人单位违法行为的纠正，没有期限限制，适用时效的只是处罚这种强制措施。

（二）未缴社会保险费有两个违法行为

《社会保险法》第五十七条第一款规定：“用人单位应当自成立之日起三十日内凭营业执照、登记证书或者单位印章，向当地社会保险经办机构申请办理社会保险登记……”第五十八条第一款规定：“用人单位应当自用工之日起三十日内为其职工向社会保险经办机构申请办理社会保险登记。未办理社会保险登记的，由社会保险经办机构核定其应当缴纳的社会保险费。”由以上规定可知，关于缴纳社会保险有如下三个强制性规定：一是用人单位办理社会保险登记；二是用人单位为其职工办理社会保险登记；三是用人单位和职工共同缴纳社会保险费。用人单位职工未参加社会保险，至少有两个违法行为：一是用人单位没有为其职工办理社会保险登记；二是没有为其职工依法缴纳社会保险费。这两个行为都属于违法行为。应该明确的是，用人单位欠缴社会保险费的行为不仅侵害了职工当前的利益（如医疗保险、工伤保险、失业保险等），而且侵害了职工未来的利益（养老保险等），只要存在未缴纳社会保险费的期间，违法行为就处于持续状态，这种对职工权益侵害的特殊性，决定了无论是社会保险行政部门还是社会保险经办机构对社会保险费进行追缴都不受2年时效的限制。

（三）少缴、未缴社会保险费违法行为的性质

少缴、未缴社会保险费还损害了社会公共利益。《人力资源社会保障部对十二届全国人大五次会议第5344号建议的答复》①不仅对这种违法行为作了认定，而且对用人单位欠缴社会保险费的行为性质、追缴社会保险费的时效进行了认定："《社会保险费征缴暂行条例》和《社会保险稽核办法》（劳动保障部令第16号）均未对清缴企业欠费问题设置追诉期。因此，地方劳动保障监察执法实践中，对用人单位未及时、足额为劳动者办理社会保险，缴纳社会保险费的违法行为，一般按照《劳动保障监察条例》第二十条规定进行追缴和处罚，而地方经办机构追缴历史欠费并未限定追诉期。为维护参保人员社会保险权益，强化征缴清欠工作，经办机构接到超过《劳动保障监察条例》第二十条第一款两年的追诉期投诉后，一般也按程序进行受理。对能够提供佐证材料的，尽量满足参保者诉求，予以解决，以减少企业职工临近退休时要求企业足额补缴欠费的问题发生。"因此，对于未依法足额缴纳社会保险费的用人单位，社会保险经办机构履行追缴行政职责与劳动保障违法行为的查处属于两个不同的行政行为，不适用《劳动保障监察条例》所规定的2年查处时效。用人单位未及时、足额为劳动者办理社会保险，发生缴纳社会保险费的违法行为的，一方面行政机关可以按照《劳动保障监察条例》第二十条的规定进行追缴和处罚，另一方面经办机构亦可进行稽核，追缴社会保险费的历史欠费，上位法对此并未限定追缴期。

① 载中华人民共和国人力和社会资源保障部官网，http://www.mohrss.gov.cn/xxgk2020/fdzdgknr/zhgl/jytabl/jydf/201711/t20171108_281282.html，最后访问时间：2021年12月10日。

专题四　社会保险滞纳金争议

若是劳动者不愿意缴纳社会保险，向用人单位写过承诺书或者劳动双方签订过社保折现协议，劳动者又投诉社保缴纳事宜，产生的滞纳金由谁来承担呢？是劳动者、用人单位，还是劳动者和用人单位各承担50%呢？

案例　社会保险滞纳金是否可以由劳动者承担

案情简介

战某系某物业公司员工。2014年5月5日入职时，提出书面申请，申请内容为“本人于2014年5月5日入职，自愿同意与财富商贸物流城开发有限公司（物业公司的主办单位）签订劳动合同，但不需要公司缴纳社会保险，在个人提出缴纳申请前，本人不再就合同存续期间的社保向公司主张任何权益，申请人战某，2015年1月1日”。2019年4月22日，某市劳动监察大队依据战某的反映，对物业公司下达劳动保障监察责令改正决定书，责令物业公司自收到决定书之日起15日内：1.为战某办理就业备案手续；2.为战某补缴2014年5月至2018年2月期间的社会保险费。2019年5月31日，物业公司给战某补缴了2014年5月至2018年2月基本养老保险费、基本医疗保险费、失业保险费、工伤保险费、生育保险费及滞纳金25725.43元。双方因滞纳金承担问题产生争议。

案件历程

（一）一审法院：缴纳社会保险费所产生的滞纳金，劳动关系双方均有过错

一审法院认为，战某申请放弃缴纳社会保险，虽然其否认未放弃过要求物业公司缴纳社会保险，但对物业公司提供的由其签字的书面申请真实性无异议，该申请包含其放弃社会保险的内容，其作为完全民事行为能力人，应该意识到签署放弃社会保险申请的后果。其未提供证据证明签署申请存在欺诈、胁迫、乘人之危等情形，该申请书真实有效。战某已对自身权利进行处分，后又以物业公司未为其缴纳社会保险为由向劳动监察部门主张由物业公司缴纳社会保险费，导致物业公司被责令向社保部门补缴了社会保险费，同时缴纳滞纳金25725.43元。物业公司缴纳滞纳金的后果系因战某违背诚信，其先是为了自物业公司处多获取报酬而放弃由物业公司缴纳社会保险，后又向社保部门主张物业公司未办理社会保险，故其对未缴纳社会保险费也有过错，对所产生的滞纳金，战某承担50%的赔偿责任。

战某不服判决，提起上诉。

（二）二审法院：作为完全民事行为能力人，放弃缴纳社会保险应当承担相应的法律后果

二审法院认为，从事民事活动应当遵从诚实信用的原则。本案中，战某与物业公司之间存在劳动关系，物业公司为战某补缴了社会保险并承担了相应的滞纳金。从物业公司补缴保险的凭证及劳动监察大队的责令改正决定书可以认定，双方间的劳动关系自2014年5月开始，而战某出具的个人申请载明，其于2014年5月入职，自愿申请不需要公司缴纳社会保险，在其个人提出缴纳申请前，不再就合同存续期间的社保向公司主张任何权益。两者的时间高度一致，战某虽不认可财富商贸物流城开发有限公司与物业公司之间存在关系，但其没有证据证明在该时间其同时与财富商贸物流城开发有限公司之间存在劳动关

系，亦不能合理解释物业公司缘何会持有其本人签字的该个人申请，而物业公司的主张具有高度的盖然性，一审法院对此予以认可，并无不当。战某并无证据证明其出具的个人申请系在胁迫、欺诈等情形下签订，作为完全民事行为能力人，其应当承担相应的法律后果。鉴于为劳动者缴纳社会保险系国家法律的强制性规定，物业公司对未依法进行缴纳亦存在过错，一审判决其双方均担因此产生的滞纳金，符合公平原则，依法应予维持。[①]

评析与思考

社会保险在我国属于法定强制性保险，用人单位和个人都应当依法缴纳，但由于多种原因的影响，部分用人单位和参保人员没有按时足额缴纳社会保险费。根据《社会保险法》第八十六条规定，因用人单位原因导致未依法缴纳社会保险的，补缴社会保险费时，需要自欠缴之日起按日加收万分之五的滞纳金。但对于因劳动者过错导致的滞纳金由谁承担，法律法规没有明确规定。

一、劳动者有过错，应承担滞纳金的责任

依法缴纳社会保险费既是劳动者的权利，也是用人单位和劳动者的法定义务。当事人可以对其权利进行处分或者放弃，但不能通过单方主张或者双方协议的方式免除其法定义务。司法机关从诚实信用原则出发，判决劳动者承担社会保险滞纳金的责任，应当说是合情、合理的，也符合民法的一般原则。

二、社会保险滞纳金的相关规范

社会保险滞纳金有以下三个层次的相关规范：

---

① 案例取自山东省青岛市中级人民法院（2020）鲁02民终1791号民事判决书。

（一）法律的规定

《社会保险法》第八十六条规定：“用人单位未按时足额缴纳社会保险费的，由社会保险费征收机构责令限期缴纳或者补足，并自欠缴之日起，按日加收万分之五的滞纳金；逾期仍不缴纳的，由有关行政部门处欠缴数额一倍以上三倍以下的罚款。”这是关于用人单位未按规定缴纳和代扣代缴社会保险费滞纳金的法律性规范。以上规定表明，用人单位未按时足额缴纳和代扣代缴社会保险费有两种法律责任：一是自欠缴之日起按日加收万分之五的滞纳金；二是逾期仍不缴纳的，由社会保险行政部门加处罚款。

（二）行政法规的规定

《社会保险费征缴暂行条例》第十三条规定：“缴费单位未按规定缴纳和代扣代缴社会保险费的，由劳动保障行政部门或者税务机关责令限期缴纳；逾期仍不缴纳的，除补缴欠缴数额外，从欠缴之日起，按日加收2‰的滞纳金。滞纳金并入社会保险基金。”这是关于社会保险滞纳金的程序性规范。该规定表明，社会保险滞纳金产生的直接原因不是缴费单位欠缴，而是缴费单位“逾期仍不缴纳”。

（三）部门规章的规定

《实施〈中华人民共和国社会保险法〉若干规定》第二十条规定：“职工应当缴纳的社会保险费由用人单位代扣代缴。用人单位未依法代扣代缴的，由社会保险费征收机构责令用人单位限期代缴，并自欠缴之日起向用人单位按日加收万分之五的滞纳金。用人单位不得要求职工承担滞纳金。”这是关于社会保险滞纳金具体操作的规定。

三、社会保险费滞纳金应当有“封顶”限制

本案不涉及滞纳金的上限问题，但如果欠费时间较长，按日加收5‰的滞

纳金有可能超过社会保险金本金额度，那么社会保险滞纳金是否有上限呢？笔者在工作中发现，实务中有两种不同的观点：

一种观点认为，社会保险费滞纳金没有上限。社会保险费滞纳金的加收，是针对用人单位未足额缴纳的社会保险费，在责令补缴的同时加收的滞纳金。《社会保险法》第八十六条规定：“用人单位未按时足额缴纳社会保险费的，由社会保险费征收机构责令限期缴纳或者补足，并自欠缴之日起，按日加收万分之五的滞纳金；逾期仍不缴纳的，由有关行政部门处欠缴数额一倍以上三倍以下的罚款。”因此，社会保险费补缴中的滞纳金，并不是社会保险费补缴中社会保险费征收机构设定的程序性义务，而是基于用人单位未足额缴纳社会保险费的事实和《社会保险法》的规定而直接产生的法律责任。其并不是行政强制执行方式，不适用《行政强制法》滞纳金限额的规定。

另一种观点认为，社会保险费滞纳金具有滞纳金的一般特征，在性质上属于行政强制执行方式，社会保险费滞纳金有上限。

笔者同意第二种观点。主要有以下理由：

（一）从滞纳金的性质看，社会保险费滞纳金具有滞纳金的一般特征

《辞海》对滞纳金的解释为：“税务机关对不按规定期限缴纳税款的单位或个人，从滞纳之日起按日加征的金额。行政处罚的一种。”①《现代汉语词典》对滞纳金的解释为：“因逾期缴纳税款、保险费或水、电、煤气等费用而需额外缴纳的钱。”②因此，一般认为滞纳金是指行政机关对不按期限履行金钱给付义务的相对人，施以新的金钱给付义务的一种惩戒方法，其目的是促使其尽快履行义务，属于行政强制执行的一种具体形式。

---

① 《现代汉语词典》，上海辞书出版社1989年版，第1091页。

② 中国社会科学院语言研究所词典编辑室：《现代汉语词典》，商务印书馆2005年版，第1760页。

（二）从滞纳金的实施程序看，社会保险费滞纳金是行政强制执行方式

《行政强制法》第十二条规定："行政强制执行的方式：（一）加处罚款或者滞纳金；（二）划拨存款、汇款；（三）拍卖或者依法处理查封、扣押的场所、设施或者财物；（四）排除妨碍、恢复原状；（五）代履行；（六）其他强制执行方式。"第四十五条规定："行政机关依法作出金钱给付义务的行政决定，当事人逾期不履行的，行政机关可以依法加处罚款或者滞纳金。加处罚款或者滞纳金的标准应当告知当事人。加处罚款或者滞纳金的数额不得超出金钱给付义务的数额。"第四十六条第一款规定："行政机关依照本法第四十五条规定实施加处罚款或者滞纳金超过三十日，经催告当事人仍不履行的，具有行政强制执行权的行政机关可以强制执行。"由以上规定可知，作为行政强制执行方式的滞纳金，是行政机关或者行政机关申请人民法院，对不履行行政决定的公民、法人或者其他组织，依法强制履行义务的行为。滞纳金实施应当遵守如下程序性规定：一是书面催告当事人履行义务；二是经催告仍不履行的，方可作出强制执行决定。

《行政强制法》规定的滞纳金，是针对当事人不履行行政机关作出的金钱给付义务决定而采取的行政强制处罚措施。由以上社会保险法律法规对社会保险滞纳金的程序性规定可知，社会保险该滞纳金中既存在先于滞纳金的具体行政行为，也存在当事人不履行这一具体行政行为的行为方式。社会保险滞纳金同样具有《行政强制法》规定滞纳金的一切特征。

（三）从滞纳金实施的目的看，社会保险费滞纳金限额符合行政法的合理行政原则

合理行政原则的主要含义是行政决定应当具有理性，尤其适用于裁量性行政活动。最低限度的理性，是指行政决定应当符合一个有正常理性的普通人的合理与适当的预期，并且能够符合科学公理和社会公德。比例原则是合理行政的一个重要原则，具体表现为行政行为的合目的性、适当性、损害最

小，也就是说行政机关采取的措施和手段应当必要、适当，应当避免采用损害当事人权益的方式。缴纳社会保险费是用人单位的法定义务，作为社会保险费的缴纳主体未按照规定缴纳社会保险费，应当承担不利后果。社会保险滞纳金本质上是一种行政执行罚，其应当符合行政合理的比例原则。如果社会保险滞纳金超过社会保险费本身金额，那么就失去了行政强制措施的目的性和适当性，不仅与行政法原则不相符合，而且也使行政机关在作为上的情理性大打折扣。

综上，笔者认为，尽管《社会保险法》对滞纳金没有封顶规定，但在滞纳金的执行上应当遵守《行政强制法》的一般规定。因此，《行政强制法》对滞纳金的限制同样适用于社会保险费的补缴。

第三章

养老保险争议

养老保险是五项社会保险中比较复杂的险种。它源于1951年2月23日政务院第73次会议通过的《劳动保险条例》，成形于1987年10月起开始的企业劳动用工、工资、保险三项制度改革，规范于《劳动法》颁布和《社会保险法》的实施。养老保险制度在实施过程中经历了经济体制转变，其也随着改革的推进不断完善，无论是参保单位、参保人员，缴费基数、缴费比例，还是养老保险待遇的计发方式、发放途径，都经历了一个“扬弃”的过程，其间既有历史遗留问题，也有现实出现的新争议，值得我们深入研究探讨。

专题一　连续工龄计算争议

连续工龄是指职工在某一个单位或若干个单位工作，并以工资收入作为全部或主要生活来源，按国家规定可以连续或合并计算的工作时间。连续工龄涉及的问题比较复杂，如民办教师的工龄计算、乡村医生被招录以后的工龄计算、临时工的工龄计算、被精减职工回乡后的工龄计算等，不仅历史久远，而且涉及当时的政策规定。本专题要探讨的是与上述情形有关的涉及计发退休待遇的工龄问题。

案例一　连续工龄的起算应符合国家规定的条件

案情简介

米某出生于1964年2月，1984年6月进入某供电局劳动服务公司做临时工，从事配电、线路安装、仓库材料保管等工作。1988年12月31日，米某被盐城市劳动就业培训中心录取为供电专业的就业前培训生。1989年10月，米某经培训合格被供电局录用为全民合同制工人。米某档案材料载明的“职务（岗位）”分别为“会计”“劳服经营部主任”“经营部经营综合管理”“成本核算专职”“成本核算员”“经济核算员”“抄收工”“抄表催费员”“抄表员”。米某与受公司总经理委托的电力工程处于2003年4月22日签订的《供电公司生产岗岗位合同》第一条载明：甲方认为乙方（米某）符合上岗条件，甲方根据工作（生产）需要，决定聘用乙方在成本核算专职岗位上工作，岗位性质：生产。米某与受公司总经理委托的营业及电费室于2016年3月1日签订的《岗位合同》第一条载明：“甲方认为乙方（米某）符合上岗条件，甲方根据工作

（生产）需要，决定聘用乙方在用电检查员岗位上工作，岗位性质：技能。”米某在上述岗位合同上均签名确认。米某于2010年12月31日被国家电网公司高级专业技术资格评审委员会授予“经济专业”高级经济师。原国网江苏省电力公司根据米某的档案记载及实际情况向省人力资源和社会保障厅（以下简称省人社厅）提交相关材料申请为其办理退休手续。

案件历程

（一）社会保险行政部门：米某退休时间为2017年6月，缴纳基本养老保险费年限为27年9个月

2017年6月22日，省人社厅批准米某退休，认定米某参加工作时间为1989年10月，退休时间为2017年6月，缴纳基本养老保险费年限27年9个月。2017年7月6日，省人社厅给米某核发了《企业职工退休证》。

米某对退休时间、工作年限有异议，提起行政诉讼。

（二）一审法院：判决驳回米某的诉讼请求

一审法院认为，因有关企业职工退休的法律规范未对企业生产岗位与管理（技术）岗位进行划分，故生产岗位与管理（技术）岗位的划分属于企业内部管理事务，应由企业根据职工所在岗位属性来综合认定。本案中，从米某的档案材料来看，其参加工作时为工人身份，参加工作后，从事的工作为“会计”“劳服经营部主任”“经营部经营综合管理”“成本核算专职”“成本核算员”“经济核算员”“抄收工”“抄表催费员”“抄表员”。从2003年4月22日、2016年3月1日米某与工作单位签订的岗位合同来看，单位聘用其在“成本核算专职”“用电检查员”岗位上工作，企业将米某从事的上述岗位定为生产或技能岗位。米某的年龄已超过五十周岁，满足办理退休的条件。

关于米某参加工作的时间问题，省人社厅认定“参加工作时间”是起算连续工龄的时间。《某省劳动局关于印发〈关于就业前培训若干问题的实施意见〉

的通知》第十一条规定："培训学员结业对口择优录用为劳动合同制工人，均实行一年试用期。培训期间不计算工龄。"本案中，根据米某的档案材料记载，其1984年6月进入供电局劳动服务公司做临时工。1988年12月31日至1989年10月，米某为供电专业的就业前培训生。根据上述规定，米某培训期间不计算工龄，即其被录用为就业前培训生后，与供电局劳动服务公司没有了劳动关系，其在1989年10月被录用为全民合同制工人之前在供电局劳动服务公司工作的时间，不能计算为连续工龄。其连续工龄从1989年10月被录用为全民合同制工人的时候开始计算，共计27年9个月，并无不当。省人社厅在相关文件中要求《企业职工退休审批表》经职工本人签字确认，仅是规范企业对退休人员的相关信息经退休人员核对无误后签字确认，并非征求退休人员是否同意退休的意见，亦非办理退休审批手续的前提条件。

米某不服，遂提起上诉。

（三）二审法院：社会保险行政部门的认定正确

二审法院认为，国家规定女职工的退休年龄是年满50周岁，女干部55周岁，例外的是女职工45周岁前在管理或技术岗位上工作，45岁后仍在管理或技术岗位上工作过的女工人等特定人员55周岁退休。本案中，上诉人米某的档案记载，其于1989年10月被供电局录用为全民合同制工人，工作岗位先后为会计、劳服经营部主任、经营部经营综合管理、成本核算专职、成本核算员、经济核算员、抄收工、抄表催费员、抄表员。上诉人2003年4月22日及2016年3月1日签订的《岗位合同》亦分别载明其岗位性质为生产及技能，因此，上诉人主张其长期在国网江苏省电力有限公司盐城供电分公司管理和技术岗位工作，直至2017年6月由省人社厅审批退休，该主张缺乏事实根据，不能成立。被上诉人省人社厅认定上诉人米某系生产岗位工人，并为其办理退休审批手续并无不当。本案上诉人虽然取得高级经济师资格，但其工作岗位并不属于管理或技术岗，而是生产岗位，故上诉人关于其应当60周岁退休的主张亦不能成立。

根据上诉人档案记载，其于1984年6月进入供电局劳动服务公司做临时工，1988年12月31日被盐城市劳动就业培训中心录取为供电专业的就业前培训生，1989年10月，被供电局录用为全民合同制工人。据此，被上诉人省人社厅认定上诉人临时工的工作时间及培训时间不计算工龄，其工龄从1989年10月开始计算，具有法律依据。

米某不服，提出再审。

（四）再审法院：社会保险行政部门的认定正确

再审法院认为，本案的争议焦点是米某是否满足退休条件以及其“参加工作时间”的认定问题。首先，关于米某是否满足退休条件的问题。本案中，米某的档案记载，其1989年10月被供电局录用为全民合同制工人，工作岗位先后为会计、劳服经营部主任、经营部经营综合管理、成本核算专职、成本核算员、经济核算员、抄收工、抄表催费员、抄表员。米某于2003年4月22日及2016年3月1日签订的《岗位合同》亦分别载明其岗位性质为生产及技能，因此，米某主张其长期在供电局管理和技术岗位工作，直至2017年6月由省人社厅审批退休，该主张与事实相悖，不能成立。省人社厅认定米某系生产岗位工人，并为其办理退休审批手续并无不当。其次，关于米某“参加工作时间”的认定问题。省人社厅认定“参加工作时间”是起算连续工龄的时间。本案中，根据米某的档案材料记载，其1984年6月进入盐城供电局劳动服务公司做临时工。1988年12月31日至1989年10月，米某为供电专业的就业前培训生。参照上述规定，米某培训期间不计算工龄，即其被录用为就业前培训生后，与供电局劳动服务公司没有了劳动关系，其在1989年10月被录用为全民合同制工人之前在供电局劳动服务公司工作的时间，不能计算为连续工龄。其连续工龄从1989年10月被录用为全民合同制工人的时候开始计算，并无不妥。①

① 案例取自最高人民法院（2019）最高法行申14267号行政裁定书。

案例二 入伍前后的连续工龄计算与“职工”身份和是否符合分配条件有关

案情简介

1954年2月5日，金某出生，原系农业户口；1972年7月，金某被某国营农场招录为临时工并工作至1973年11月。1973年12月，其应征入伍，1979年3月退出现役；同年10月，金某被招收为某供电公司职工，1993年1月，金某所在单位开始为金某缴纳养老保险费，之后金某转为城市户口并工作至2014年2月；2014年6月，因金某已达60岁退休年龄，所在单位根据上述事实为其填写了《职工退休（职）审批（核）表》，并上报省人社厅审批。

案件历程

（一）社会保险行政部门：视同缴费年限18年7个月

2014年6月30日，省人社厅在核准金某视同缴费年限18年7个月、实际缴费年限21年2个月（合计缴费年限为39年9个月）的基础上，准予其从2014年2月办理退休手续。

金某以省人社厅的退休审批行为未将其入伍前被招录为临时工的时间和退伍后至招收为供电公司职工的时间一并计算为连续工龄（视同缴费年限少计算1年11个月）为由，向法院提起行政诉讼，请求撤销省人社厅为其作出的退休审批行为。

（二）一审法院：判决驳回金某的诉讼请求

一审法院认为，金某于1979年3月退伍，入伍前为农业户口，根据当时实行的国务院《关于义务兵退伍的暂行规定》（现已失效），入伍时原是家居农村或者城市郊区的农民，退伍后都应当回到原居住地区参加农业生产；又根据相关政策的规定，军人不论是由部队直接转入还是复员以后又转入企业工作的，军龄都应计算为本企业工龄，但离开部队后至参加工作前的在乡期间不得计算为工龄，省人社厅对金某1979年4月至10月待分配的时间不认定为连续工龄是正确的；又根据相关的规定，临时工最后一次在本单位当临时工的连续工作时间，可以与被录用为长期工以后的工作时间合并为连续工龄。金某入伍前临时工作的单位与其1979年10月参加工作的单位非同一个单位，省人社厅对其入伍前临时工作的时间不认定为连续工龄是正确的。

金某不服，提起上诉。

（三）二审法院：裁定驳回上诉

二审法院认为，根据《退伍义务兵安置条例》（现已失效）第八条第二项、第十五条等规定，入伍前原是国家机关、企业、事业单位的职工，其入伍前的工龄和军龄连同待分配的时间一并计算为连续工龄；上诉人金某入伍前系某国营农场临时工且为农业户口，而非该农场职工，其不符合上述规定的一并计算连续工龄的条件；退伍安置“待分配的时间”，是指上述条例规定的符合安排工作条件（农村籍退伍军人须在服役期间荣立二等功）的退伍军人回到原征集地后等待分配的时间；上诉人金某作为农村籍退伍军人，没有在服役期间荣立二等功的事实，其不存在符合上述意义的“待分配的时间”，其退伍后至被招收为供电公司职工的这段时间不属于上述应计算为连续工龄的情形。综上，省人社厅对金某作出的退休审批行为并无不妥，原审法院驳回金某的诉讼请求认定事实清楚，适用法律正确，应予维持。

金某不服，提出再审。

（四）再审法院：社会保险行政部门的认定正确

再审法院认为，本案再审审查的焦点问题为金某入伍前在某国营农场任临时工的时间及退伍后至被招收为供电公司职工的期间是否应计算为连续工龄。《退伍义务兵安置条例》（以下简称《条例》，现已失效）第十五条规定：“义务兵从兵役机关批准入伍之日起至部队批准退出现役止，为服现役的军龄，满十个月的，按周年计算。退伍后新分配参加工作的，其军龄和待分配的时间应计算为连续工龄。入伍前原是国家机关、企业、事业单位的职工，其入伍前的工龄和军龄连同待分配的时间一并计算为连续工龄，享受与所在单位职工同等待遇。”根据上述规定，入伍前能够一并计算连续工龄的前提是原系国家机关、企业、事业单位的职工，而退伍安置“待分配时间”是建立在符合《条例》规定的应予安排工作的基础上，其中，农村籍退伍军人只有在符合第八条第二项规定，即在服役期间荣立二等功以上的，才应当安排工作。本案中，金某入伍前系某国营农场临时工而非职工，不符合一并计算连续工龄的条件。其亦不属于《条例》规定的“服役期间荣立二等功以上”应予安排工作的农村籍退伍军人，其退伍后至被新招收为供电公司职工的时间不属于上述“待分配时间”，不符合计算连续工龄的情形。省人社厅对金某作出退休审批，未将其入伍前在某国营农场任临时工的时间及退伍后至被招收为供电公司职工的期间计算为连续工龄，并不违反法律规定。原审判决驳回金某的诉讼请求，并无不当。

金某主张原审适用相关政策文件与《条例》规定冲突，但上述规定与《条例》的规定并不冲突，原审引用上述规定是为了进一步说明我国当时对农村籍退伍兵安置的一贯政策和规定，不存在违背上位法规定的情形，故金某的该项主张不能成立，不予支持。①

案例三　连续工龄计算应符合劳动行政部门规定

案情简介

2019年1月21日，罗某向某人力资源和社会保障局（以下简称某社保中心）提出社会保险补缴申请书，要求依法责令某煤矿为其补缴1989年8月至1990年12月的社会保险费或依法追缴。

---

① 案例取自最高人民法院（2019）最高法行申2707号行政裁定书。

案件历程

（一）社会保险经办机构：不符合补缴职工养老保险的条件

2019年1月24日，某社保中心出具告知书，告知罗某“按照政策规定，我市由当地劳动就业部门安置到机关、企事业单位干临时工，凡是被用工单位正式招工的，其最后一次在本单位干临时工的时间，可与招工后的工作时间合并计算为连续工龄。经调查你的档案材料，你的待业材料均未经当地劳动就业部门批准，待业时间不能计算为连续工龄，不符合补缴职工养老保险的条件”。

罗某不服，提起诉讼。

（二）一审法院：驳回罗某的诉讼请求

罗某要求某社保中心为其征缴1989年8月至1990年12月的养老保险，不符合相关规定，罗某亦未提供在《劳动法》实施之前，未经劳动部门审批的待业青年就业登记符合缴纳劳动保险条件的法律依据，故判决驳回罗某的诉讼请求。

罗某不服，提出上诉。

（三）二审法院：驳回上诉，维持原判

二审判决驳回上诉，维持原判。

罗某不服，申请再审。

（四）再审法院：驳回再审申请

关于某社保中心是否应当责令某煤矿为罗某补缴养老保险或者依法追缴的问题，《劳动法》于1995年1月1日起实施，用人单位与劳动者存在劳动事实、建立劳动关系的，应当缴纳社会保险。但在此之前，很多保险事项要依据当时的国家政策来执行和调整。对于不同用工形式的人员是否可以补缴《劳动法》实施之前的养老保险系由各省、市政府根据各自情况进行规定。其中，某省劳动保障厅《关于企业原临时性用工基本养老保险费缴纳有关问题的通知》规定，对于1995年之前企业使用的临时性用工养老保险费缴纳问题，企业原招用的计划内临时工和其他形式用工，转招为劳动合同制工人的，其转招以前按规定计算为连续工龄的年限，尚未按照山东省有关规定补缴养老保险费的，仍可按规定补缴。根据原审查明的事实，罗某的档案显示其1989年8月的待业青年就业登记手续中只加盖待业青年安置专用章，未经当地劳动就业部门审批。结合当时有效的《某省全民所有制企业临时工管理暂行规定实施细则》等规定，罗某1989年8月就业登记未经当地劳动就业部门审批，不符合当时待业安置审批政策与计算连续工龄的条件，不具备补缴养老保险的条件。罗某提供的证据中无劳动行政管理部门对其在1989年8月至1990年12月工作的批准用工手续或者其他与审批相关的表述。某社保中心在收到罗某申请后，经过调查亦未发现关于对罗某工作的批准用工手续或者与审批相关的证据。某社保中心据此作出告知书，并无不当。用工需经过劳动行政部门批准，不因约定而改变。罗某关于其用工无须经过劳动行政部门审批的主张，缺乏法律依据，本院不予支持。某省人力资源和社会保障厅、省财政厅《关于统一和规范企业职工基本养老保险费补缴政策的通知》系为解决用人单位欠缴养老保险费、职工中断缴费、应保未保等问题。依据该规定，劳动者和用人单位存在劳动关系期间，单位应当缴费而未缴纳的，可以企业职工身份补缴。而罗某1989年8月至1990年12月工作无劳动行政管理部门审批，在此情况下，罗某关于根据该文件用人单位需为其补缴养老保险费的主张亦不能成立，本院不予支持。①

评析与思考

补缴养老保险费的前提，必须是存在劳动关系。在养老保险费补缴期间的问题上，关键是确认存在劳动关系的期间，在《劳动法》实施后，特别是

---

① 案例取自山东省高级人民法院（2019）鲁行申1477号行政裁定书。

在《关于确立劳动关系有关事项的通知》下发后，劳动人事争议仲裁机构确认劳动关系基本不存在什么障碍，但在《劳动法》实施前确认劳动关系期间，主要是依据原劳动部门的审批手续或工龄的行政确认来判定存在劳动关系的期间。

一、"除名"和"自动离职"两类情形职工原工作年限视同缴费年限的认定

建立养老保险制度前，职工养老实行单位退休制度，由退休前所在单位根据职工连续工龄计算退休费，由单位负责发放。职工被除名或自动离职后，原工作单位不再负责支付其退休费；重新参加工作后，连续工龄重新计算。因此，职工除名或自动离职前的工作年限不能作为连续工龄的组成部分，也不能视同缴费年限。因此，"除名"和"自动离职"具有计划经济时期劳动用工管理制度的特点，相关的工龄政策根据当时国家工龄政策精神制定，也适应当时实行单位退休制度的养老保障方式。改革开放后，随着经济社会发展特别是国有企业改革的不断深化，逐步实现政企分离，企业用工制度不断改革完善；同时，养老保险制度改革也不断深化，由"单位保障"变为"社会保障"，建立了个人缴费制度，通过实际缴费年限对职工养老权益予以记录和更好地保障。缴费年限，包括视同缴费年限和实际缴费年限，成为体现参保人员养老保险权益、计算参保人员基本养老金的重要参数。

为了更好地保障职工的养老保险权益，妥善处理除名职工连续工龄政策与实际缴费年限政策的衔接，《劳动部办公厅对"关于除名职工重新参加工作后工龄计算有关问题的请示"的复函》明确，应以各地实行企业职工个人缴纳养老保险费的时间，作为除名职工计算连续工龄的起始时间。因此，除名人员从地方实行企业职工个人缴纳养老保险费的时间起，计算连续工龄和缴费年限。由于工龄政策涉及时间跨度长、人员范围广，在养老保险制度改革过程中，需要妥善处理好与原单位退休制度和工龄政策的衔接问题，建立个人缴费制度前的原有工作年限，还应适用当时的工龄政策。

二、连续工龄计算的救济途径

案例二金某参加工作情况图示：

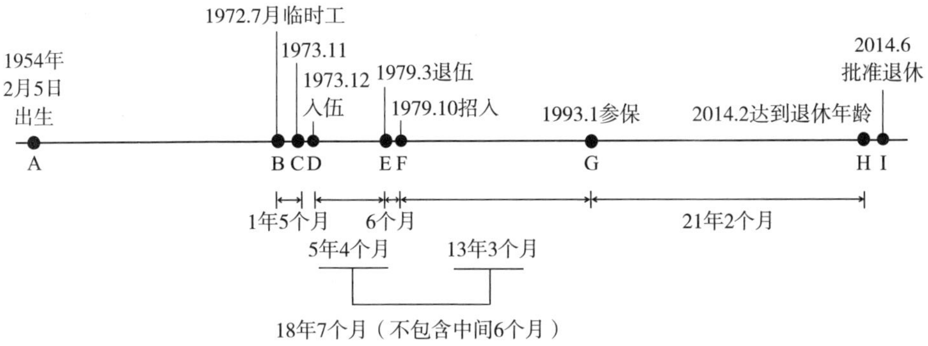

连续工龄及连续工龄视同缴费年限问题，并不是都能通过行政争议或劳动争议的途径解决，有些属于历史性、政策性问题，不在劳动争议和行政争议的受理范围内，在实务中应区别对待。关于精减回乡、回家后又重新参加工作职工工龄问题，主要涉及有关历史性及政策性问题，该争议事项不属于行政诉讼受案范围。最高人民法院（2019）最高法行申13002号行政裁定书认为："本案中，胡某因二十世纪六七十年代精简离职下放回家乡农业生产，请求判令惠安县政府、惠安县教育局依照（62）中劳薪字第186号文件重新落实其工龄、工资待遇等。该争议事项属于历史遗留的落实政策性问题，明显不属于人民法院的受案范围。"

专题二　女职工退休年龄争议

按照现行女职工退休年龄的规定，女工人年满50周岁、女干部年满55周岁达到法定退休年龄，在特殊情况下还有延长退休年龄的特别规定。实务中，认定女职工是否达到退休年龄，应当结合职工档案、工作岗位性质进行甄别和综合判断。

案例一　延长退休年龄应满足国家规定的条件

案情简介

单某于1961年7月25日出生，1981年7月以干部身份入职某供电公司，2009年12月31日取得高级工程师专业技术资格。根据《供电公司退居二线领导干部及高级专业技术人员退休返聘待遇规定》，某供电公司于2016年1月决定同意延长单某申请退休年龄至60周岁。2017年5月27日，国家电网公司下发了《国家电网关于加强退休、返聘和退二线规范管理的通知》，要求严格执行相关文件规定精神，按男年满60周岁、女干部年满55周岁、女工人年满50周岁办理退休。同日，原国网江苏省电力公司发出《国网江苏省电力公司人力资源部关于停止延退及返聘的通知》，要求即日停止干部员工的延退及返聘，供电公司遂根据上述规定申报单某退休事项。

案件历程

（一）社会保险行政部门：符合退休条件

省人社厅经审查单某人事档案后，于2017年6月22日批准单某退休。

单某不服，提起诉讼。

（二）一审法院：驳回单某的诉讼请求

一审法院认为，原行业统筹企业的职工退休，由省级人民政府劳动保障部门审批。省人社厅作为省级劳动保障行政部门，具有审批单某退休的法定职权。

根据《国务院关于安置老弱病残干部的暂行办法》第四条第一款第一项规定，女干部年满55周岁都可以退休。《关于制止和纠正违反国家规定办理企业职工提前退休有关问题的通知》规定，企业职工中女干部的国家法定退休年龄为55周岁。《国务院关于高级专家离休退休若干问题的暂行规定》第二条第一款规定，高级专家离休退休年龄，一般应按国家统一规定执行。少数高级专家延长离休退休年限的四个条件，要同时具备，但必须首先考虑工作需要和身体条件。办理高级专家提高退休费比例、延长离休退休年龄及暂缓离休退休手续时，所在单位须分别填写《高级专家提高退休费比例审批表》《高级专家延长离、退休年龄审批表》《杰出高级专家暂缓离、退休审批表》。上述文件详细规定了高级专家延退条件及审批手续。本案中，单某于1961年7月25日出生，于1981年7月入职某供电公司，至2017年6月省人社厅作出退休审批时，已达到国家法定退休年龄。而女性高级专家可到60周岁退休，并非应当到60周岁退休，且单某未提供证据证明其单位已填报《高级专家延长离、退休年龄审批表》等材料，并办理相关审批手续，故单某关于其系高级专家，应当60周岁退休的主张缺乏事实与法律依据，不予支持。

根据《某省企业职工基本养老保险规定》第十八条第二款规定，参保人员退休时，由用人单位、劳动保障代理机构或者参保人员本人，凭社会保险经办机构审核的参加基本养老保险的证卡和有关材料，到劳动保障行政部门办理退休手续。本案中，省人社厅收到单某退休报批材料后，经审核人事档案后认为单某作为女干部，已年满55周岁，符合退休条件，遂批准单某于2017年6月退休并无不当。虽然省人社厅在相关文件中要求《退休审批表》经职工本人签字确认，但该要求仅是规范企业对退休人员的相关信息填写准确，经退休人员核对无误后签字确认，并非征求退休人员是否同意退休的意见，亦非办理退休审批手续的前提条件。单某本人在《退休审批表》上签字确认并非办理退休审批手续的必经程序，故单某关于其未在《退休审批表》上签字同意退休，省人社厅作出的退休审批行为程序违法的主张因缺乏法律依据，不予支持。

单某不服，提起上诉。

（三）二审法院：驳回上诉

二审法院认为，高级专家离休退休年龄，一般应按国家统一规定执行。企业职工中女干部的国家法定退休年龄为55周岁。少数高级专家延长离休退休年限的四个条件要同时具备，但必须首先考虑工作需要和身体条件。办理高级专家提高退休费比例、延长离休退休年龄及暂缓离休退休手续时，所在单位须分别填写《高级专家提高退休费比例审批表》《高级专家延长离、退休年龄审批表》《杰出高级专家暂缓离、退休审批表》。高级专家退（离）休，仍按照《国务院关于高级专家离休退休若干问题的暂行规定》执行。女性高级专家，凡身体能坚持正常工作，本人自愿，可到60周岁退（离）休。据此，女性高级专家可到60周岁退休，并非应当到60周岁退休，对于需要延长退休年限的，应当根据前述延长退休条件办理相应审批手续。本案中，单某于1961年7月25日出生，至2017年6月省人社厅就其退休事项作出退休审批时，其已达到国家法定退休年龄。因单某未提供证据证明其符合前述延长退休条件且办理了相应审批手续，故单某关于其应当60周岁退休的主张缺乏事实根据与法律依据。省人社厅收到单某退休报批材料后，经审核人事档案后认为单某作为女干部，已年满55周岁，符合退休条件，遂批准单某于2017年6月退休，并无不当。

虽然省人社厅在相关文件中要求《退休审批表》经职工本人签字确认，但该要求仅是规范企业对退休人员的相关信息填写准确，经退休人员核对无误后签字确认，并非征求退休人员是否同意退休的意见，亦非办理退休审批手续的前提条件。单某本人在《退休审批表》上签字确认并非办理退休审批手续的必经程序，如果内容属实，即使职工未予签名，不影响省人社厅的退休审批行为的有效性。

单某仍不服，申请再审。

（四）再审法院：高级专家延长离退休要同时具备四个条件

再审法院认为，本案争议的焦点是再审申请人单某的法定退休年龄是否应当延迟至60周岁。《国务院关于工人退休、退职的暂行办法》第一条第一项规定，男年满60周岁，女年满50周岁，连续工龄满10年的，应该退休。根据《国务院关于高级专家离休退休若干问题的暂行规定》第二条等规定，少数高级专家延长离休退休年限要同时具备“工作需要”“身体能够坚持正常工作”“征得本人同意”“经有关机关批准”四个条件，但必须首先考虑工作需要和身体条件。办理高级专家提高退休费比例、延长离休退休年龄及暂缓离休退休手续时，所在单位须分别填写《高级专家提高退休费比例审批表》《高级专家延长离、退休年龄审批表》《杰出高级专家暂缓离、退休审批表》。据此可知，女性高级专家可到60周岁退休，并非应当到60周岁退休，对于需要延长退休年限的，应当根据前述延长退休条件办理相应审批手续。根据原审法院查明的事实，再审申请人于1961年7月25日出生，1981年7月入职某供电公司，于2009年12月31日取得高级工程师专业技术资格，至2017年6月被申请人江苏省人社厅作出退休审批时，已经达到了国家法定55周岁退休年龄。被申请人经审核相关材料后，于2017年6月为再审申请人办理退休审批，并无不当。再审申请人主张其应当延迟至60周岁退休，但是未能提供其符合前述延长退休条件和原审第三人已为其依法办理了延长退休年龄手续的证据，本院不予采信。因此，一审法院判决驳回再审申请人的诉讼请求，二审法院判决驳回上诉、维持原判，均无不当。再审申请人提出的申请再审的理由不能成立，本院不予支持。[①]

案例二　女职工退休年龄是55岁还是50岁的判断

案情简介

女职工项某在某影业公司担任行政人员，在其年满50岁时，影业公司要求其退休，项某以自己是干部而非工人、应55岁退休为由不予同意，遂发生争议。项某的档案记载其系工人身份。影业公司的《劳动合同管理规定》中约定项某的岗位性质为非管理岗位。与本该案有关的事实如下：

一、劳动合同签订情况及与争点有关的合同约定

2010年6月11日，项某与影业公司最后一次续签劳动合同，合同约定："第一条、本合同期限经双方协商一致，为无固定期限劳动合同，自2010年1月1日起。第二条、项某的工作区域或地点为办公室。第三条、项某根据影业公司工作需要，担任行政人员岗位工作。具体工作内容为：1.负责公司办公用品的采买及办公设备的维修；2.负责外单位及相关部门的沟通和联系；3.公司各类档案的收集、整理、汇总、归档，公司文件的下发；4.与上级公司及下属公司工作的落实反馈；5.员工档案等公司人事工作；6.公司及下属影城的月报、简报编辑及上报；7.费用相关手续收、报、审、回传。该合同最后部分规定，用人单位的《员工手册》、规章制度等规范公司内部员工管理制度的文件，作为公司的管理制度与实施细则，与本合同形成一套完整的法律文件，具有同等效力。劳动者在本合同上签字即表示其已经阅读，知悉并承诺遵守用人单位的《员工手册》、用人单位的规章制度等规范公司内部员工管理制度的文件。"

---

① 案例取自最高人民法院（2019）最高法行申10486号行政裁定书。

二、关于项某的身份、岗位及履职情况

1980年11月，项某进入电表厂做临时工，1981年12月，项某正式办理招工手续，成为电表厂正式职工，工种为压铸工。1993年1月，项某调入海南某公司，从事文秘工作。1993年7月，项某调入城建集团某公司工作，任清欠办干事。1995年7月《岗位技能工资审批表》中显示项某的职务或工种为干事。1996年10月《岗位技能工资审批表》中显示项某的职务或工种为办事员。1994年9月至1997年1月，项某参加北京广播电视中等专业学校学习，顺利毕业。1998年度，项某按照专业技术人员进行年度考核，填写《专业技术人员年度考核登记表》，表中显示其行政职务为"三科"。1999年，项某取得北京市财政局签发的会计从业资格证书。1997年9月至2000年7月，项某参加中国人民大学成人高等教育学院经济管理专业专科学习，顺利毕业。2002年，项某参加中共北京市委党校成人教育学院经济管理专业学习，2005年7月完成学业，顺利毕业。2005年7月，项某与城建集团某公司协商解除劳动关系。2005年8月，项某的人事档案转移至北京市朝阳区职业介绍服务中心，开始领取失业保险金和医疗补助金。2005年8月至2007年7月，项某共领取24个月的失业保险金和医疗补助金。2007年4月19日，项某的人事档案转移至北京外企服务集团有限责任公司。自2002年10月起项某开始在某影业公司工作，2002—2008年任单位出纳，2008年10月调入办公室工作，担任办公室行政人员，项某称其工作至2012年11月底，12月初因为单位注销其考勤卡，所以无法到岗工作。影业公司则主张项某工作到2012年10月，10月之后未到单位上班。

三、影业公司关于岗位性质的规章制度

影业公司称其制订了有关岗位性质的规章制度。其提交落款时间为2012年的《影业公司劳动合同管理规定》第一页第二条第三款为："公司内部具

有人员管理权限的部门负责人以上职务的岗位为管理岗，其他岗位均为非管理岗。”第三条为：“本规定适用于影业公司本级及本级外派至下属机构的员工，各下属公司可参照本规定执行。”为证明上述规章制度通过民主程序，影业公司提交作出于2012年4月23日的《关于人力资源制度征求方案、意见的备忘录》，该文件显示影业公司就《人事任免（调配）暂行办法》《劳动合同管理规定》《员工外派管理暂行办法》等文件向各部门征求方案、意见。同时提交企业规划部、财务部、运营技术中心、办公室、建设中心五部门的回复意见表。表中记载部门员工同意人力资源制度内容，落款处有部门负责人签字。影业公司以上述证据材料证明《影业公司劳动合同管理规定》已经全体职工讨论并通过。为证明上述规章制度已经告知劳动者，影业公司提交一份北京市东方公证处出具的《公证书》，公证书内容系对影业公司内部管理网络平台内容的公证。公证员证实打开影业公司Office协同管理平台，点击“信息管理”栏目，其中有“影业公司制度”的下一级栏目，选择其中的“人事制度”项点击，其附件即包含一个Word文件——《影业公司劳动合同管理规定》。

项某否认上述证据的真实性，称没有见到过《影业公司劳动合同管理规定》这份文件，也没有人向其征求意见。项某同时称，即便存在，该规章制度中对其权利限制的内容由于没有经过民主程序亦未征得其同意而无效。2013年7月，项某申请仲裁。

案件历程

（一）劳动人事争议仲裁委员会：驳回项某的各项仲裁请求

2014年5月4日，劳动人事争议仲裁委员会裁决驳回项某的各项仲裁请求。项某不服，起诉至法院。

（二）一审法院：驳回项某的诉讼请求

一审法院认为，项某的档案材料中未体现其干部身份，《劳动合同管理规定》中明确约定项某的岗位性质为非管理岗位，且项某与影业公司均认可其工人身份，法院不持异议。根据《国务院关于工人退休、退职的暂行办法》第一条之规定，2012年10月20日，项某满50周岁，达到法定退休年龄，故其要求影业公司继续履行劳动合同、补发工资差额、岗位津贴、福利待遇等诉讼请求，没有法律依据，法院不予支持。项某要求补缴社会养老保险、医疗保险、住房公积金基数的诉讼请求，不属于人民法院审理劳动争议案件的范围，不予处理。项某于2013年7月11日申请仲裁，要求影业公司支付2008年2月至12月未签劳动合同二倍工资，影业公司提出时效抗辩，依据《劳动争议调解仲裁法》第二十七条之规定，项某要求二倍工资差额的请求已过仲裁时效，法院不予支持。

判决后，项某仍不服，上诉至二审法院。

（三）二审法院：项某未达到法定退休年龄，双方劳动合同应当继续履行

二审法院认为，本案最核心的争议焦点是在项某50周岁时双方劳动合同是否终止。劳动合同实行法定终止制度，出现《劳动合同法》第四十四条及《劳动合同法实施条例》第二十一条规定之情形，才会导致劳动合同法定终止。针对本案而言，可能涉及的终止劳动合同的法定事由包括《劳动合同法》第四十四条第二项之“劳动者开始依法享受基本养老保险待遇的”以及《劳动合同法实施条例》第二十一条之“劳动者达到法定退休年龄”。

关于法定退休年龄，目前可查到的法律、行政法规、地方性法规、规章乃至人社部对外公示的文件中均表述为“男年满60周岁，女工人年满50周岁，女干部（技术）年满55周岁”。《关于贯彻执行〈中华人民共和国劳动法〉若干问题的意见》第七十五条又规定，用人单位全部职工实行劳动合同制度后，职工在用人单位内由转制前的原工人岗位转为原干部（技术）岗位或由

原干部（技术）岗位转为原工人岗位，其退休年龄的条件，按现岗位国家规定执行。综合上述规定，女职工法定退休年龄，应当按照其退休前岗位的国家规定确定。影业公司主张项某在50周岁时达到法定退休年龄，应当举证证明项某在退休前为工人岗。经查询项某的档案及劳动合同，项某最初入职电表厂时，是以招工方式进入，其身份及岗位可认定为“工人”。其调入城建集团某公司工作后，当时形成的多份文件中均显示其岗位为清欠办干事、办事员、三级科员、干部等，其亦曾以专业技术人员身份进行年度考核，城建集团某公司在为项某开立社保账户时填写的身份信息为“干部”。可见在城建集团某公司工作时，其身份及岗位已经难以判断为“工人”。进入影业公司工作后，其先后担任出纳及办公室行政人员，亦难以与“工人”身份及岗位相匹配。因此，影业公司称项某为工人身份，应当在50岁达到法定退休年龄，事实依据不足，不予支持。

至于目前北京市人社部门在办理基本养老保险核准工作中将判断女职工退休年龄的标准从“干部（专业技术）”和“工人”岗位的区别改变为“管理岗（专业技术岗）”和“非管理岗”的区别，人社部门就此种改变未能以作为法院裁判依据的法律渊源的形式固定下来，同时人社部门也未能就“管理岗（专业技术岗）”和“非管理岗”的定义及其与法定标准“干部（专业技术）”和“工人”岗之间的关系作出准确界定，不具有司法操作性。因此，法院无法以人社部门通行做法作为判断女职工法定退休年龄的司法依据。影业公司以项某属于“非管理岗”为由主张项某在50岁达到法定退休年龄，没有法律依据，本院不予支持。

至于“依法享受基本养老保险待遇”一节，双方当事人表述一致，女职工50岁办理退休手续，人社部门要求女职工本人手写退休申请，才可以办理。项某拒绝手写退休申请，并提出影业公司社保缴费基数低、其属于管理岗等事由，因此项某的退休手续尚未办理，其也未获得基本养老保险待遇。本案中不存在此种劳动合同法定终止的情形。

综上，影业公司与项某所签劳动合同不存在法定终止的情形，至本案二审庭审结束，项某尚未达到女职工法定退休年龄的最后时点，双方劳动合同应当继续履行。[①]

案例三 女职工退休年龄和条件应按现工作岗位确定

案情简介

钟某于2007年8月1日入职某节能中心工作。节能中心、钟某最后两期劳动合同期限分别为2012年7月1日至2015年8月31日、2015年9月1日至2019年3月20日。钟某自2019年起工资标准为12455元/月，最后工作岗位为财务出纳。节能中心于2007年8月至2019年3月为钟某缴纳社会保险。2019年2月19日，钟某向节能中心递交劳动合同续签申请，要求与节能中心在维持或者提高原劳动合同约定条件的前提下续订无固定期限劳动合同。2019年2月20日，节能中心口头通知钟某合同期满后不再与钟某续签劳动合同。之后，钟某到节能中心处进行电子打卡。节能中心安排彭某与钟某进行工作交接。2019年4月30日，双方在交接清单上签名。节能中心向钟某支付工资至2019年3月20日。钟某2018年3月至2019年2月的收入包括工资和季度绩效两部分（不含地区差）。其中该期间的月工资分别为：11259元、12259元、11759元、11759元、11759元、11759元、11759元、11759元、11759元、11759元、12455元、12455元；一季度至四季度绩效分别为：3708元、3722元、5176元、7040元。节能中心、钟某双方确认钟某离职前12个月的月平均工资的计算期间为2018年3月至2019年2月，且不含地区差。2019年4月16日，钟某向劳动人事争议仲裁委员会申请仲裁，请求节能中心支付违法解除（终止）劳动合同的赔偿金324372元。

---

① 案例取自北京市第二中级人民法院（2015）二中民终字第12803号民事判决书。

案件历程

（一）劳动人事争议仲裁委员会：违法终止劳动合同

2019年6月14日，劳动人事争议仲裁委员会裁决节能中心应于裁决生效之日起三日内，支付钟某赔偿金319348.08元。

节能中心不服，诉至法院。

（二）一审法院：节能中心提出钟某已达50岁退休年龄依据不足

一审法院认为，节能中心、钟某双方已连续签订两次固定期限劳动合同，且2019年3月20日合同期满前钟某已向节能中心提出续订无固定期限劳动合同的要求，根据《劳动合同法》第十四条的规定，节能中心应在合同期满后与钟某签订无固定期限劳动合同。现节能中心主张不与钟某续签劳动合同的原因是“钟某已经到达退休年龄，节能中心无法同钟某续签劳动合同”。分析节能中心的主张，第一，对钟某是否达到退休年龄、是否符合退休条件，应当以社保机构的审核结果为前提，而节能中心并没有举示社保机构的审核结果。第二，钟某于1967年3月21日出生，于2017年3月21日已达50岁。2017年3月22日至2019年3月20日，节能中心、钟某按劳动合同履行，节能中心为钟某缴纳社会保险，很明显双方之间的关系是劳动合同关系。节能中心于2019年3月20日才提出钟某已达50岁退休年龄，不能继续建立劳动关系，依据不足，该理由不成立。因此，劳动人事争议仲裁委员会根据《劳动合同法》第四十八条的规定，认定节能中心应向钟某支付违法解除（终止）劳动合同赔偿金正确，法院予以支持。至于赔偿金数额的计算，因季度绩效与节能中心的工作相关，理应属于工资报酬性质，节能中心对此也无相反证据予以反驳。故核计钟某离职前12个月的月平均工资，应将季度绩效纳入计算；但是2018年第一季度绩效的期间为2018年1月至2018年3月，只有2018年3月在双方确认的离职前12个月的月平均工资核计期间范围内，故在核计月平均工资时将该季度绩效按月折算。根据钟某离职前12个月的工资收入情况可计得钟某月平均工资为13306.17元［计算公式：（11259元+12259元+11759元+11759元+11759元+11759元+11759元+11759元+11759元+11759元+12455元+12455元+3708元÷3个月×1个月+3722元+5176元+7040元）÷12个月］。由此结合钟某在节能中心的工作年限11.5年以上不满12年，根据《劳动合同法》第四十七条、第八十七条的规定，节能中心应支付钟某赔偿金319348.08元（计算公式：13306.17元/月×12个月×2倍）。

节能中心不服，提起上诉。

（三）二审法院：干部（技术）岗或管理岗位的女职工，法定退休年龄应该为55岁

二审法院认为，本案二审的争议焦点是节能中心应否支付钟某违法解除劳动合同的赔偿金。一审法院根据双方当事人的诉辩、提交的证据对本案事实进行了认定，并在此基础上依法作出一审判决，合法合理，且理由阐述充分，本院予以确认。节能中心上诉认为钟某在50周岁时已经达到法定退休年龄，故在双方劳动合同终止时，无须支付钟某解除劳动关系的赔偿金。对此，参照《关于贯彻执行〈中华人民共和国劳动法〉若干问题的意见》第七十五条“用人单位全部职工实行劳动合同制度后，职工在用人单位内由转制前的原工人岗位转为原干部（技术）岗位或由原干部（技术）岗位转为原工人岗位，其退休年龄和条件，按现岗位国家规定执行”以及《关于制止和纠正违反国家规定办理企业职工提前退休有关问题的通知》，对女职工现岗位的认定，以用人单位与劳动者签订的劳动合同为依据，即不论原身份是工人还是干部，其现岗位都应以劳动合同中确定的岗位为准，凡在现岗位工作一年以上，均应以现岗位认定其身份。其退休年龄，在工人岗位工作的按50周岁，在管理岗位工作的按55周岁。干部（技术）岗或管理岗位的女职工，法定退休年龄应该为55岁。根据节能中心与钟某签订的2012年7月1日至2015年8月31日、2015年9月1日至2019年3月20日的劳动合同，在双方签订的劳动合同文本中“岗位”一项有两种性质的岗位可以选择，分别是“管理技术岗位”和“生产操作岗位”，而该两份合同均明确约定钟某的岗位性质为“管理

技术岗”，职务（或工种）为“审计和财务管理”，故钟某岗位应该属于区别于工人岗位的管理岗位，钟某相应的法定退休年龄应该为55周岁。另外，在钟某达到50周岁以后，节能中心依然能够继续为钟某购买社会保险，亦可以反证钟某的法定退休年龄应该为55周岁，而非50周岁。关于节能中心、钟某请求本院向社会保险管理部门询问钟某参保身份、岗位以及退休条件问题，因本案为民事案件，行政机关对相关问题的答复应作为民事案件的证据予以审查。根据《最高人民法院关于适用〈中华人民共和国民事诉讼法〉的解释》第九十五条之规定，当事人申请调查收集的证据，与待证事实无关联、对证明待证事实无意义或者其他无调查收集必要的，人民法院不予准许。本案中，双方对钟某岗位性质约定清晰，且有其他证据予以佐证，故节能中心及钟某的调查取证申请无必要性，本院不予准许。钟某已经在节能中心连续工作10年以上，双方连续签订了四次固定期限劳动合同，钟某距离退休不足10年，符合签订无固定期限劳动合同的条件。在钟某明确要求签订无固定期限劳动合同条件的情况下，节能中心违法终止双方原本应该延续的劳动合同，在性质上接近违法解除劳动合同，故一审法院判决节能中心支付钟某违法解除劳动合同的赔偿金，并无不当，本院予以维持。①

案例四　非干部女职工应当50岁退休

案情简介

司某，女，出生于1968年7月13日。1986年11月22日，司某被招收为酿造公司劳动合同制工人，在此工作期间形成的“工作人员卡片”和“转正定级审批表”上均注明“全民合同工”。1992年5月12日，司某由酿造公司开具介绍信调动至某行南京分行工作，该介绍信上注明“全民合同工”。1998年11月10日，某行南京分行与司某签订劳动合同书，载明司某原身份为“工

---

① 案例取自广东省广州市中级人民法院（2020）粤01民终11986号民事判决书。

人”。2002年4月26日，某行江苏省分行营业部（甲方）与司某（乙方）签订劳动合同变更协议书，约定甲方保留乙方的劳动关系并保管人事档案，乙方的各类社会保险、公积金均由甲方代为缴纳，乙方的工资关系转入丰业公司（化名）。2005年10月28日，丰业公司与司某签订劳动合同书，其中没有关于更改司某身份的内容。2011年12月起，司某担任丰业公司子公司丰泰公司（化名）会计。丰业公司未对其认定过管理技术岗位，也未向省人社厅申报过管理技术岗位名录。

案件历程

（一）社会保险行政部门：女职工50周岁准予退休

省人社厅于2018年8月14日在人力资源和社会保障部门审批意见一栏处盖章确认。职工退休审批表中身份一栏为“工人”，合同确定岗位一栏空白，法定退休年龄一栏为“50周岁”，本人意见一栏空白。

司某不服省人社厅作出的退休审批决定，2018年8月22日向省政府提出行政复议申请。

（二）行政复议机关：退休审批决定符合法律规定

省政府经审查，认为省人社厅作出的退休审批决定符合法律规定，于2018年10月26日作出307号复议决定书，决定维持省人社厅的退休审批决定，并于2018年10月29日向司某邮寄送达。

司某不服退休审批决定和复议决定，遂提起诉讼。

（三）一审法院：女工人退休年龄应当为50周岁

一审法院认为，省人社厅对于司某的退休事项具有进行审批的法定职责。省政府作为省人社厅的本级人民政府，对于省人社厅作出的行政行为具有进行行政复议的法定职责。《关于制止和纠正违反国家规定办理企业职工提前退休有关问题的通知》规定，国家法定的企业职工退休年龄是：男年满60周岁，女工人年满50周岁，女干部年满55周岁。省内《关于省直管企业职工退休审批有关事项的通知》规定，各企业应依照国家和省以及行业主管部门的政策规定，经过职工代表大会讨论通过，确定本企业管理技术岗位名录，并向全体职工公布。各企业确定的管理技术岗位由各行业主管部门汇总后，按附表三向省劳动保障厅申报本行业或企业管理技术岗位的名录，以及该岗位的职责范围和工作内容。申报名录和资料作为各企业工人身份女职工办理退休的依据之一。本案中，司某在某行南京分行系工人身份，与司某最后签订劳动合同的丰业公司未认定过管理技术岗位，也未向省劳动保障部门申报过管理技术岗位名录。因此，司某既非干部身份，也没有被单位聘用至管理技术岗位工作，其作为女工人，退休年龄应当为50周岁。省人社厅据此批准司某退休，并无不当。省人社厅作出的退休行政审批行为和省政府作出的行政复议行为均具有事实和法律依据，原告司某的诉讼请求不能成立。

司某不服，提起上诉。

（四）二审法院：女职工年满50周岁的，应当退休

二审法院认为，《国务院关于工人退休、退职的暂行办法》及《关于制止和纠正违反国家规定办理企业职工提前退休有关问题的通知》规定，女工人年满50周岁的，应当退休。省内《关于省直管企业职工退休审批有关事项的通知》规定，生产岗位与管理或技术岗位的划分属于企业内部管理事务，系企业行使经营自主权范畴，应由企业根据职工所在岗位属性综合认定。上诉人的档案材料表明，其在酿造公司参加工作时为工人身份，调至某行南京分行工作时的介绍信载明为“全民合同工”，其与某行南京分行签订的劳动合同载明其原身份为工人，上诉人此后与丰业公司签订的劳动合同也未对其身份作出变更。上诉人后虽担任丰业公司子公司丰泰公司会计，但丰业公司未认定过管理或技术岗位，也未向省劳动保障部门申报过管理技术岗位名录。原审法院根据上述事实认定上诉人既非干部身份，也没有被单位聘用在管理技术岗位工作，其作为女工人，退休年龄应当为50周岁，并无不当。2018年8

月14日，被上诉人省人社厅在上诉人年满50周岁的情况下批准其于2018年7月退休，亦无不当。

省政府在法定期限内作出维持省人社厅批准上诉人退休的审批行为的行政复议决定并邮寄送达给上诉人，认定事实清楚、适用法律正确、程序合法。

司某仍不服，申请再审。

（五）再审法院：女职工非干部身份退休年龄应当为50周岁

再审法院认为，本案的焦点问题是省人社厅认定司某并非干部身份并据此批准其退休是否不当。本案中，司某的档案材料表明，其在酿造公司参加工作时为工人身份，调至某行南京分行工作时的介绍信载明为“全民合同工”，其与某行南京分行签订的劳动合同载明其原身份为工人，后与丰业公司签订的劳动合同也未对其身份作出变更。司某后虽担任丰业公司子公司丰泰公司会计，但丰业公司未认定过管理或技术岗位，也未向省劳动保障部门申报过管理技术岗位名录。省人社厅在司某年满50周岁的情况下，认定司某非干部身份，其退休年龄应当为50周岁，在退休审批表上盖章批准其于2018年7月退休，并无不当。省政府在受理复议申请后，对案件进行审查，在法定期限内作出复议决定，亦无不当。一审据此驳回司某的诉讼请求，二审法院驳回其上诉，并无不妥。司某的再审申请事由缺乏事实和法律依据，本院不予支持。[①]

案例五　身份证和档案记载不一致的，应以本人档案中最先记载的出生时间来确定退休时间

案情简介

宫某，女，1968年5月21日出生，原系某水电公司职工。某水电公司于

① 案例取自最高人民法院（2020）最高法行申1044号行政裁定书。

2018年5月21日向社保中心申请办理宫某的养老金领取资格认定业务，该公司经办人员与宫某一同到场办理。社保中心受理该业务后，经审核，认为其身份证上的出生时间为1968年5月21日，但其职工档案最先记载的出生年月为1970年12月，应以1970年12月时间为准，遂将材料退回并说明了原因。

案件历程

（一）社会保险行政部门：尚未达到法定退休年龄

2018年10月23日，在宫某的要求下，社保中心开具了《退办件通知书》，该通知书载明："某水电公司：我中心于2018年5月21日受理贵公司业务申请，办理参保职工宫某正常退休业务，经审核宫某于1990年12月招收为'某水电站'全民合同制工人，《招收劳动合同制工人登记表》中出生年月为1970年12月，尚未达到法定退休年龄，不予受理，现予以退件。"

宫某于2018年11月21日诉至一审法院，要求撤销宫某的《退办件通知书》，并责令重新作出行政行为。

（二）一审法院：身份证和档案记载不一致的，应以本人档案中最先记载的出生时间来确定退休时间

一审法院认为，社保中心对宫某的养老金领取资格进行审核，作出退办处理并说明原因，符合该省社保部门发布的《某省社会劳动保险业务经办标准——基本养老金领取资格认定业务规范流程》规定，程序合法。虽然宫某的身份证、1982年的户籍和1994年以后的档案记载的出生时间均为1968年5月21日或1968年5月，但其档案中1989年9月的《城镇待业人员登记表》、1990年的《招收劳动合同制工人登记表》及1992年的《工人转正（定级）审批表》中最先记载的出生年月为1970年12月。根据《国务院关于工人退休、退职的暂行办法》第一条"全民所有制企业、事业单位和党政机关、群众团体的工人，符合下列条件之一的，应该退休：（一）男年满六十周岁，女年满

五十周岁，连续工龄满十年的”、《关于制止和纠正违反国家规定办理企业职工提前退休有关问题的通知》第二条第二项“对职工出生时间的认定，实行居民身份证与职工档案相结合的办法。当本人身份证与档案记载的出生时间不一致时，以本人档案最先记载的出生时间为准”以及原某省劳动和社会保障厅《关于规范职工退休审批管理工作的通知》第一条第六项“职工出生年月的认定，实行居民（公民）身份证与职工档案相结合的办法，当本人身份证与档案记载的出生时间不一致时，原则上以本人档案中《招工（干）登记表》《军人入伍登记表》《大中专毕业生分配表》等最先记载的时间为准”的规定，社保中心认为宫某未达退休年龄，事实清楚，适用法律正确。其发出《退办件通知书》的行为事实清楚、证据充分、适用法律正确、程序合法。

宫某不服，提起上诉。

（三）二审法院：应以档案中最先记载的年龄确认退休

二审法院认为，本案的争议焦点是：被上诉人对上诉人的养老金领取资格认定申办业务受理后，其认定上诉人尚未达到法定退休年龄以及作出《退办件通知书》行政行为是否正确。经审查，根据《社会保险法》第十六条第一款“参加基本养老保险的个人，达到法定退休年龄时累计缴费满十五年的，按月领取基本养老金”的规定，被上诉人对上诉人的养老金领取资格认定申办业务，需要就其是否达到退休年龄进行审核。《关于制止和纠正违反国家规定办理企业职工提前退休有关问题的通知》第二条第二项规定，“对职工出生时间的认定，实行居民身份证与职工档案相结合的办法。当本人身份证与档案记载的出生时间不一致时，以本人档案最先记载的出生时间为准”。本案中，上诉人身份证记载的出生时间为1968年5月21日，与被上诉人提供的上诉人最早的职工档案，即1990年12月25日的《招收劳动合同制工人登记表》中最先记载上诉人的出生年月为1970年12月不一致，根据上述文件规定精神，应以该《招收劳动合同制工人登记表》中最先记载上诉人的出生年月1970年12月为准。为此，被上诉人在对上诉人是否达到退休年龄进行审核时，认为上诉人未达到退休年龄并由此作出《退办件通知书》行政行为，认定事实清楚，适用法律正确。[①]

评析与思考

现行法律规定，法定退休年龄是：男年满60周岁，女工人年满50周岁，女干部年满55周岁。在界定职工身份时，存在以档案为准、以岗位为准、综合判断三种方式。用人单位应采取规章制度和劳动合同中明确界定身份等方式，避免错误判断女职工退休年龄，导致违法终止劳动合同的情形发生。

一、关于女职工退休年龄的规范性文件

（一）《国务院关于安置老弱病残干部的暂行办法》和《国务院关于工人退休、退职的暂行办法》

根据《国务院关于安置老弱病残干部的暂行办法》和《国务院关于工人退休、退职的暂行办法》规定，党政机关、群众团体、企业、事业单位的干部，符合下列条件之一的，都可以退休：男年满60周岁，女年满55周岁，参加革命工作年限满10年的。全民所有制企业、事业单位和党政机关、群众团体的工人，符合下列条件之一的，应当退休：男年满60周岁、女年满50周岁，连续工龄满10年的。

（二）《关于贯彻执行〈中华人民共和国劳动法〉若干问题的意见》

《关于贯彻执行〈中华人民共和国劳动法〉若干问题的意见》第七十五条规定，用人单位全部职工实行劳动合同制度后，职工在用人单位由转制前的原工人岗位转为原干部（技术）岗位，或由原干部（技术）岗位转为原工人岗位，其退休年龄的条件，按现岗位国家规定执行。

---

① 案例取自福建省三明市中级人民法院（2019）闽04行终26号行政判决书。

（三）《关于制止和纠正违反国家规定办理企业职工提前退休有关问题的通知》

《关于制止和纠正违反国家规定办理企业职工提前退休有关问题的通知》规定，要严格执行国家关于退休年龄的规定，坚决制止违反规定提前退休的行为。国家法定的企业职工退休年龄是：男年满60周岁，女工人年满50周岁，女干部年满55周岁。对国家关于企业职工退休年龄和条件的规定，各地区、各部门和企业即职工必须认真执行，不得随意降低，严禁扩大适用范围。

（四）《关于深化国有企业内部人事、劳动、分配制度改革的意见》

《关于深化国有企业内部人事、劳动、分配制度改革的意见》规定，取消企业行政级别。企业不再套用国家机关的行政级别，管理人员不再享有国家机关干部的行政级别待遇。打破传统的“干部”和“工人”之间的界限，变身份管理为岗位管理。在管理岗位工作的即为管理人员。岗位发生变动后，其收入和其他待遇要按照新的岗位相应调整。

依据上述规定，女职工的法定退休年龄，以退休前其身份及岗位作为区分标准，女干部（技术）55周岁达到退休年龄，女工人50周岁达到退休年龄；城镇个体工商户、灵活就业人员和农民合同制职工中的女性职工55周岁达到退休年龄。

二、女职工退休年龄从身份认定到岗位认定的变化

目前人社部门判断女职工退休年龄，不再按照干部、工人的身份来确定，而是按照管理岗与非管理岗的岗位区别来判断，以退休前最后一份劳动合同签订的岗位和工作职责为标准，管理岗位和专业技术岗位55岁达到法定退休年龄，非管理岗位50岁达到法定退休年龄。《关于贯彻执行〈中华人民共和国劳动法〉若干问题的意见》第四十六条规定，关于在企业内录干、聘干问题，劳动法规定用人单位内的全体职工统称为劳动者，在同一用人单位内，各种

不同的身份界限随之打破。应该按照《劳动法》的规定，通过签订劳动合同来明确劳动者的工作内容、岗位等。用人单位根据工作需要，调整劳动者的工作岗位时，可以与劳动者协商一致，变更劳动合同的相关内容。第七十五条规定，用人单位全部职工实行劳动合同制度后，职工在用人单位由转制前的原工人岗位转为原干部（技术）岗位，或由原干部（技术）岗位转为原工人岗位，其退休年龄的条件，按现岗位国家规定执行。因此，“现工作岗位”应当指的是企业实行全员劳动合同制后，职工不再保留原固定身份。如原身份是干部，现到工人岗位工作的，按工人的退休、退职条件执行；原身份是工人，现到管理岗位工作的，按干部的退休、退职条件执行。目前关于管理岗位与非管理岗位这两个名词的含义，仅在《关于深化国有企业内部人事、劳动、分配制度改革的意见》中规定：“在管理岗位工作的即为管理人员……管理人员是指企业内部担任各级行政领导职务的人员、各职能管理机构的工作人员以及各生产经营单位中专职从事管理工作的人员。”实践中，管人可称为管理岗，管事也可称为管理岗，主要由用人单位和劳动者在劳动合同中对劳动者从事岗位是否具有管理性质进行约定，如果没有约定，在用人单位的规章制度、岗位架构等文件中也可以规定。既无约定也无规章制度规定，则由用人单位与劳动者协商确定岗位性质。

三、女职工身份的界定

笔者认为，女职工身份的认定属于企业的用工自主管理权范畴。对于职工退休时工作岗位性质属于管理（或技术岗位）还是操作、生产（或服务）岗位、办理内退情况如何处理等，需要结合企业内部岗位分类管理文件和职工档案等综合认定，属于企业的用工自主管理权范畴。最高人民法院（2017）最高法行申8303号行政裁定书也持该种观点。确定女职工的法定退休年龄，在裁审实践中不是那么简单，需要正确界定女职工工人、女干部身份和退休前所处的岗位性质。目前没有统一的判断标准，实践中主要有三种：一是看档案记载，判断工人或干部身份；二是以岗位为标准，按照管理岗、非管理岗的岗位区别来判断，以退休前最后一份劳动合同签订的岗位和工作职责为标准，管理岗位和专业技术岗位55岁达到法定退休年龄，非管理岗位50岁达到法定退休年龄；三是档案和岗位都进行考察，既考察档案记载中的工人、干部身份，又考察管理岗、非管理岗的岗位，综合进行判断。

案例二的二审判决认为：女职工法定退休年龄，应当按照其退休前岗位的国家规定确定。影业公司主张项某在50周岁时达到法定退休年龄，应当举证证明项某在退休前为工人岗。进入影业公司工作后，其先后担任出纳及办公室行政人员，亦难以与“工人”身份及岗位相匹配。因此，影业公司以项某为工人身份，应当在50岁达到法定退休年龄，事实依据不足。至于目前北京市人社部门在办理基本养老保险核准工作中将判断女职工退休年龄的标准从“干部（专业技术）”和“工人”岗位的区别改变为“管理岗（专业技术岗）”和“非管理岗”的区别，人社部门就此种改变未能以作为法院裁判依据的法律渊源的形式固定下来，同时人社部门也未能就“管理岗（专业技术岗）”和“非管理岗”的定义及其与法定标准“干部（专业技术）”和“工人”岗之间的关系作出准确界定，不具有司法操作性。因此，法院无法以人社部门通行做法作为判断女职工法定退休年龄的司法依据。影业公司以项某属于“非管理岗”为由主张项某在50岁达到法定退休年龄，没有法律依据。

为避免像案例三那样造成违法终止、需要支付赔偿金或者恢复劳动关系的后果，在界定女职工身份的问题上，用人单位在进行人事管理时应注意以下几点：第一，在规章制度、劳动合同里明确管理岗、非管理岗，并载明管理岗对应干部身份，非管理岗对应工人身份；第二，若发生岗位变动，在调岗通知等书面材料中载明新岗位系管理岗（对应干部身份）、非管理岗（对应工人身份），并要求劳动者签收确认，特别是对于临近退休女职工而言，在临近退休的时间段上签订的劳动合同必须注意岗位的具体约定、岗位调动条件的约定、岗位聘期和劳动合同期限关系的约定等；第三，档案应及时更新，与现岗位性质保持一致，同时应向当地人社部门进行备案。

四、身份证与档案记载不一致情形的认定

关于档案中出生日期的冲突记载，根据《关于制止和纠正违反国家规定办理企业职工提前退休有关问题的通知》规定，对职工出生时间的认定，实行居民身份证与职工档案相结合的办法。当本人身份证与档案记载的出生时间不一致时，以本人档案最先记载的出生时间为准。需要说明的是，上述对退休起算时间的规定是为规范确定职工退休时间，在本人身份证和档案记载的出生时间不一致的特殊情况下，以本人档案中最先记载的出生时间来确定退休时间，并不是确认劳动者的身份情况，与《民法典》第十五条的规定并不抵触。《民法典》第十五条规定："自然人的出生时间和死亡时间，以出生证明、死亡证明记载的时间为准；没有出生证明、死亡证明的，以户籍登记或者其他有效身份登记记载的时间为准。有其他证据足以推翻以上记载时间的，以该证据证明的时间为准。"一般情况下，职工的档案形成要早于身份证的签发日期，从这个意义上来说，"当本人身份证与档案记载的出生时间不一致时，以本人档案最先记载的出生时间为准"有其现实的基础。

出现身份证和档案记载不一致的情况，职工一般会说档案最先记载的出生日期非本人填写，不代表个人的主观意愿，不承担责任和法律后果。这种说法是站不住脚的。事实多为当事人主张的事实，但还原很难。法律程序的过程是事实还原的过程，事实必须用证据认定并还原。无法还原的事实，在法律上不认为是事实，世界上真正的事实只有一个，当这个事实不为裁判者认可时，只能由当下的证据来认定。

专题三　养老保险待遇损失计算方式争议

用人单位未依法缴纳社会保险，劳动者达到退休年龄后未享受退休待遇的，应当赔偿养老保险待遇损失。对于应当赔偿的养老保险待遇损失，国家法律、法规和养老保险待遇政策均没有相关的规范，实践中，由于劳动者在用人单位的工作年限、达到法定退休年龄的具体时间、达到法定退休年龄之前本人工资和相关政策变化等因素的影响，养老保险待遇损失的计算方式不仅与上述因素有关，而且与劳动者所处地域的裁判规则有关：有按照最低工资标准的一定比例计算的，有按照劳动者达到法定退休年龄之前的本人工资的一定比例计算的，还有一次性计算到预期寿命的等多种方式。

案例一　工作年限未满15年，养老保险待遇损失按照在用人单位工作年限赔偿

案情简介

甄某与某水饺公司分别于2008年1月15日、2009年1月1日、2012年1月1日签订了3份劳动合同，其中，前2份系1年固定期限合同，最后1份是无固定期限合同，工作岗位是服务操作工。甄某达到退休年龄后未享受职工基本养老保险待遇。甄某在水饺公司工作至2016年3月。2016年12月14日，甄某申请仲裁。

案件历程

（一）劳动人事争议仲裁委：不予受理

仲裁委以甄某已过退休年龄为由不予受理。

甄某不服，诉至法院。

（二）一审法院：支持养老保险待遇损失

一审法院认为，用人单位应当按照相关法律、法规及有关劳动保险政策为劳动者缴纳各项保险。根据相关法律规定，劳动者超过法定退休年龄请求用人单位赔偿养老保险待遇损失，且经社会保险经办机构审核确实不能补缴或者继续缴纳养老保险费的，自该用人单位依法应当为劳动者办理社会保险之日起，如果劳动者在用人单位连续工作未满15年，用人单位应按照每满一年发给相当于一个月当地上一年度职工月平均工资标准一次性支付劳动者养老保险待遇赔偿。本案中，甄某于2008年1月至水饺公司处工作，2015年9月28日达到法定退休年龄，水饺公司未为甄某交纳养老保险，导致甄某达到退休年龄后不能享受职工退休后的养老保险待遇，甄某主张相关损失应予支持。甄某计算养老保险待遇损失的期间为自2008年1月至2015年9月，按7年计算，故甄某的养老保险待遇损失为32529元（4647元/月 ×7个月）。

水饺公司不服，提起上诉。

（三）二审法院：未缴纳社会保险、达到退休年龄又无法享受社会保险待遇，应支持养老保险待遇损失

二审法院认为，关于本案是否属于人民法院受案范围的问题，劳动者以用人单位未为其办理社会保险手续，且社会保险经办机构不能补办导致其无法享受社会保险待遇为由，要求用人单位赔偿损失而发生争议的，人民法院应予受理。本案中，甄某与水饺公司的劳动关系自2008年1月起至2015年9月止，而水饺公司仅为其办理了2014年3月至2015年9月的社会保险手续，

现甄某达到法定退休年龄后无法享受基本养老保险待遇，根据上述规定，甄某主张水饺公司赔偿损失的纠纷人民法院应予受理。

关于一审判决对甄某养老保险待遇的损失计算是否正确的问题，根据相关规定，劳动者超过法定退休年龄请求用人单位赔偿养老保险待遇损失，且经社会保险经办机构审核确实不能补缴或者继续缴纳养老保险费的，自该用人单位依法应当为劳动者办理社会保险之日起，如果劳动者在用人单位连续工作未满15年，用人单位应按照每满一年发给相当于一个月当地上一年度职工月平均工资标准一次性支付劳动者养老保险待遇赔偿。甄某二审主张其自2007年5月起在水饺公司工作，但未能提交证据予以证明，本院对此不予采信。因此水饺公司应当自2008年1月起至2015年9月止为甄某办理社会保险手续，而实际上水饺公司仅为其办理了2014年3月至2015年9月的社会保险手续，现甄某达到法定退休年龄后无法享受基本养老保险待遇，其有权主张2008年1月至2014年2月期间的养老保险待遇损失，故甄某的养老保险待遇损失为27882元（4647元/月 ×6个月）。[①]

案例二 工作年限超过15年，按照当地最低工资标准的75%赔偿养老保险损失

案情简介

万某于1990年9月1日至2018年11月30日，在五竹支行从事炊事员工作，五竹支行对万某不进行考勤考核。五竹支行未与万某签订书面劳动合同，也未为万某办理社会保险，万某离职前12个月的平均工资为1800元。2018年11月30日万某向五竹支行递交《被迫解除劳动合同通知书》，以五竹支行未签订书面劳动合同、没有支付加班工资、未办理社会保险为由提出解除劳动关系。万某自2010年起参加城乡居民基本养老保险，于2018年12月21日向西安市

① 案例取自江苏省常州市中级人民法院（2017）苏04民终1839号民事判决书。

劳动人事争议仲裁委员会申请仲裁。

案件历程

（一）劳动人事争议仲裁委：以超过法定退休年龄为由不予受理

西安市劳动人事争议仲裁委员会以万某已经超过法定退休年龄为由不予受理。

万某不服，提起诉讼。

（二）一审法院：以最低工资标准的75%按月支付养老保险待遇损失

一审法院认为，万某主张的2014年3月至2018年11月退休金，由于万某尚在上班期间，已经正常领取工资，尚未造成万某损失，故不予支持。万某主张的2018年12月以后的退休金，由于五竹支行未给万某办理职工基本养老保险，现万某已经超过法定退休年龄，客观上无法补办社会保险手续，导致其不能享受职工退休养老待遇，给万某造成损失，万某请求赔偿，应予支持；由于相关法律并没有明确养老保险损失的具体赔偿标准，万某主张按照2018年西安市鄠邑区最低工资标准每月1480元为基数的75%按月向万某支付赔偿金，并随陕西省、西安市相关政策进行调整，基本符合法律规定精神，应予支持。虽然万某2010年已经参加了城乡居民基本养老保险，其在年满60周岁后可以享受养老保险待遇，但并不能免除五竹支行应承担的赔偿责任。故判决：自2018年12月起，五竹支行按照2018年西安市鄠邑区最低工资标准每月1480元为基数的75%，按月支付万某养老保险待遇损失，并随陕西省、西安市相关政策进行调整，至万某去世时止。

五竹支行不服，提起上诉。

（三）二审法院：驳回上诉

二审法院认为，劳动者的合法权益应受法律保护。本案中，万某从1990

年9月1日至2018年11月30日一直在五竹支行从事炊事员工作，工作年限长达28年有余，在万某工作期间五竹支行按月向其发放劳动报酬，原审认定双方属于事实劳动关系并无不当。万某在职期间，五竹支行未给其缴纳养老保险，致万某在达到法定退休年龄时未能依法享受养老保险待遇，应承担一定责任，五竹支行对其承担养老保险待遇损失责任及原审判决的承担养老保险损失的支付标准无异议，仅上诉主张其承担养老保险待遇损失赔偿应支付至万某60岁止。万某虽已参加了城乡居民基本养老保险，但该基本养老保险并不能等同于城镇职工基本养老保险待遇，不能免除五竹支行的责任，原审判决五竹支行向万某支付不能享受养老保险待遇的损失至万某死亡时止并无不当，五竹支行的上诉理由不能成立。

五竹支行不服，申请再审。

（四）再审法院：驳回五竹支行的再审申请

再审法院认为，被申请人自1990年9月1日即在申请人处工作，虽未签订书面劳动合同，但已形成事实劳动关系，在其达到法定退休年龄后，仍然在申请人处工作，劳动关系一直延续，二审法院认定双方的劳动关系截至2018年11月30日并无不当。被申请人因申请人未支付加班工资、未给其缴纳社会保险等原因提出解除劳动关系，一、二审判决申请人支付经济补偿金符合《劳动合同法》的规定。关于损失的计算标准，尽管被申请人于2010年自行办理了居民养老保险，但基本养老保险与职工养老保险的待遇存在差别，被申请人的损失客观存在且一直延续到退休之后，二审法院判决申请人按照当地最低工资标准的75%赔偿养老保险损失直到被申请人去世，并无明显不当。[①]

---

① 案例取自陕西省高级人民法院（2020）陕民申78号民事裁定书。

案例三　工作年限超过15年，按照同期退休人员月平均养老金的60%赔偿养老保险损失

案情简介

汪某于1991年1月入职某医院清理垃圾，在职工作期间全年无休息。2017年12月，某医院以汪某达到退休年龄为由通知汪某离职。汪某工作至2017年12月月底。汪某2016年的月均工资为3622.75元，2017年的月均工资为3462.75元。汪某在职期间，某医院未为其缴纳各项社会保险费。汪某因养老保险待遇损失向西安市碑林区劳动人事争议仲裁委员会申请仲裁。

案件历程

（一）劳动人事争议仲裁委员：以超过法定退休年龄为由不予受理

西安市碑林区劳动人事争议仲裁委员于2018年1月10日作出不予受理案件通知书。

汪某不服，提起诉讼。

（二）一审法院：驳回汪某诉讼请求

一审法院认为，劳动者以用人单位未为其办理社会保险手续，且社会保险经办机构不能补办导致其无法享受社会保险待遇为由，要求用人单位赔偿损失而发生争议的，人民法院应予受理。某医院虽未为汪某办理社会保险，但汪某诉某医院赔偿无法享受社会保险待遇的损失不符合司法解释关于受理条件的规定，依法不予处理。

汪某不服，提起上诉。

（三）二审法院：养老保险待遇损失按照同期西安市退休人员月平均养老金的60%计算，由某医院按月支付

二审法院认为，汪某在某医院处工作20余年，某医院未为汪某缴纳养老保险，导致汪某达到退休年龄后无法享受养老待遇，某医院应当承担赔偿责任。汪某的该项上诉主张成立，本院予以采纳，一审判决未予处理不当，应予以改判。汪某于2017年12月达到法定退休年龄，故某医院应自2018年1月1日开始支付汪某养老保险待遇损失。因劳动者退休后养老保险待遇受其工作年限、退休时间、缴费金额、政策变化等因素影响，难以精确界定，故本院结合汪某主张要求其养老保险损失按照平均缴费指数0.6或其离职前月均工资的60%计算，故对于汪某养老保险待遇损失的计算标准，本院酌定按照同期西安市退休人员月平均养老金的60%计算，由某医院按月支付，至汪某去世时止。①

评析与思考

劳动者养老保险待遇损失赔偿没有统一的标准，裁审实践中，劳动者主张赔偿损失也经常因为举证责任问题不能获得支持，特别是损失数额难以计算。

一、案例一裁判的适当性

案例一裁判的依据是《某省高级人民法院、某省劳动人事争议仲裁委员会关于审理劳动人事争议案件的指导意见（二）》第二十条的规定："劳动者超过法定退休年龄请求用人单位赔偿养老保险待遇损失，且经社会保险经办机构审核确实不能补缴或者继续缴纳养老保险费的，自该用人单位依法应当为劳动者办理社会保险之日起，如果劳动者在用人单位连续工作未满十五年，用人单位应按照每满一年发给相当于一个月当地上一年度职工月平均工资标准一次性支

---

① 案例取自陕西西安市中级人民法院（2018）陕01民终8056号民事判决书。

付劳动者养老保险待遇赔偿。如果劳动者在用人单位连续工作满十五年，用人单位应按统筹地区社会保险经办机构核定的，以当地最低社会保险缴费基数为缴费基准，并按其应当缴费年限确定养老金数额，按月支付劳动者养老保险待遇，并随当地企业退休人员养老金水平调整而调整。”该规定是某省关于劳动者养老保险待遇损失赔偿的标准，比较合乎情理。

但案例一中的申请人曾经缴纳一个时段的养老保险费，按照《最高人民法院关于审理劳动争议案件适用法律问题的解释（一）》第一条第五项的规定，案例一没有考虑社会保险手续的问题，最后支持了养老保险损失的请求。案例一实质是因用人单位欠缴社保费和缴费年限如何确定而引发的纠纷，故不属于《最高人民法院关于审理劳动争议案件适用法律问题的解释（一）》第一条第五项规定的人民法院可受理的社会保险争议案件范围。

二、养老保险待遇损失的影响因素

（一）养老保险待遇损失赔偿计算的起点时间

社会保障制度的建立和实施有一个过程，社会保险强制缴纳制度按照不同地区、不同企业类型的实际情况逐步推行，用人单位依法应当为劳动者缴纳社会保险之日也因地域不同而有所区别。根据《国务院关于建立统一的企业职工基本养老保险制度的决定》及《劳动法》第七十二条等法律法规，养老保险属于强制性社会保险，用人单位承担的养老保险费用缴纳应属其法定义务。但养老保险制度有一个逐步建立和完善的过程，至1999年1月22日国务院发布并开始实施《社会保险费征缴暂行条例》后，明确规定基本养老保险费的征缴范围为国有企业、城镇集体企业、外商投资企业、城镇私营企业和其他城镇企业及其职工、实行企业化管理的事业单位及其职工，并要求缴费单位、缴费个人应当按时足额缴纳社会保险费。至此，养老保险纳入强制缴纳范围。但是，各地区对于强制缴纳社会保险有不同的规定，这就给确定养老保险待遇损失的起算点和赔偿标准带来了困难。社会保险的征缴有其特殊性和地区的差异性，笔者认为，养老保险待遇损失的起算点应当以用人单位当地（设区的市）统一实施养老保险制度规定的时间计算养老保险待遇损失为宜，但如果劳动者的工作时间早于国家实施养老保险制度的时间，则按照国家实施养老保险制度的时间计算养老保险待遇损失。

（二）养老保险待遇损失赔偿的计算基数

关于养老保险待遇损失赔偿的计算基数问题，实践中出现了多种标准：有按照达到法定退休年龄时上一年度职工月平均工资确定的，有按照双方终止劳动关系时上一年度职工月平均工资确定的，也有按照工伤保险待遇计算中的“统筹地区职工月平均工资”确定的，等等。案例二是按照当地最低工资标准的75%计算至去世；案例三则按照同期西安市退休人员月平均养老金的60%计算至去世。合理与否，角度不同，对每一种计算方式的评价也不同。笔者认为，养老保险待遇损失赔偿的计算基数按照双方终止劳动关系时当年度职工基本养老保险计发待遇基数确定最为适当。

三、养老保险待遇计发与养老保险待遇损失及计算方式

用人单位未为劳动者缴纳养老保险费，养老保险待遇损失按照劳动者在用人单位的工作年限可以分为两大类：一是到达法定退休年龄应缴未缴养老保险费未满15年的；二是达到法定退休年龄应缴未缴养保险费超过15年的。为了使养老保险待遇损失的确定更具合理性，我们把劳动者在用人单位工作年限未满15年、超过15年分为两大类，按照养老保险待遇计算进行比较。

（一）劳动者在用人单位工作年限（N）未满15年

劳动者在用人单位工作年限未满15年的养老保险待遇损失，裁审实践中认识并不统一。有观点认为，养老保险待遇损失应当按照用人单位应缴养老保险金额进行判定，养老保险待遇损失应为用人单位应当缴纳的养老保险费数额，认为：“公司应按规定缴纳基本养老保险费而未缴纳，致其因违反

强制法规定而获益，明显违反公平原则，一审法院以公司应缴纳基本养老保险费为赔偿数额符合公平原则；一审法院依据证据规则，确定赔偿数额适当。”[①]笔者认为，这只是简单地把用人单位应当缴纳的社会保险费直接支付给了劳动者本人，忽视了养老保险统筹的“大数法则”和社会保险的统筹原则，不能起到社会保险秩序的规范作用。

表一　用人单位和劳动者缴纳养老保险费与个人账户储存额的比较

用人单位应当缴纳养老保险费	劳动者个人应当缴纳养老保险费	正常缴纳养老保险费，达到法定退休年龄时应退还本人的个人账户储存额
本人工资 ×20%×12×N=2.4N 倍本人工资	本人工资 ×8%×12×N=0.96N 倍本人工资	0.96N 倍本人工资 + 银行定期存款利息

由以上比较可以看出，劳动者在用人单位连续工作未满15年，用人单位支付的养老保险待遇损失按照每满一年发给相当于一个月的本人工资与劳动者达到法定退休年龄退还的个人账户储存额相当。笔者认为，用人单位未为劳动者缴纳养老保险费，劳动者在用人单位工作年限未满15年的，用人单位支付的养老保险待遇损失，按照劳动者在用人单位工作年限每满一年发给相当于一个月的本人工资比较适当。笔者这一结论的依据是，按照《社会保险法》和《实施〈中华人民共和国社会保险法〉若干规定》第三条第二款的规定，参加职工基本养老保险的个人达到法定退休年龄后，累计缴费不足15年终止基本养老保险关系的，个人得到的也只是个人账户的储存额。但应当指出的是，个人账户储存额是劳动者个人缴纳的养老保险费历年的累积和银行定期存款利息之和，而此时的养老保险待遇损失，劳动者并没有个人账户储存额，之所以按照劳动者在用人单位工作年限每满一年发给相当于一个月的本人工资，是对用人单位没有为劳动者缴纳养老保险费的惩罚性赔偿。

---

① 陕西省咸阳市中级人民法院（2020）陕04民再3号民事判决书。

（二）劳动者在用人单位工作年限（N）超过15年

表二　用人单位和劳动者缴纳养老保险费与基本养老金计发比较

用人单位应当缴纳养老保险费	劳动者个人应当缴纳养老保险费	基本养老金	
		基础养老金	个人账户养老金
2.4N 倍本人工资	0.96N 倍本人工资	全省上年度在岗职工月平均工资（1+本人平均缴费指数）÷2×缴费年限×1%	个人账户储存额÷个人账户养老金计发月数

注：1.本人指数化月平均缴费工资＝参保人员退休时上一年度当地职工月平均工资×本人平均缴费工资指数。

2.参保人员本人平均缴费工资指数是指从1997年起至退休上一年度本人历年缴费工资指数的平均值。

3.参保人员当年缴费工资指数为本人当年缴费工资额与当年当地职工平均工资的比值。计算公式为：本人平均缴费工资指数＝（a1/A1＋a2/A2＋…＋an/An）÷N。

公式中，a1，a2……an为参保人员退休前1年、2年……n年本人缴费工资额；A1，A2……An为参保人员退休前1年、2年……n年当地职工平均工资，N为企业和职工实际缴纳基本养老保险费的年限。

4.缴费指数＝每年缴纳的基数÷上年度的平均工资数。

5.平均缴费指数＝各年度缴费指数的平均数。

从表二可以看出，劳动者的基本养老金与所在省在岗平均工资、本人缴费工资、缴费年限、个人账户存储额等多种因素有关。因此，对于劳动者在用人单位工作年限超过15年的养老保险待遇损失计算，应当以当地同期退休人员月平均养老金的一定比例计算。

专题四　养老保险待遇损失诉求类型争议

养老保险待遇，也称退休养老金、养老金、退休金、退休费等，即在劳动者年老或丧失劳动能力后，根据他们对社会所作的贡献和所具备的享受养老保险资格或退休条件，按月或一次性以货币形式支付的保险待遇。按照《最高人民法院关于审理劳动争议案件适用法律问题的解释（一）》第一条第五项“劳动者以用人单位未为其办理社会保险手续，且社会保险经办机构不能补办导致其无法享受社会保险待遇为由，要求用人单位赔偿损失发生的纠纷”的规定，人民法院应予受理。养老保险待遇争议主要是该种争议。裁审实践中，用人单位与劳动者之间的社会保险纠纷分为两类：一是社会保险缴费纠纷，如劳动者与用人单位之间缴费基数、缴费比例、缴费时间等问题争议，该类争议属于社会保险行政争议的受案范围；二是社会保险赔偿纠纷，按该司法解释，社会保险赔偿纠纷属于社会保险劳动争议。

案例一　欠缴社会保险费不属于劳动争议案件范围

案情简介

辛某原系某沙钢公司员工，双方曾签订书面的劳动合同。2012年5月，沙钢公司开始为辛某缴纳社会保险费至2016年1月。2016年1月7日，辛某收到沙钢公司发出的通知函，主要内容为：辛某已超过退休年龄，根据规定劳动合同自然终止，沙钢公司将于2016年2月停缴辛某的社会保险费。辛某在沙钢公司实际工作至2016年1月25日，该月工资994元沙钢公司尚未支付。后辛某向劳动人事争议仲裁委员会申请劳动仲裁，要求沙钢公司支付养老保险待遇损失52924元及2016年1月工资994元。

案件历程

（一）劳动人事争议仲裁委：不予支持养老保险待遇损失

2016年6月20日，该委裁决沙钢公司向辛某支付2016年1月工资994元并对辛某的其他仲裁请求不予支持。

辛某不服该仲裁结果，诉至法院。

（二）一审法院：不予处理养老保险待遇损失请求

一审法院认为，当事人对自己提出的主张，有责任提供证据；没有证据或者证据不足以证明当事人的事实主张的，由负有举证责任的当事人承担不利后果。本案中，沙钢公司已经为辛某购买了社会保险，因缴费年限不足而导致养老保险待遇损失的，不属于"劳动者以用人单位未为其办理社会保险手续，且社会保险经办机构不能补办导致其无法享受社会保险待遇为由，要求用人单位赔偿损失而发生的争议"的情形，故法院对辛某的该项诉讼请求不予处理。

辛某不服，提起上诉。

（三）二审法院：上诉理由不能成立

二审中查明，辛某于2016年1月将其基本养老保险关系转移至某市人力资源和社会保障局，并自2016年2月起交纳养老保险。

二审法院认为，辛某的上诉理由不能成立。理由：用人单位和劳动者都有参加和缴纳社会保险的义务，任何一方都没有放弃的权利。如果用人单位不缴或少缴社会保险费，就违反了《社会保险法》，其不仅损害劳动者的利益，还损害了国家的利益，即社会保障制度。在社会保险费的行政征缴关系中，劳动者仅是国家规定的享有期待权利的受益人，而非征缴关系中的实际权利主体，劳动者和用人单位之间并不因此形成债的关系，故劳动者对用人单位没有民事上的债权请求权。因此，因欠缴社会保险费发生的争议，不属于劳动者与用人单位之间的民事纠纷，不属于人民法院受理的劳动争议案件范围。原审法院未支持辛某的该项诉讼请求，并无不当。[①]

案例二　办理特殊工种退休手续期间仍从事用人单位劳动的，没有退休待遇损失

案情简介

周某原系某特钢公司职工，2015年9月，特钢公司为周某办理了职工从事特殊工种退休资格认定和省企业职工参加工作时间及连续工龄核定，向劳动行政主管部门申请特殊工种退休。2017年11月，特殊工种退休手续办理完毕并开始享受退休待遇。在开始享受退休待遇前，周某仍在特钢公司劳动，特钢公司支付其工资等待遇。2018年5月，周某向劳动人事争议仲裁委员会申请仲裁。

（一）劳动人事争议仲裁委员会：不予受理

劳动人事争议仲裁委员会作出不予受理通知书：申请人的仲裁请求不属于劳动人事争议处理范围。

周某不服，遂提起民事诉讼，要求特钢公司赔偿晚退休两年的退休金损失及利息。

（二）一审法院：驳回周某的起诉

一审法院认为，起诉必须符合下列条件：1.原告是与本案有直接利害关系的公民、法人和其他组织；2.有明确的被告；3.有具体的诉讼请求和事

---

① 案例取自江苏省常州市中级人民法院（2017）苏04民终495号民事判决书。

实、理由；4.属于人民法院受理民事诉讼的范围和受诉人民法院管辖。《最高人民法院关于适用〈中华人民共和国民事诉讼法〉的解释》第二百零八条第三款规定，立案后发现不符合起诉条件的，裁定驳回起诉。本案中，原告周某的主张，系“退休时间的确认”，其不属于人民法院受理民事诉讼的范围。

周某不服，提出上诉。

（三）二审法院：周某没有发生经济损失

二审法院认为，对于人民法院受理的劳动争议案件范围，司法解释作出了明确规定。周某主张自2015年9月即应享受退休金待遇而直至2017年11月才享受，故要求用人单位特钢公司赔偿损失，根据上述规定，本争议非劳动争议，一审法院据此驳回起诉符合法律规定，本院予以确认。且经本院审查，在周某要求赔偿损失的期间，周某仍在用人单位特钢公司劳动，特钢公司亦按规定向其支付了劳动报酬，特钢公司并未违反相关劳动法律、行政法规，从民法的角度上，周某并没有发生经济损失，故其要求特钢公司赔偿损失，无事实和法律依据。①

评析与思考

劳动者在维权过程中，由于用人单位未缴纳养老保险费、未足额缴纳养老保险费、未缴足养老保险费年份而产生不同的诉求，从而引发养老保险待遇损失诉求争议。按照《最高人民法院关于审理劳动争议案件适用法律问题的解释（一）》第一条第五项规定，只有用人单位从未为劳动者缴纳养老保险费，且社会保险经办机构不能补办导致其无法享受社会保险待遇，才可能产生养老保险待遇的损失，案例一、案例二均不属于养老保险待遇损失争议。

---

① 案件取自辽宁省抚顺市中级人民法院（2019）辽04民终1027号民事裁定书。

一、享受养老保险待遇的条件

根据《社会保险法》第十六条第二款“参加基本养老保险的个人，达到法定退休年龄时累计缴费不足十五年的，可以缴费至满十五年，按月领取基本养老金”的规定，参加基本养老保险的个人，达到法定退休年龄和累计缴费满15年，是按月领取基本养老金的必要条件，这也意味着达到这两项条件之时即为按月领取基本养老金的起始支付时间。因此，享受养老保险待遇必须符合两个条件：一是达到法定退休年龄；二是累积缴纳养老保险费满15年。一般而言，男职工退休年龄为60岁，女职工相对比较复杂，在工人岗位工作的，退休年龄为50周岁，在管理岗位工作的，退休年龄为55周岁。另外，从事井下、高空、高温、特别繁重体力劳动或其他有害身体健康工作的，退休年龄为男年满55周岁、女年满45周岁；因病或非因工致残，由医院证明并经劳动鉴定委员会确认完全丧失劳动能力的，退休年龄为男年满55周岁、女年满45周岁。

二、主张养老保险待遇损失的条件

按照《最高人民法院关于审理劳动争议案件适用法律问题的解释（一）》第一条第五项的规定，主张养老保险待遇损失应同时满足以下三个条件：

（一）劳动者达到法定退休年龄

这里有一个时间点，即在法定退休年龄之日后才有权主张养老保险待遇损失。因为既然是养老保险待遇损失，就应到退休年龄后主张权利，在劳动者达到法定退休年龄之前，劳动者只能要求用人单位补缴社会保险费，并不能主张养老保险待遇损失。

（二）用人单位未办理社会保险手续且不能补办

什么是社会保险手续？法律法规并没有明确规定，实践中也没有相应的规范。《社会保险法》第五十八条规定："用人单位应当自用工之日起三十日内为其职工向社会保险经办机构申请办理社会保险登记……"笔者认为，社会保险手续至少应包括用人单位的社会保险登记和个人的社会保险登记，且用人单位和个人已经实际缴纳了或缴纳过社会保险。案例一详细考察了社会保险手续的必要条件。社会保险手续的办理，本质上即是否进行了社会保险登记、用人单位和个人是否实质上缴纳过社会保险。如果用人单位已为劳动者办理了社保手续，但用人单位不按规定为劳动者缴纳社保费，无论是未按时足额缴纳社保费、未补足欠缴的社保费还是拒缴社保费，均应由社会保险费征收机构、劳动保障行政部门行使行政监督、管理职权，依法责令征缴，由此产生的纠纷不宜列入劳动争议的受案范围；因缴费基数、缴费年限如何确定等问题产生的争议，实质上仍属于征收与缴纳之间的纠纷，属于社会保险经办机构的行政管理范畴，同样不宜列入劳动争议案件的受案范围。案例一实质是因用人单位欠缴社保费和缴费年限如何确定而引发的纠纷，故不属于《最高人民法院关于审理劳动争议案件适用法律问题的解释（一）》第一条第五项规定的人民法院可受理的社会保险争议案件范围。

《最高人民法院关于审理劳动争议案件适用法律问题的解释（一）》第一条第五项的规定，实质是将社会保险争议有区别地纳入人民法院的受理范围：已经由用人单位办理了社会保险手续，但因用人单位欠缴、拒缴社会保险费或者劳动者对缴费年限、缴费基数有异议等发生的争议，应由社会保险行政部门解决，不属于社会保险争议的范围。只有用人单位没有为劳动者办理社会保险手续，且社会保险经办机构不能补办导致劳动者不能享受养老保险待遇，要求用人单位赔偿损失的才属于养老保险争议的受理范围。劳动者以《最高人民法院关于审理劳动争议案件适用法律问题的解释（一）》第一条第五项规定为由主张养老保险待遇损失的，应具备三个前提条件：一是用人单位未为劳动者办理社保手续并缴纳社保费；二是社会保险经办机构不能补办；三是劳动者无法享受社会保险待遇而产生损失。对于第一个条件，应由劳动者证明与用人单位存在劳动关系，用人单位基于劳动关系有办理社会保险的法定义务但未给办理。对于第二个条件，社会保险经办机构能否补办的举证责任原则上由用人单位承担，因为给劳动者办理社会保险系用人单位的法定义务，若能为劳动者补办社会保险，用人单位则有义务为劳动者补办，只有在社保机构明确表示不能补办且经劳动争议仲裁机构或司法机关确认社保机构确实不应补办时，才能发生损害赔偿之债。如果经确认社保机构可以为劳动者补办社会保险，劳动争议仲裁机构或司法机关应驳回劳动者赔偿请求，并告知劳动者向社会保险行政部门或其他主管部门寻求解决，由行政部门责令用人单位为劳动者补办社会保险。对于第三个条件，劳动者必须有证据证明损失存在，且这种损失是由无法享受社会保险待遇而产生的。如果劳动者无法证明损失存在，无论是劳动争议仲裁机构还是司法机关都很难支持劳动者的诉求。

（三）达到退休年龄未享受养老保险待遇

我国目前实行的养老保险制度有城镇职工基本养老保险、城乡居民养老保险（城镇居民养老保险和农村养老保险）两种，只有城镇职工基本养老保险是要求用人单位和劳动者强制参加的。实践中，部分劳动者未参加城镇职工基本养老保险，而是参加了城乡居民养老保险，用人单位据此认为无须再为劳动者参加城镇职工基本养老保险是错误的。

专题五　养老金领取时间争议

养老金是退休人员领取基本养老保险待遇的简称。办理退休手续后，退休人员应该领取养老保险待遇，但领取养老保险待遇的开始时间是具有领取基本养老保险待遇资格的下月，还是经批准领取基本养老保险待遇时间的下月，实践中存在不少争议。

案例一　未及时办理退休手续的自谋职业参保人员领取基本养老金时间的确定

案情简介

林某系个体工商户，于2003年4月开始缴纳职工基本养老保险，并补缴了1999年6月至2003年4月的保险费用，2014年5月达到退休年龄，至退休年龄时累计缴费年限满15年，2014年6月起停止收取林某的保险费。林某2015年5月11日向人力资源和社会保障局（以下简称人社局）申请办理退休手续并核定基本养老金。

案件历程

（一）社会保险行政部门：办理退休手续的次月计发养老金

人社局当场作出《企业职工退休（退职）基本养老金核定表》，核定林某的月基本养老金为1240.16元，自2015年6月起计发。林某要求给予计发2014

年6月至2015年5月的基本养老金，人社局拒绝。林某又通过信访途径提出上述要求，人社局作出信访答复称：按《某省职工基本养老保险条例》的规定，参保人员从办理退休手续的次月起按月领取养老金，而人社局无提醒参保人员办理退休手续的义务，也不可能一一提醒到龄人员办理退休手续。人社局以此回复拒绝林某的要求。

林某不服，于2015年12月28日提起诉讼，以人社局作出核定养老金的行政行为侵犯林某的权益为由，要求撤销被诉行政行为，责令人社局重新作出行政行为。

（二）一审法院：领取养老金为符合办理退休条件的次月

一审法院认为，《社会保险法》第十六条规定："参加基本养老保险的个人，达到法定退休年龄时累计缴费满十五年的，按月领取基本养老金。参加基本养老保险的个人，达到法定退休年龄时累计缴费不足十五年的，可以缴费至满十五年，按月领取基本养老金；也可以转入新型农村社会养老保险或者城镇居民社会养老保险，按照国务院规定享受相应的养老保险待遇。"据上述规定，参加基本养老保险的个人，达到法定退休年龄和累计缴费满15年，是按月领取基本养老金的必要条件，达到条件之时就是按月领取基本养老金的时间起点。《某省职工基本养老保险条例》第三十一条规定："下列参保人员达到法定退休年龄后，从其办理退休手续的次月起，按月领取基本养老金，直至死亡……（三）1998年1月1日以后参加工作，缴费年限满十五年的。"第三十四条规定："参保人员达到法定退休年龄时，缴费年限不符合按月领取基本养老金规定的，参保人员个人可以按照当地城镇个体劳动者的缴费标准延缴。延缴后符合本条例第三十一条规定条件的，按月领取基本养老金……"据上述规定可知，达到法定退休年龄时未缴费满15年的参保人员，按月领取基本养老金的时间起点不是办理退休手续的次月，而是待缴费满15年之时，按月领取养老金的起点时间不受办理退休手续的影响。可见，第三十一条关于从办理退休手续次月起按月领取基本养老金的规定，只是一般性规定，只适用于通常情形，不涵盖其他特殊情形。该条例关于按月领取基本养老金的起算时间的规定与《社会保险法》的规定是一致的。本案中，林某达到退休年龄时累计缴费已满15年，其按月领取养老金的起算时间应为其达到退休年龄的次月（2014年6月），而不是办理退休手续的次月（2015年6月）。人社局仅依据《某省职工基本养老保险条例》第三十一条的规定，主张林某领取基本养老金的时间起点为办理退休手续次月，是基于人社局对该条例的错误解读，对其主张，不予采纳。“维护公民参加社会保险和享受社会保险待遇的合法权益，使公民共享发展成果”是《社会保险法》的立法宗旨，社会保险经办机构应当遵循立法宗旨，正确理解、适用法律，维护公民享受社会保险待遇的合法权益；没有法律明确规定的事由，不得减损公民享受社会保险待遇的合法权益，人社局作出被诉行政行为，减损林某依法应享有的基本养老金待遇，缺乏法律依据，与立法宗旨相悖，有违信赖利益保护原则，明显侵犯了林某的合法权益。被诉行政行为适用法律错误，依法应予撤销。

人社局不服，提起上诉。

（三）二审法院：驳回上诉，维持原判

二审法院认为：第一，《某省职工基本养老保险条例》第三十一条第三项规定，1998年1月1日以后参加工作，缴费年限满15年的参保人员达到法定退休年龄后，从其办理退休手续的次月起，可以按月领取基本养老金，直至死亡。首先，被上诉人林某系个体工商户，仅系1998年1月1日以后开始缴纳基本养老保险，并非“1998年1月1日以后参加工作”。其次，“退休”是指根据国家有关规定，劳动者因到达法定退休年龄等原因退出工作岗位的制度，而“退休手续”应当是指劳动者退出工作岗位的相关手续。然而，林某作为个体工商户，系自谋职业，并不存在实质意义上的办理退休手续。最后，《某省职工基本养老保险条例》的立法目的之一是“保障职工退休后的基本生活”，被诉《企业职工退休（退职）基本养老金核定表》已核定被上诉人林某的退休时间为2014年5月，上诉人主张从2015年6月起计发基本养老金不符合上述立法目的。因此，本案并不符合适用《某省职工基本养老保

险条例》第三十一条第三项规定的条件。《社会保险法》第十六条第一款规定，参加基本养老保险的个人，达到法定退休年龄时累计缴费满十五年的，按月领取基本养老金。本案中，被上诉人林某于2014年6月已达到法定退休年龄，且累计缴费满15年，上诉人亦无证据表明被上诉人具有不应领取基本养老金的其他情形，故被上诉人于2014年6月已经符合该法按月领取基本养老金的条件。

第二，上诉人作出的《企业职工退休（退职）基本养老金核定表》审核确定了2015年6月计发被上诉人的基本养老金，被上诉人对该审核确定的时间不服，当然可以起诉撤销该行政行为并要求上诉人重作。综上，原判撤销被诉《企业职工退休（退职）基本养老金核定表》，并责令上诉人为被上诉人林某作出自2014年6月起计发基本养老金的基本养老金核定表正确。[①]

案例二　达到法定退休年龄缴纳未满15年，领取基本养老金时间的确定

案情简介

商某于2013年办理了养老保险一次性补缴，补缴年限为10年。2016年4月，商某进入城市建设综合服务有限公司从事环卫工作，该公司从2016年4月开始为商某缴纳养老保险。2018年3月19日，商某到县人力资源和社会保障局处办理退休手续，工作人员告知商某在年满50周岁当月（2018年2月）以企业职工身份参保缴费不足2年，不符合女工人50周岁退休的法定条件。2018年4月16日，商某以企业职工身份缴纳基本养老保险满2年，再次到县人力资源和社会保障局处办理退休手续。

---

① 案例取自浙江省温州市中级人民法院（2016）浙03行终240号行政判决书。

案件历程

（一）社会保险行政部门：不予办理退休手续

县人力资源和社会保障局认为商某以企业职工身份缴纳养老保险满2年时，已经年满50周岁零1个月，不符合女工人50周岁退休的法定条件，拒绝为商某办理退休手续。

商某不服，遂向一审法院提起行政诉讼，请求判决县人力资源和社会保障局履行法定职责为商某办理退休手续，并从达到退休条件次月起计发养老金。在诉讼过程中，被告已为商某办理了退休手续。

（二）一审法院：达到法定退休条件的次月起补发养老金

一审法院认为，根据某省人力资源和社会保障厅《关于完善企业职工基本养老保险制度有关问题的处理意见（三）》第五条“女性个体参保人员进入企业后，以企业职工缴费办法按时足额缴纳基本养老保险费满2年以上的，可按企业职工身份办理退休手续”的规定，商某在50周岁1个月时，以企业职工身份缴纳基本养老保险已满2年，符合上述文件规定的退休条件，县人力资源和社会保障局应当为商某办理退休手续，并从商某达到法定退休条件的次月（2018年5月）起补发养老金。

县人力资源和社会保障局不服，提起上诉。

（三）二审法院：驳回上诉，维持原判

二审法院认为，本案中，被上诉人商某是自2016年4月进入城市建设综合服务有限公司工作后，其才以企业职工身份缴纳基本养老保险，在其于2018年3月19日向上诉人县人力资源和社会保障局申请退休时，因其以企业职工缴费办法按时足额缴纳基本养老保险费未满2年，不符合某省人力资源和社会保障厅《关于完善企业职工基本养老保险制度有关问题的处理意见（三）》第五条“女性个体参保人员进入企业后，以企业职工缴费办法按时足

额缴纳基本养老保险费满2年以上的，可按企业职工身份办理退休手续”之规定，上诉人未给其办理退休手续理由正当。但至2018年4月16日被上诉人再次向上诉人县人力资源和社会保障局申请办理退休手续时，已经符合该条关于可按企业职工身份办理退休手续的条件规定。故，上诉人应当按该规定于该月为被上诉人办理企业职工身份退休手续。同时按《某省劳动和社会保障厅、某省财政厅关于印发〈某省企业职工基本养老金计发办法〉的通知》第一条“参保职工（含城镇个体工商户及其雇工，自由职业人员和灵活就业人员，下同）达到法定退休年龄并办理退休手续后，从次月起按规定领取基本养老金”的规定，从次月即从2018年5月起开始计发被上诉人相应的养老金。但上诉人却以某省劳动和社会保障厅《关于进一步加强基本养老保险省级统筹管理单位职工退休审批工作的通知》第五条的规定，认为报批时间须为职工达到国家规定的退休年龄的当月，被上诉人报批时间已超过上述时限为由，拒绝为被上诉人办理办理退休手续及按相关规定计发其养老金。可该条还规定：“各单位具体报批时间，另行制定时间表。”从该条规定来看，具体报批时间并不是很确定。且上诉人在诉讼过程中并未提供合法有效的依据证明其对被上诉人超过上述时限报批，也未提供其他拒绝办理政策性依据。同时鉴于上诉人已于2018年11月26日为被上诉人办理了退休手续，应确认上诉人拒绝审批被上诉人于2018年4月16日退休报批手续及按相关规定计发其养老金的行为违法。根据《某省劳动和社会保障厅、某省财政厅关于印发〈某省企业职工基本养老金计发办法〉的通知》第一条的规定，上诉人于2018年11月26日才为被上诉人办理了退休手续，被上诉人应从次月起即2018年12月按规定领取基本养老金。但上诉人上述拒绝履行审批及未按规定计发的行为致使被上诉人从2018年5月至11月相应的基本养老金没有领取，侵害了被上诉人的合法权利，依照《行政诉讼法》第七十三条的规定，上诉人应承担补发的给付义务。[①]

---

① 案例取自贵州省黔南布依族苗族自治州中级人民法院（2019）黔27行终97号行政判决书。

案例三 办理退休手续晚于退休条件时点领取基本养老金时间的确定

案情简介

根据干部履历表显示，1968年9月至1971年1月，韩某在某中学读书；1971年2月至1973年9月，韩某在某小学任教；1973年至1976年在某大学读书；1976年10月自某大学毕业分配原某县交通局工作；1994年10月，韩某自某区港务管理局（原某县交通局）辞职。之后，韩某至天津工作，为自由职业者。2019年12月，韩某向人力资源和社会保障局申请办理退休手续。

案件历程

（一）社会保险行政部门：办理退休手续的次月计发养老金

2020年3月5日，经人力资源和社会保障局核定，韩某参加工作时间为1971年10月，视同缴费年限为23年1个月，实际缴费年限3年6个月，累计缴费年限26年7个月，养老金从办理退休手续次月即2020年1月计发。

韩某不服，提起诉讼。

（二）一审法院：领取养老金时间为达到退休条件的次月

一审法院认为，本案中，原告在被告处办理了退休手续，双方的主要争议焦点为应自何时起开始享受职工基本养老保险退休待遇。依照《社会保险法》第十六条第一款规定，“参加基本养老保险的个人，达到法定退休年龄时累计缴费满十五年的，按月领取基本养老金”，本案原告韩某于2012年5月至2019年12月实际缴费3年6个月，于2020年3月经被告核定视同缴费年限为23年1个月，退休时间为2015年10月，至退休年龄时累计缴费年限为26年7个月。显然，依照社会保险法立法宗旨和具体规定，原告于2015年10月起就已满足“参加基本养老保险的个人，达到法定退休年龄时累计缴费满十五年的，按月领取基本养老金”的法定情形，其于2015年11月即可享有按月领取基本养老金的权利，非因法定事由不可剥夺。至于《某省职工基本养老保险条例》第三十一条规定“下列参保人员达到法定退休年龄后，从其办理退休手续的次月起，按月领取基本养老金，直至死亡……（二）1997年12月31日以前参加工作，2011年1月1日以后退休且缴费年限满十五年的”，该条规定系对参保人员达到法定退休年龄后按月领取基本养老金的程序规定，而非对参保人员达到法定退休年龄后按月领取基本养老金的权利设定。根据相关规定，适用于已办理退休退职手续人员重新认定连续工龄导致基本养老保险待遇变化情形，不适用于本案原告。原告于2019年12月在被告处办理退休手续后，于2020年1月起正常领取退休金，对之前的部分退休金予以补发领取，并没有违反我省条例具体规定，且更符合保障职工基本养老保险的立法宗旨。被告作为履行社会保险保障职能的行政机关，理应主动加强自身建设，切实为社会公众提供更为优质、便利的社会保障服务，其提出无法定告知义务的辩解存在不妥。因此，被告确定对2015年至2019年12月期间的养老金不予计发存在不妥，被诉行政行为适用法律错误，依法应予撤销。

宣判后，人力资源和社会保障局不服，提起上诉。

（三）二审法院：办理退休手续晚于退休条件时点领取养老金为达到退休条件的次月

二审法院认为，本案的争议焦点是社会保险行政部门计发基本养老金的起算时点问题。我国社会保险制度随着经济发展和社会进步而逐步规范和完善。《社会保险法》第一条规定的立法宗旨是规范社会保险关系，维护公民参加社会保险和享受社会保险待遇的合法权益，使公民共享发展成果，促进社会和谐稳定。根据《社会保险法》的立法宗旨以及权利义务相一致的法律原则，公民依法履行了参加社会保险的义务，就应享有在符合法定情形下获得社会保险待遇的合法权益。根据《社会保险法》第十六条第一款规定，参加基本养老保险的个人，达到法定退休年龄时累计缴费满15年的，按月领取基本养老金。本案中，被上诉人韩某出生于1955年10月，经上诉人核定，被上诉人参加工作时间为1971年10月，视同缴费年限为23年1个月，在2012年5月至2019年12月间实际缴费年限为3年6个月，累计缴费年限为26年7个月。故本案被上诉人自2015年11月起就已符合《社会保险法》第十六条规定的可按月领取基本养老金的法定情形。

根据《某省职工基本养老保险条例》第三十一条规定，参保人员达到法定退休年龄后，从其办理退休手续的次月起，按月领取基本养老金，直至死亡。参保人员应当及时申请办理退休手续，这是规范和完善基本养老保险金发放工作的合理要求。但是，参保人员申请办理退休手续并非社会保险行政部门计发基本养老金的法定前置条件。如参保人员首次向社会保险行政部门提出办理退休手续申请的时间晚于其达到法定退休年龄且累计缴费年限符合规定，而社会保险行政部门径直从参保人员申请办理退休手续时才起算计发基本养老金，将导致参保人员依法应享有的基本养老金实质减少，有违《社会保险法》第十六条的规定，且与立法宗旨相悖，明显侵犯了参保人员的合法权益。故，社会保险行政部门计发基本养老金的起算时点应是参保人员达到法定退休年龄且累计缴费年限符合规定时。据此，被上诉人韩某主张上诉人人力资源和社会保障局应自2015年11月起对其计发基本养老金，具有事实和法律依据。原审法院认为上诉人作出的从2020年1月起对被上诉人韩某计发养老金的行政行为适用法律错误故判决撤销，应为妥当。另，本案被上诉人韩某系于2019年12月首次向上诉人提出办理退休手续的申请，不属于参保人员基本养老保险待遇标准变化需重新核定并要求追补基本养老金的情形，故上诉人认为本案可参照适用《国务院关于工人退休、退职的暂行办法》《某省劳动和社会保障厅关于认定参加基本养老保险的退休人员连续工龄有关问题的通知》等规范性文件规定的主张，本院不予支持。[①]

---

① 案例取自浙江省舟山市中级人民法院（2020）浙09行终66号行政判决书。

案例四　办理退休手续是否为用人单位的法定义务

案情简介

成某系甲纺织品公司职工，该公司于1998年2月改制成立了乙纺织品有限责任公司，2016年4月乙纺织品有限责任公司更名为乙房屋公司。2018年2月成某达到法定退休年龄，因2008年至2018年2月成某的社会保险个人部分由乙房屋公司垫付缴纳，成某未支付乙房屋公司此笔费用，故乙房屋公司未给成某申报退休。成某向劳动人事争议仲裁委员会申请仲裁，要求立即为其办理退休手续并赔偿损失。仲裁期间，乙房屋公司已于2018年9月为成某申报退休，成某2018年10月领取了退休金3135.64元。仲裁过程中，乙房屋公司提起反申请，要求成某返还2008年至2018年2月垫付的社保个人应缴纳部分26616.26元及利息11437元。

案件历程

（一）劳动人事争议仲裁委员会：驳回成某及乙房屋公司的仲裁请求

2019年7月17日，劳动人事争议仲裁委员会裁决驳回成某及乙房屋公司的请求。

成某和乙房屋公司均不服裁决，分别于2019年8月16日、8月21日诉至法院。一审法院决定合并审理。

（二）一审法院：用人单位赔偿未及时办理退休手续损失

一审法院认为，成某系乙房屋公司改制接收的职工，乙房屋公司根据公司特点为成某提供了租赁柜台并给予相应优惠，租赁柜台经营期间乙房屋公司每月支付给成某80元生活费直至2008年12月，之后成某注册为个体工商户，其未向乙房屋公司提供劳动。企业改制后，成某与企业保留劳动关系，职工档案仍由企业保管，由企业统一缴纳社保，职工达到法定退休年龄时，企业为职工申请办理退休手续是企业的法定义务，企业不能因职工欠其垫付的应由个人缴纳部分保险而拖延不为其办理退休手续。因乙房屋公司迟延履行法定义务，造成成某无法领取7个月的退休金，成某的损失应当由乙房屋公司承担。成某档案的退休时间为2018年2月，乙房屋公司应当在2018年1月将成某退休申请等材料送交，实际送交时间为2018年9月，2019年10月成某开始领取退休金3135.64元，致使2018年3月至9月不能补发，数额与10月一致。乙房屋公司为成某垫付的社保个人应缴部分26616.26元，应当由成某承担，乙房屋公司要求成某返还不当得利事实清楚、于法有据，予以支持。乙房屋公司要求成某返还其拖欠垫付款产生的利息，不属于劳动争议审理范围，对其利息请求不予以支持。

乙房屋公司不服，提起上诉。

（三）二审法院：及时为劳动者申请办理退休手续是用人单位的法定义务

二审法院认为，当劳动者达到法定退休年龄时，用人单位及时为劳动者申请办理退休手续是用人单位的法定义务。本案乙房屋公司并未在2018年1月将成某的办理退休的材料送交，而其实际送交时间为2018年9月，因此成某延迟退休的损失系乙房屋公司迟延履行法定义务所致，一审法院判令乙房屋公司支付成某退休金损失，并无不妥。乙房屋公司的上诉理由不能成立，本院不予支持。[①]

评析与思考

实践中，按月享受基本养老金待遇的起始时间，法律、行政法规均没有明确规范。在地方性法规和政府规章中，对于按月享受基本养老金待遇的起

① 案例取自山东省烟台市中级人民法院（2020）鲁06民终6179号民事判决书。

始时间，各省市地方性法规、国家人力资源社会保障行政部门一般表述为“从业人员达到国家规定的退休条件并且累计缴费年限满15年以上的，从办理退休手续的次月起，依照有关规定按月享受基本养老金待遇”。但这种表述在实践中产生了异议，对此必须厘清以下四个问题。

一、领取基本养老保险待遇的资格条件

《社会保险法》第十六条规定：“参加基本养老保险的个人，达到法定退休年龄时累计缴费满十五年的，按月领取基本养老金。参加基本养老保险的个人，达到法定退休年龄时累计缴费不足十五年的，可以缴费至满十五年，按月领取基本养老金；也可以转入新型农村社会养老保险或者城镇居民社会养老保险，按照国务院规定享受相应的养老保险待遇。”《实施〈中华人民共和国社会保险法〉若干规定》第二条规定：“参加职工基本养老保险的个人达到法定退休年龄时，累计缴费不足15年的，可以延长缴费至满15年。社会保险法实施前参保、延长缴费5年后仍不足15年的，可以一次性缴费至满15年。”因此，领取基本养老保险待遇有两个条件：一是达到法定退休年龄；二是累计缴费满15年。累计缴费年限包括实际缴费年限和视同缴费年限。

二、具备领取基本养老保险待遇资格的具体情形

实践中，领取基本养老保险待遇资格有以下具体情形：

（一）达到法定退休年龄时缴费满15年；

（二）达到法定退休年龄时缴费不满15年，延长缴费在5年内满15年；

（三）达到法定退休年龄时缴费不满15年，2011年7月1日前参保，延长缴费5年后仍不足5年的，一性缴费至满15年。

以上三种情形都可以按月领取基本养老金。

（四）达到法定退休年龄时缴费不满15年，2011年7月1日后参保，延长缴费5年后累计缴费不满15年。该情形不能按月领取基本养老金，但可以转

入新型农村社会养老保险或者城镇居民社会养老保险，享受相应的养老保险待遇；或者经本人书面确认后，终止其职工基本养老保险关系，并将个人账户储存额一次性支付给本人。

三、领取基本养老保险待遇的起始时间

对领取基本养老保险待遇的起始时间，实践中有两种不同的观点：

一种观点认为，领取基本养老保险待遇的起始时间，为社会保险行政部门办理退休手续的次月享受基本养老保险待遇。《关于制止和纠正违反国家规定办理企业职工提前退休有关问题的通知》规定，职工从办理退休、退职手续之日起领取养老金。由以上规定可知，条款本身的表述非常清楚地表明了从其办理退休手续的次月起领取基本养老金，该条款既是程序规定，亦是权利设定，确定必须先办理退休手续，才可领取养老金。办理退休退职手续之日应为审核退休手续的机关审核确定申请人退休的日期，即核定申请人参加工作年限、认定连续工龄和缴费年限时间完毕之日。案例三、案例四中的社会保险行政部门就是这种观点的代表。另一种观点认为，领取基本养老保险待遇的起始时间为劳动者具备领取基本养老保险待遇资格的时点。

笔者同意第二种观点。因为劳动者在这个时点具备了领取养老保险待遇的条件，无论劳动者在这个时点之前、之后申请养老保险待遇都不能改变劳动者有资格开始领取养老保险待遇的客观实际。对于未及时办理退休手续的劳动者，除非具有不应领取基本养老金的法定情形，其领取基本养老金时间，应当确定为符合办理退休手续的次月，而非办理退休手续的次月。

一般情况下，劳动者达到领取基本养老保险待遇条件之前就会提出申领养老保险待遇的申请，由用人单位向社会保险行政部门报送劳动者的相关资料，这种情况下一般不会出现养老保险待遇领取时间的偏差。

另一种情形是，劳动者在达到领取养老保险待遇资格之后，劳动者或用人单位才向社会保险行政部门提出领取养老保险待遇的申请，该种情形之下就有可能发生领取养老保险待遇时间争议的问题。特别是“从业人员达到国

家规定的退休条件并且累计缴费年限满15年以上的，从办理退休手续的次月起，依照有关规定按月享受基本养老金待遇”的规定，就使得“从办理退休手续的次月起按月享受基本养老金待遇”有了法律依据。作为社会保险行政部门在审核劳动者领取基本养老保险待遇的起始时间时，应特别注意以下几种具体情形：

1.达到法定退休年龄时，累计缴费满15年的，应当自达到退休条件的次月领取基本养老保险待遇；

2.达到法定退休年龄时，但缴费不满15年的，经补缴养老保险费方达到累计缴费年限15年的，应当自补缴达到缴费满15年的次月领取基本养老保险待遇；

3.按月领取了基本养老保险待遇，后又因接续工龄、补缴养老保险年限、补缴养老保险费基数等原因，计发养老保险待遇数额发生变化的，应当自养老保险待遇变化的次月重新核定并计发养老保险待遇，对变动养老保险待遇以前的待遇不予补发。《国务院关于工人退休、退职的暂行办法》第十四条规定，过去有关工人退休、退职的规定与本办法不一致的，按本办法执行。已按有关规定办理了退休的工人，其退休费标准低于本办法所定标准的，自本办法下达之月起，改按本办法规定的标准发给，但解放战争时期参加革命工作，连续工龄不满20年的，只按本人标准工资的75%发放。改变退休费标准后的差额部分一律不予补发。已按有关规定办理了退职的工人，其待遇一律不再变动。其中，最后一句明确规定了改变退休费标准后的差额部分是一律不予补发的。这是最早的关于改变退休费标准情况下不予补发社会基本养老保险的法律性规范。

四、达到法定退休年龄时社会保险费未缴满15年，社会保险费缴纳的处理途径

实务中，经常会遇到职工已达到法定退休年龄但基本养老保险没有缴满15年的情况。那么，对于这种情况，职工应该如何处理呢？根据我国现行的法律法规，职工达到法定退休年龄时，基本养老保险累计缴费不足15年的，

有以下四种途径：

（一）如果有应缴未缴的社会保险费，可以补缴至满15年，按月领取基本养老金

《社会保险法》第十条第一款规定："职工应当参加基本养老保险，由用人单位和职工共同缴纳基本养老保险费。"可见，参加社会保险，依法缴纳社会保险费，是用人单位和职工的法定义务。《社会保险法》第六十三条第一款规定："用人单位未按时足额缴纳社会保险费的，由社会保险费征收机构责令其限期缴纳或者补足。"《人力资源社会保障部对十二届全国人大五次会议第5063号建议的答复》指出，为维护参保人员社会保险权益，强化征缴清欠工作，经办机构接到超过2年的追诉期投诉后，一般也按程序进行受理，对能够提供佐证材料的，尽量满足参保者诉求，予以解决。因此，对于双方劳动关系存续期间未缴的社会保险费可以补缴。

（二）延长缴费至满15年，按月领取基本养老金

《实施〈中华人民共和国社会保险法〉若干规定》第二条规定："参加职工基本养老保险的个人达到法定退休年龄时，累计缴费不足15年的，可以延长缴费至满15年。社会保险法实施前参保、延长缴费5年后仍不足15年的，可以一次性缴费至满15年。"这里有两个问题：一是延长缴费的方式，二是办理延缴的地区。

关于延长缴费的方式。延长缴费的方式与《社会保险法》实施前后参保有关。《社会保险法》自2011年7月1日起施行。2011年7月1日及以后开始参保的人员，达到法定退休年龄时，缴费年限不足15年的，可以延长缴费至满15年时办理退休手续。笔者认为，这种情况只能逐年缴费，不能一次性补缴。

2011年6月30日及以前已经参保，2011年7月1日以后达到法定退休年龄，且缴费年限不足15年的参保人员，可延长缴费至满15年（不是一次补缴）。延长缴费5年后仍不足15年的，才可以一次性缴费至满15年。"延长缴

费”，是逐月缴交，还是一次性缴交（趸缴）呢？《实施〈中华人民共和国社会保险法〉若干规定》第二条只规定延缴五年后仍不足15年的，可以一次性缴满15年，但是，5年延缴期是逐月缴交，还是每半年一缴，还是每年一缴，则没有进行具体规定。根据全国人大常委会法工委等编写的《社会保险法释义》一书的解释，法律之所以没有规定延缴的具体方式，是“由于各地差别较大”，而把此项权力赋予了地方，由各地方根据当地实际情况进行规定。

关于延缴地，即职工办理延缴的地区。《城镇企业职工基本养老保险关系转移接续暂行办法》第六条规定：“跨省流动就业的参保人员达到待遇领取条件时，按下列规定确定其待遇领取地：（一）基本养老保险关系在户籍所在地的，由户籍所在地负责办理待遇领取手续，享受基本养老保险待遇。（二）基本养老保险关系不在户籍所在地，而在其基本养老保险关系所在地累计缴费年限满10年的，在该地办理待遇领取手续，享受当地基本养老保险待遇。（三）基本养老保险关系不在户籍所在地，且在其基本养老保险关系所在地累计缴费年限不满10年的，将其基本养老保险关系转回上一个缴费年限满10年的原参保地办理待遇领取手续，享受基本养老保险待遇。（四）基本养老保险关系不在户籍所在地，且在每个参保地的累计缴费年限均不满10年的，将其基本养老保险关系及相应资金归集到户籍所在地，由户籍所在地按规定办理待遇领取手续，享受基本养老保险待遇。”《人力资源社会保障部办公厅关于职工基本养老保险关系转移接续有关问题的函》明确规定：“参保人员达到法定退休年龄时累计缴费不足15年的，基本养老保险关系在户籍地的，继续缴费地为户籍地；基本养老保险关系不在户籍地的，继续缴费地为缴费年限满10年所在地；每个参保地的缴费年限均不满10年的，继续缴费地为户籍地。若在企业继续就业参保的，按照国家规定缴纳基本养老保险费；未在企业继续就业参保的，可以申请在继续缴费地参照当地灵活就业人员缴费标准延长缴费，具体延长缴费办法由各地制定。”职工可按上述规定选择延缴地办理延缴，并在此地享受基本养老保险待遇。

（三）转入城乡居民基本养老保险，享受养老保险待遇

《社会保险法》第十六条第二款规定："参加基本养老保险的个人，达到法定退休年龄时累计缴费不足十五年的……也可以转入新型农村社会养老保险或者城镇居民社会养老保险，按照国务院规定享受相应的养老保险待遇。"《实施〈中华人民共和国社会保险法〉若干规定》第三条第一款规定："参加职工基本养老保险的个人达到法定退休年龄后，累计缴费不足15年（含依照第二条规定延长缴费）的，可以申请转入户籍所在地新型农村社会养老保险或者城镇居民社会养老保险，享受相应的养老保险待遇。"可见，职工达到法定退休年龄时养老保险缴费不满15年的，依法申请转入户籍所在地新农保或城镇居民社会养老保险（以下简称城镇居保），享受养老保险待遇。

国务院于2014年2月26日发布《关于建立统一的城乡居民基本养老保险制度的意见》，决定将新型农村社会养老保险和城镇居民社会养老保险合并实施，在全国范围内建立统一的城乡居民基本养老保险。关于转入后的养老保险待遇，《城乡养老保险制度衔接暂行办法》第三条规定："……城镇职工养老保险缴费年限不足15年的，可以申请从城镇职工养老保险转入城乡居民养老保险，待达到城乡居民养老保险规定的领取条件时，按照城乡居民养老保险办法计发相应待遇。"关于转入后的参保年限，第六条规定："参保人员从城镇职工养老保险转入城乡居民养老保险的，城镇职工养老保险个人账户全部储存额并入城乡居民养老保险个人账户，参加城镇职工养老保险的缴费年限合并计算为城乡居民养老保险的缴费年限。"关于转入的确定，第四条第二款规定："参保人员申请办理制度衔接手续时……从城镇职工养老保险转入城乡居民养老保险的，在转入城乡居民养老保险待遇领取地提出申请办理。"

（四）一次性取出个人账户储存额，终止职工基本养老保险关系

《实施〈中华人民共和国社会保险法〉若干规定》第三条第二款规定："参加职工基本养老保险的个人达到法定退休年龄后，累计缴费不足15年（含依照第二条规定延长缴费），且未转入新型农村社会养老保险或者城镇居民社

会养老保险的，个人可以书面申请终止职工基本养老保险关系。社会保险经办机构收到申请后，应当书面告知其转入新型农村社会养老保险或者城镇居民社会养老保险的权利以及终止职工基本养老保险关系的后果，经本人书面确认后，终止其职工基本养老保险关系，并将个人账户储存额一次性支付给本人。”一次性取出个人账户储存额，终止职工养老保险关系，这种选择对职工来说并不合适。因此，基本养老保险涉及个人的切身利益，职工个人可以书面申请终止职工基本养老保险关系，社会保险经办机构必须书面告知相应后果。终止后，由社会保险基金一次性支付个人账户储存额给职工本人。

另外，《国务院关于建立统一的城乡居民基本养老保险制度的意见》规定：“新农保或城居保制度实施时已年满60周岁，在本意见印发之日前未领取国家规定的基本养老保障待遇的，不用缴费，自本意见实施之月起，可以按月领取城乡居民养老保险基础养老金；距规定领取年龄不足15年的，应逐年缴费，也允许补缴，累计缴费不超过15年；距规定领取年龄超过15年的，应按年缴费，累计缴费不少于15年。”也就是说，城乡居民享受基本养老保险待遇有三种情形：一是居保制度实施之前，已经满60岁的不用缴费，直接领取基础养老金；二是居保制度实施之前已经满45岁的，交到60岁还不满15年，可以一次性补足15年；三是居保制度实施之日未满45岁的参保人员，如果交到60岁还不满15年（中间有断缴），只能继续按年缴费到满15年才开始享受待遇。

第四章

医疗保险争议

医疗保险争议是劳动者与用人单位、医疗保险经办机构之间因相关待遇引发的争议。因医疗保险相关待遇，发生在劳动者与用人单位之间的争议为劳动争议，发生在劳动者与医疗保险经办机构之间的争议为行政争议。

专题一　医疗保险待遇损失争议

医疗保险待遇损失争议可能是劳动争议，也可能是行政争议。如果用人单位没有缴纳医疗保险费、中断缴纳医疗保险费，劳动者因疾病治疗而要求用人单位支付医疗保险待遇的争议就属于劳动争议；因医疗保险经办机构没有或没有按照国家规定为劳动者报销医疗保险费而发生的争议为医疗保险行政争议。

案例　退休后补缴医疗保险费，用人单位应赔偿医疗保险个人账户待遇损失

案情简介

肖某系某卫生计生综合监督执法支队前身医科所的征地协议工，协议约定由医科所雇用其为固定合同工，享有同等岗位正式职工的劳保福利待遇。1987年事业单位人员工资调整时因对编外人员工资问题无明确政策规定，双方经协商由卫生计生综合监督执法支队发放其基本生活费，肖某自谋生活。2004年到2011年12月，双方分别签订了期限为3年和2年的三份劳动合同，2012年以后双方再未签订合同，但每月都给肖某发放生活费。2014年双方发生争议，两级法院审理后认为：双方签订无固定期限劳动合同，按事业单位工勤人员同工同酬原则确定其工资福利待遇，并安排工作岗位。上述判决生效后在执行阶段，双方经多次协商后达成执行和解协议：自2017年1月1日起至2018年10月22日退休时止，每月给肖某5367元作为工资，每月补贴住房公积金644元，肖某回家休养，同时自愿放弃享受其他劳保福利待遇。该案现已执行完毕。2018年10月22日，肖某达到退休年龄后，经双方协商由卫生

计生综合监督执法支队为其办理了城镇企业职工基本养老保险补缴手续，此后因双方对如何缴纳城镇职工基本医疗保险费用存在分歧，肖某要求赔偿其2000年至2018年10月退休前职工门诊医疗费损失5万元，卫生计生综合监督执法支队于2019年12月2日为肖某缴纳了2019年度医疗保险费用。2020年6月2日，肖某就门诊医疗费损失向劳动争议仲裁委申请仲裁。

（一）劳动争议仲裁委：不予受理

劳动争议仲裁委经审查后于6月4日作出不予受理决定。肖某遂提起诉讼。

（二）一审法院：赔付应由单位缴纳划入个人医疗账户损失

一审法院认为，双方争议的焦点在于个人医疗账户上的损失是否应当赔偿。

关于个人医疗账户损失赔偿金的起算时间点问题。按照现有法律法规，职工医疗保险费属于预缴保险费，不能通过事后补缴保险费而享受保险待遇。用人单位未能依法为职工缴纳医疗保险，致使基本医疗保险基金未能按照规定划入个人账户，职工和退休人员不能享受相关医疗保险待遇的，用人单位应当赔偿职工和退休人员由此造成的损失。本案原告具有参加并享受城镇职工医疗保险待遇的身份。该市从2000年开始实行城镇职工基本医疗保险制度，而在2008年《劳动合同法》实施之前，对于机关事业单位的编外人员，虽然也订有合同，但在现实中普遍被认为是一种雇用关系而非劳动关系。2008年《劳动合同法》的实施从法律层面将双方关系明确界定为劳动合同关系，且将社会保险作为劳动合同的一项法定内容，对跨越《劳动合同法》实施前后的劳动合同关系可以依照《劳动合同法》进行处理。即从此时起用人单位为职工缴纳职工医疗保险费明确成为其法定义务。但因职工基本医疗保险费属于预缴保险费，实行一年一缴，即使允许补缴，补缴的费用也将全部划入社会统筹医疗基金，而不计入个人医疗账户。故对于本案原告主张的医疗保险待遇赔偿金的起算时间点，结合实际情况，应从2008年1月1日起计算比较符合实际。

关于个人医疗账户的损失范围问题。职工个人医疗账户内的资金由职工个人缴纳的基本医疗保险费和用人单位缴纳的基本医疗保险费两部分组成，也就是说职工个人缴纳的部分本就属于职工个人，原告的个人账户损失实际应是单位应缴纳并划入个人医疗账户的部分。根据《某市城镇职工基本医疗保险市场市级统筹暂行办法》的规定，对于用人单位缴纳的基本医疗保险费划入个人账户的比例为：40岁以上人员按本人上年度工资总额的2%划入（本案原告在2010年后属于40岁以上人员）。2018年1月1日以后调整为按本人上年度工资总额的1.4%划入。每年1月1日至12月31日为一个基本医疗保险年度，个人医疗账户划拨后本年度内不再变更。因被告单位未为原告办理城镇职工基本医疗保险手续，故被告应自2008年1月1日起至2018年12月31日止未能由单位缴纳划入个人账户的部分承担赔偿责任（原告虽于2018年10月退休，但因个人医疗账户划拨后年度内不再变更，实际上是计算到当年年底），赔付该市城镇职工基本医疗保险个人医疗账户中应由单位缴纳划入个人医疗账户的部分，以当期该市上年度社会平均工资的2%为标准自2008年1月1日起逐年计算至2018年12月31日止。

（三）二审法院：赔偿个人账户损失应从用人单位应当缴纳医疗保险费算起

二审法院认为，用人单位因未能依法为职工缴纳医疗保险，致使基本医疗保险基金未能按照规定划入个人账户，职工和退休人员不能享受相关医疗保险待遇的，用人单位应当赔偿由此造成的损失。既然法院生效判决认定双方系无固定期限劳动合同关系，养老保险已经自1986年10月起首次起算，该市的医疗保险政策从2000年起执行，那么劳动者医保待遇应比照养老保险待遇的执行起点从2000年起执行。社保经办机构既已核定了年度“补充医疗保险”应划转个人账户为3189.24元，用人单位就应该按此足额缴费，而不是自定标准随意减缴，导致双方发生新的争议，再度引起仲裁和诉讼，浪费司法资源。本案中关于损失的计算问题，如果按照2000年起计算个人医疗保险待遇，并参照本单位其他人员同期缴纳的“补充医疗保险”计算至2018年年底的损失，可能超出上诉人肖某在一审中5万元损失的诉讼请求。为了减少当事人的诉累，本院在查清事实的基础上依法予以改判。上诉人肖某在本判决生效后即应息诉止争，不再因劳动争议与原用人单位发生新的纠纷。[①]

评析与思考

医疗保险待遇损失争议不仅发生在劳动者与用人单位之间、劳动者与医疗保险行政机构之间、劳动者与医疗保险经办机构之间，还可能发生在劳动者与协议代理机构之间。

一、医疗保险待遇损失的复杂性

发生在劳动者与用人单位之间的医疗保险待遇损失争议，主要是用人单位没有缴纳医疗保险费，或者是劳动者与用人单位约定不缴纳医疗保险费，而后又投诉用人单位没有缴纳医疗保险费的情形。员工自愿放弃社保，对用人单位来说风险很大。没有缴纳医疗保险费，本应该由医疗保险经办机构报销的医疗费就全部转嫁给用人单位支付，和不参加养老保险一样，这也属于社会保险待遇损失，员工可以通过仲裁、诉讼主张权利。实践中很多地区的医疗保险条例均有类似规定，如《深圳市社会医疗保险办法》第一百零二条第一款规定，用人单位应当参加医疗保险而未参加的，其职工发生的医疗费用，由用人单位按照本办法规定的待遇标准支付。

发生在劳动者与医疗保险行政机构之间、劳动者与医疗保险经办机构之间的医疗保险待遇损失争议，主要是用人单位存在欠缴医疗保险费、未及时缴纳医疗保险费的情形。

发生在劳动者与协议代理机构之间的医疗保险待遇损失争议，主要是劳动者与社会保险代理机构之间因缴纳医疗保险费或代扣代缴医疗保险费发生争议的情形。例如，四川省绵阳市盐亭县人民法院（2019）川0723民初1469号民事判决书指出："被告在履行委托代理合同期间，未切实履行委托代理合

---

① 案例取自陕西省汉中市中级人民法院（2020）陕07民终1032号民事判决书。

同事务的相关义务导致原告霍某未享受医疗保险待遇的医疗费损失31429.99元，应承担赔偿责任，原告的该项诉讼请求本院予以支持。”

二、未缴医疗保险费引发医疗保险待遇争议的特殊性

（一）医疗保险待遇受地方政策影响大

城镇职工基本医疗保险不同于养老等其他社会保险，它具有政策性强、涉及面广、地域和经济发展水平差异性大等特点，因而国家授权各地根据本地的实际情况制定适合本地的城镇职工基本医疗保险的实施办法或细则。这就决定了医疗保险统筹层次低，不同地区的医疗保险报销政策差异较大。

（二）不同人群医疗保险待遇差异较大

在人群上，不仅城乡居民医疗保险、城镇职工医疗保险待遇差异较大，而且在城乡居民医疗保险的同一层次内部，城镇居民、农村居民医疗保险待遇的报销也有较大差异。在城镇职工医疗保险中，在职职工与退休人员也有较大差异，在住院报销起付线、报销比例、个人账户划转比例等多个方面都存在不同。因此，医疗保险待遇报销政策复杂、程序繁杂，其待遇损失的计算也是一个浩繁的系统工程。

（三）享受医疗保险待遇与医疗保险缴费基数无关

医疗保险不像养老、工伤、失业和生育保险那样，享受待遇与缴费的时间、缴费的基数挂钩，相反，享受医疗保险待遇对于在职职工来说，没有缴费时间、缴费基数的限制，只要按规定缴纳了医疗保险相关费用，所享受的医疗保险待遇在同一类人员中就没有任何差别。这种政策的制度设计，使一些不法用人单位有了可乘之机，在医疗保险的缴费上能少缴就少缴，能按最低基数缴就不会超过最低基数缴纳医疗保险费。这样不仅增大了医疗保险基金的风险，而且也没有做到医疗保险基金的应收尽收。

专题二　医疗保险缴费年限争议

医疗保险缴费年限争议为劳动者和医疗保险行政机关、医疗保险经办机构之间，因劳动者退休后为享受医疗保险待遇而发生的争议。

案例一　医疗保险视同缴费年限应符合相关规定

案情简介

娄某于1987—1992年在某市某建筑工程有限公司工作，1993—1999年在某市某预制构件厂工作，某市某建筑工程有限公司、某市某预制构件厂系村办企业。娄某于2004年1月在某市某电气有限公司首次参加职工医疗保险，2011年11月在某市经济技术开发区医疗保险事业处缴费至2014年6月，前后累计缴费10年6个月。娄某退休后向某市经济技术开发区人力资源和社会保障局（以下简称区人社局）申请享受退休人员医疗保险待遇。

案件历程

（一）社会保险行政部门：未认定医疗保险视同缴费年限

区人社局于2014年9月26日作出《关于娄某医疗保险待遇问题告知书》。娄某对该告知书不服，遂向某市人民政府提起行政复议。

（二）某市人民政府：维持区人社局的行政行为

某市人民政府作出行政复议决定，维持了区人社局的行政行为。

娄某不服该行政复议决定，向法院提起行政诉讼。

（三）一审法院：驳回娄某诉讼请求

一审法院认为，《国务院关于建立城镇职工基本医疗保险制度的决定》授权省人民政府对乡镇企业及其职工是否参加基本医疗保险等作出具体的决定。《某省建立城镇职工基本医疗保险制度实施方案的通知》确立了将具备条件的乡镇企业及职工等可逐步纳入基本医疗保险的范围。《某市职工基本医疗保险规定》明确要求所有用人单位及职工应当参加基本医疗保险。《某市关于职工医疗保险费缴纳等有关问题的通知》第三条对1999年5月前视同缴费年限的工龄需要满足的条件作出了明确规定。结合本案，在没有相关的法律、行政法规、规章及规范性文件，对在乡镇企业（包含村办）工作的年限是否认定视同缴费年限的工龄作出规定的情况下，区人社局对娄某从1987年至1992年在某市某建筑工程有限公司工作和1993年至1999年在某市某预制构件厂工作的工作经历，未认定为视同缴费年限的工龄，并作出《关于娄某医疗保险待遇问题告知书》的具体行政行为并无不当，娄某的诉讼请求缺乏法律依据。

娄某不服，提出上诉。

（四）二审法院：驳回上诉，维持原判

二审法院认为，本案中，上诉人娄某于2004年1月在某市某电气有限公司首次参加职工医疗保险，并在某市社会保险中心缴费，2011年11月转至某市经济技术开发区医疗保险事业处继续缴费，缴费至2014年6月，前后累计缴费共10年6个月，实际缴费年限少于25年。上诉人自1987年至1992年在某市某建筑工程有限公司工作和1993年至1999年在某市某预制构件厂工作的工作经历，因其不能提供劳动、人事部门办理招用工手续的原件、复印件且没有档案原始记载，故上诉人1987年至1999年的工作经历不能视同缴费年限的

工龄。根据上述规定，上诉人需要一次性补缴未达最低缴费年限的差额部分，才能享受退休人员医疗保险待遇，故被上诉人作出的《关于娄某医疗保险待遇问题告知书》并无不当。上诉人的上诉理由不当，本院不予支持。原审判决正确，依法应予维持。

（五）再审法院：视同缴费年限应符合国家规定

再审法院认为，《某市关于职工医疗保险费缴纳等有关问题的通知》第三条规定："自1999年5月起连续缴纳医疗保险费或虽未连续缴纳但补齐所欠缴医疗保险费的，其1999年5月以前符合国家规定的工龄视同医疗保险缴费年限，与实际缴费（含补缴）年限合并计算。视同缴费年限的工龄以档案原始记载为准，并需提供劳动、人事部门办理招用工手续的原件、复印件。"本案中，申请人在1987年至1992年在某市某建筑工程有限公司工作和1993年至1999年在某市某预制构件厂工作的工作经历，因其不能提供劳动、人事部门办理招用工手续的原件、复印件且没有档案原始记载，故对申请人关于其该段工作经历的工龄应视同缴费年限的主张，本院不予支持。①

案例二　灵活就业人员办理退休后并不必然享受职工基本医疗保险待遇

案情简介

郑某于1971年进入某橡胶厂做家属工。1980年11月1日，某橡胶厂同意郑某补员，1980年12月23日核定部门同意补员。经主管部门批准，郑某于1981年1月15日转正。1986年4月郑某调入某服装四厂工作至1995年4月止。1995年5月，郑某领取了1995年4月的工资。从1995年5月起，郑某未再在某服装四厂上班，也未领取工资。1996年7月16日，某服装四厂下发文件，

---

① 案例取自山东省高级人民法院（2016）鲁行申130号行政裁定书。

对长期不上班而未办理请假手续和缴纳社会养老保险统筹金的22人（含郑某）作自动离职处理，予以除名。1995年10月至1996年4月，某服装四厂为郑某缴纳了社会保险。自1996年5月起某服装四厂停止缴纳郑某的社会保险费用。1996年7月15日，某服装四厂向市社会保险局办理了22人（含郑某）的职工养老保险增减手续，增减原因为除名，增减日期为1996年7月。2018年3月23日，郑某以灵活就业人员身份向社保中心补缴了自1996年5月至2017年7月的养老保险费。2018年3月，市社会保险管理中心（下称社保中心）根据郑某提交的档案材料及其缴费情况，认定1996年被某服装四厂除名后，社会保险处于停缴状态，属于灵活就业人员，于是为其以灵活就业人员身份办理退休。

案件历程

（一）社会保险经办机构：不允许一次性补足城镇职工基本医疗保险缴费年限

2018年3月，社保中心以郑某属于从未办理过城镇职工基本医疗保险参保登记并缴纳费用的情形，不允许一次性补足城镇职工基本医疗保险缴费年限。

郑某不服，提起行政诉讼。

（二）一审法院：从未办理过城镇职工基本医疗保险参保登记并缴费，不能一次性补足城镇职工基本医疗保险缴费年限

根据《社会保险法》第十条第一款、第二款“职工应当参加基本养老保险，由用人单位和职工共同缴纳基本养老保险费。无雇工的个体工商户、未在用人单位参加基本养老保险的非全日制从业人员以及其他灵活就业人员可以参加基本养老保险，由个人缴纳基本养老保险费”、第五十八条第二款“自愿参加社会保险的无雇工的个体工商户、未在用人单位参加社会保险的非全日制从业人员以及其他灵活就业人员，应当向社会保险经办机构申请办理社会保险登记”和第六十条第二款“无雇工的个体工商户、未在用人单位参加

社会保险的非全日制从业人员以及其他灵活就业人员，可以直接向社会保险费征收机构缴纳社会保险费”的规定，灵活就业人员可以自愿参加基本养老保险，直接向社会保险费征收机构缴纳养老保险费。本案中，郑某在1996年被某服装四厂除名的事实已为生效裁判所确认，郑某被除名后，其与某服装四厂不再存在劳动关系，某服装四厂停止为其缴纳养老保险费。1996年5月至2018年3月，郑某的养老保险账户处于停缴状态，并无新的用人单位为其继续缴纳养老保险。社保中心据此认定郑某属于灵活就业人员身份并为其以灵活就业人员身份办理退休，并无不当。

根据《社会保险法》第二十七条“参加职工基本医疗保险的个人，达到法定退休年龄时累计缴费达到国家规定年限的，退休后不再缴纳基本医疗保险费，按照国家规定享受基本医疗保险待遇；未达到国家规定年限的，可以缴费至国家规定年限”的规定，退休人员按照国家规定享受职工基本医疗保险待遇，需要满足三个条件：已参加了职工基本医疗保险、达到法定退休年龄、累计缴费达到国家规定年限。“未达到国家规定年限的，可缴费至国家规定年限”是指已经缴费但缴费年限不足，需继续缴费至国家规定年限的情形。《某市城镇职工基本医疗保险管理办法》第三十条第二款规定：“参保人员达到法定退休条件时，之前从未办理过城镇职工基本医疗保险参保登记并缴费的，不允许一次性补足城镇职工基本医疗保险缴费年限后，办理城镇职工基本医疗保险关系在职转退休手续，并享受城镇职工基本医疗保险待遇。”本案中，郑某从未办理过职工基本医疗保险参保登记，也未实际缴费，不符合《社会保险法》第二十七条规定的参加职工基本医疗保险的个人，未达到国家规定年限的，可以缴费至国家规定年限的情形。

郑某不服，提起上诉。

（三）二审法院：不能享受医疗保险待遇的条件

二审法院认为，《某市城镇职工基本医疗保险管理办法》第三十条第二款规定：“参保人员达到法定退休条件时，之前从未办理过城镇职工基本医疗保险参保登记并缴费的，不允许一次性补足城镇职工基本医疗保险缴费年限后，办理城镇职工基本医疗保险关系在职转退休手续，并享受城镇职工基本医疗保险待遇。”本案中，上诉人虽然存在视同缴费年限，但其达到法定退休条件前从未办理过城镇职工基本医疗保险缴费登记并缴费，不符合一次性补足城镇职工基本医疗保险缴费年限后，办理城镇职工基本医疗保险，并享受城镇职工基本医疗保险待遇的条件。

郑某不服，申请再审。

（四）再审法院：驳回再审申请

再审法院认为，本案的核心争议焦点是：某市社会保险管理中心为再审申请人郑某以灵活就业人员身份办理退休、不享受城镇职工医疗保险待遇是否合法。本案中，郑某在1996年被某服装四厂除名的事实已为生效裁判所确认，郑某被除名后，其与某服装四厂不再存在劳动关系，某服装四厂停止为其缴纳养老保险费。1996年5月至2018年3月，郑某的养老保险账户一直处于停缴状态，并无新的用人单位为其继续缴纳养老保险。某市社会保险管理中心据此认定郑某属于灵活就业人员身份，为其以灵活就业人员身份办理退休，并无不当。郑某关于其仍是某服装四厂的在职职工，应按城镇企业职工身份办理退休的主张，没有事实和法律依据，本院不予支持。

《社会保险法》第二十三条第二款规定，无雇工的个体工商户、未在用人单位参加职工医疗保险的非全日制从业人员及其他灵活就业人员可以参加职工基本医疗保险，由个人按照国家规定缴纳基本医疗保险费。第二十七条规定，参加职工基本医疗保险的个人，达到法定退休年龄时累计缴费达到国家规定年限的，退休后不再缴纳基本医疗保险费，按照国家规定享受基本医疗保险待遇；未达到国家规定年限的，可以缴费至国家规定年限。由此可见，退休人员按照国家规定享受职工基本医疗保险待遇，需要满足三个条件：已参加职工基本医疗保险、达到法定退休年龄、累计缴费达到国家规定年限。“未达到国家规定年限的，可缴费至国家规定年限”是指已经缴费但缴费年限不足，需继续缴费至国家规定年限的情形。《某市城镇职工基本医疗保险管理办法》第三十条第二款规定，参保人员达到法定退休条件时，之前从未办理过城镇职工基本医疗保险参保登记并缴费的，不允许一次性补足城镇职工基本医疗保险缴费年限后，办理城镇职工基本医疗保险关系在职转退休手续，并享受城镇职工基本医疗保险待遇。本案中，郑某在退休前从未办理过城镇职工基本医疗保险参保登记并实际缴费，不符合《社会保险法》第二十七条规定的参加职工基本医疗保险的个人，未达到国家规定年限的，可以缴费至国家规定年限的情形。根据上述规定，某市社会保险管理中心以郑某在退休之前从未办理过城镇职工基本医疗保险参保登记并缴费，作出郑某不能一次性补足城镇职工基本医疗保险缴费年限后，享受城镇职工基本医疗保险待遇的决定，于法有据。[①]

案例三　基本养老保险缴费年限不等于视同医疗保险缴费年限

案情简介

程某于1958年5月26日出生，2003年12月至2008年10月以城镇自由职业者身份缴纳医疗保险，2008年11月至2015年11月先后由某市甲区劳动保障管理中心、某市乙区公益服务社缴纳医疗保险，2015年12月至2018年5月先后以城镇自由职业者、在领失业待遇人员身份缴纳医疗保险。2018年5月2日，程某申请领取基本养老金。2018年5月7日，某市社保局作出《某市城镇职工基本医疗保险缴费年限认定核定表》，记载程某计算缴费年限起始年月为1988年1月，个人开始缴纳年月为1988年1月，申办年月和缴费截止年月为2018年5月，实际缴纳养老保险年限为30年5个月。

案件历程

（一）社会保险经办机构：应当补缴基本医疗保险费

2018年5月7日，市社保局作出相关认定，程某当日补缴了退休人员一次

① 案例取自江西省高级人民法院（2020）赣行申437号行政裁定书。

性医疗保险费35721元。

程某对市社保局作出的《某市城镇职工基本医疗保险缴费年限认定核定表》不服，遂提起行政诉讼。

（二）一审法院：基本医疗保险缴费年限认定正确

一审法院认为，某市社保局作为社会保险经办机构，在其管辖范围内具有对基本养老保险参保人员的退休及待遇作出审核的主体资格和法定职权。《社会保险法》第二十七条规定："参加职工基本医疗保险的个人，达到法定退休年龄时累计缴费达到国家规定年限的，退休后不再缴纳基本医疗保险费，按照国家规定享受基本医疗保险待遇；未达到国家规定年限的，可以缴费至国家规定年限。"《某经济区职工基本医疗保险暂行办法》（本案以下简称《暂行办法》）第三十二条规定："在统筹地区规定用人单位及职工应参加职工基本医疗保险的时间之前，职工在国有企业、县级以上集体企业、机关事业单位工作期间，依照国家和自治区规定可计算的连续工龄或工作年限视同缴费年限。"程某实际缴纳年限是从2003年12月至2018年5月，其未能提供证据证实其在1988年1月至2003年11月期间系在国有企业、县级以上集体企业、机关事业单位工作，因此，不符合《暂行办法》第三十二条规定的可计算的连续工龄或者工作年限视同缴费年限，程某要求市社保局重新审核其视同缴费年限累计16年的诉讼请求没有事实和法律依据。

《暂行办法》第三十一条第二项规定："（二）具有国家规定计算连续工龄或者工作年限、参加职工基本医疗保险的个人，达到法定退休年龄退出工作岗位时基本医疗保险视同缴费年限和实际缴费年限累计满25年（其中实际缴费年限须满5年以上）的，用人单位和个人不再缴纳基本医疗保险费，按照规定享受退休人员基本医疗保险待遇。"《暂行办法》第四十八条规定："累计缴纳基本医疗保险费年限不满25年的退休人员（包括未参加基本医疗保险的退休人员），由用人单位缴纳的部分，应当由用人单位一次性补缴不足缴费年限的基本医疗保险费；不足实际缴费年限应由个人缴费的部分由用人单位按规定代扣一次性补缴。以个人身份参保的，由个人一次性补缴不足缴费年限时段的基本医疗保险费。”程某在2018年5月退休时，实际缴纳了城镇职工医疗保险费14年6个月，属于《暂行办法》第四十八条规定的“累计缴纳基本医疗保险费年限不满25年的退休人员”，且其以城镇自由职业者身份缴纳城镇职工基本医疗保险费。因此，在其申请以灵活就业人员一次性缴纳不足年限城镇职工医疗保险费，享受城镇职工医疗保险退休待遇的情况下，市社保局作出被诉《某市城镇职工基本医疗保险缴费年限认定核定表》，认定程某一次性补缴基本医疗保险费10年6个月事实清楚，证据充分，程某要求撤销该核定表，法院不予支持。

《暂行办法》第五十八条规定：“已按有关规定缴纳或者补缴的基本医疗保险费不予退还。”程某已按规定补缴了退休一次性缴费35721元，故其要求退还该款的诉讼请求，一审法院不予支持。

程某上诉称，1.请求二审法院依法撤销一审判决，改判撤销《某市城镇职工基本医疗保险缴费年限认定核定表》，由市社保局重新审核程某视同缴费年限累计16年，享受退休人员基本医疗保险待遇；2.改判退还程某退休一次性补缴不足年限城镇职工基本医疗保险费35721元。

（三）二审法院：基本养老保险缴费年限不等同于基本医疗保险缴费年限

二审法院认为，程某缴纳基本养老保险的起始年月是1988年1月，缴费年限是30年5个月，退休即可享受基本养老保险待遇。程某缴纳医疗保险的起始年月是2003年12月，截至退休时共缴纳了14年6个月的基本医疗保险，两者的缴费起始年月与缴费年限并不相同。且基本养老保险与基本医疗保险不是同一种险种，不是同一概念。《社会保险法》第二十七条已经明确规定享受退休基本医疗待遇的条件是参加职工基本医疗保险的个人达到法定退休年龄时累计缴费达到国家规定年限，而并非缴纳基本养老保险年限。程某将其在1988年1月至2003年11月缴纳基本养老保险缴费的年限视同基本医疗保险缴费的年限不符合相关法律规定。本案中，程某未能提供证据证实其在1988年1月至2003年11月期间系在国有企业、县级以上集体企业、机关事业单位工作的证据及用工性质的证据，亦未能提供国家和自治区规定可计算的连续工龄或者工作年限视同缴费年限的相关规定作为认定的法律依据。一审法院据此认定程某不存在认定医疗保险视同缴费年限的法定情形，适用法律并无不当，其上诉意见本院不予采纳。

程某在2018年5月退休时，实际缴纳了城镇职工医疗保险费14年6个月，属累计缴纳基本医疗保险费年限不满25年的退休人员，且其系以城镇自由职业者身份缴纳城镇职工基本医疗保险费。市社保局在程某申请以灵活就业人员一次性缴纳不足年限城镇职工医疗保险费，享受城镇职工医疗保险退休待遇时，根据《暂行办法》第四十八条规定，市社保局要求程某补缴基本医疗保险费10年6个月事实清楚，证据充分。根据《暂行办法》第五十八条的规定，程某已按规定补缴了退休一次性缴费35721元，市社保局不予退还缴费符合法律规定。

（四）再审法院：缴纳了基本养老保险并不能视为缴纳了基本医疗保险

再审法院认为，第一，关于程某在1988年1月至2003年11月期间是否能够视同缴费年限。每一位职工在国有企业、县级以上集体企业、机关事业单位工作期间都会有一份人事档案材料，材料中包括招工进入企业、单位的时间，在企业、单位工作的情况，离开企业、单位的时间等。人事档案是确定职工身份的基本证明材料。本案中，程某主张其于1982年12月开始在司法机关工作，后脱离司法机关从事法律服务的自由职业。程某认为1988年1月至2003年11月期间其在司法机关工作，应视同缴费年限，但是程某却未能提供该期间其在司法机关工作的人事档案材料等证据，无法证明该时期其在司法机关的用工性质，无法认定1988年1月至2003年11月期间可视同缴费年限。一、二审法院认定程某1988年1月至2003年11月期间不存在医疗保险视同缴费年限的法定情形，有事实和法律依据，并无不当。第二，根据查明的事实，程某基本养老保险的缴费年限30年5个月均是由其个人缴纳，30年5个月的期间中并无视同缴费年限，这亦说明程某主张其在司法机关工作期间应视同缴费年限没有事实和法律依据。且基本养老保险与基本医疗保险不是同一种险种，不是同一概念，程某足额缴纳基本养老保险，享受养老保险待遇，缴纳了基本养老保险并不能视为缴纳了基本医疗保险，并由此享受基本医疗保险待遇。[①]

评析与思考

这是三起退休人员因医疗保险缴费没有达到最低缴费年限引起的医疗保险待遇行政争议案件，案件涉及医疗保险视同缴费年限的认定和性质判断。

一、医疗保险视同缴费年限的认定

缴费年限包括实际缴费年限和视同缴费年限。医疗保险视同缴费年限，国家没有统一的规定。实务中，医疗保险视同缴费年限的认定规则，一般参照养老保险视同缴费年限的相关规定办理。实行个人缴费制度前，职工的连续工龄可视同缴费年限，视同缴费年限可以与实际缴费年限合并计算发放基本养老保险金。在实行企业和职工个人共同缴纳基本养老保险费制度之前，固定职工按国家规定计算为连续工龄的时间，都可以“视同缴费年限”，并且可以与实际“缴费年限”合并计发养老保险金。另外，机关事业单位正式职工调入企业后，应参加企业职工基本养老保险，其原有的工作年限视同缴费年限；复员退伍军人、城镇下乡知识青年被招为合同制工人，且参加了基本养老保险的，其军龄及下乡期间按国家规定计算为连续工龄的年限，也可视同缴费年限。因此，在国家没有具体规定医疗保险视同缴费年限之前，应当参照养老保险视同缴费年限的规定认定医疗保险视同的缴费年限。

---

① 案例取自广西壮族自治区高级人民法院（2020）桂行申209号行政裁定书。

二、医疗保险缴费年限、视同缴费年限与养老保险缴费年限的衔接

《社会保险法》第二十七条规定："参加职工基本医疗保险的个人，达到法定退休年龄时累计缴费达到国家规定年限的，退休后不再缴纳基本医疗保险费，按照国家规定享受基本医疗保险待遇；未达到国家规定年限的，可以缴费至国家规定年限。"《实施〈中华人民共和国社会保险法〉若干规定》第七条规定："社会保险法第二十七条规定的退休人员享受基本医疗保险待遇的缴费年限按照各地规定执行。参加职工基本医疗保险的个人，基本医疗保险关系转移接续时，基本医疗保险缴费年限累计计算。"由以上规定可知，退休后享受基本医疗保险待遇的条件：一是参加过职工基本医疗保险，二是达到国家规定的缴费年限。一般认为，劳动者达到退休条件（达到退休年龄和养老保险缴费满15年）后，享受医疗保险待遇还要符合医疗保险最低缴费年限的要求：男性参保人员累计缴费年限应当不少于25年，女性参保人员累计缴费年限应当不少于20年。具体有以下五种情形：

（一）医疗保险费缴纳年限满足最低缴费年限的要求

劳动者符合退休条件时，医疗保险的实际缴费年限已经达到了医疗保险最低缴费年限的要求。

（二）医疗保险缴费年限不足最低年限，劳动者一次性补缴至医疗保险最低年限

劳动者符合退休条件时，医疗保险的实际缴费年限不足医疗保险的最低缴费年限，又没有医疗保险的视同缴费年限，那么劳动者要享受医疗保险待遇，就应当一次性补缴至医疗保险的最低缴费年限。

案例一中的娄某就属于该种情况。案例一中的《某市职工基本医疗保险规定》第八条第一款规定："男性参保人员累计缴费年限应当不少于25年，女性参保人员累计缴费年限应当不少于20年。达到或超过最低缴费年限的参保

人员退休后，不再缴纳基本医疗保险费。”娄某于2004年1月首次参加职工医疗保险，达到退休年龄时前后累计缴费共10年6个月，实际缴费年限少于25年。根据上述规定，在其自1987年至1992年在某市某建筑工程有限公司工作和1993年至1999年在某市某预制构件厂工作的工作经历不能视同缴费年限的情况下，需要一次性补缴未达最低缴费年限的差额部分，才能享受退休人员医疗保险待遇。在整个案件过程中，从社会保险行政部门到某市政府、一审、二审、再审，都没有认定娄某1987年至2004年的医疗保险视同缴费年限，但对于没有认定视同医疗保险缴费年限的原因都语焉不详。《某市关于职工医疗保险费缴纳等有关问题的通知》第三条规定：“自1999年5月起连续缴纳医疗保险费或虽未连续缴纳但补齐所欠缴医疗保险费的，其1999年5月以前符合国家规定的工龄视同医疗保险缴费年限，与实际缴费（含补缴）年限合并计算。视同缴费年限的工龄以档案原始记载为准，并需提供劳动、人事部门办理招用工手续的原件、复印件。”由于娄某的档案中没有劳动部门正式招工的档案记载，且无法提供劳动、人事部门办理招用工手续的原件、复印件，其在村办企业的工作经历不能被认定为视同缴费年限的工龄。根据目前的医疗保险政策，享受退休人员医疗保险待遇需要一次性补缴未达最低缴费年限的差额部分。

（三）医疗保险缴费年限不足最低缴费年限，但连同养老保险缴费年限达到了医疗保险最低缴费年限

劳动者符合退休条件时，尽管医疗保险的实际缴费年限不足医疗保险的最低缴费年限，但连同养老保险缴费年限达到了医疗保险最低缴费年限，此时的养老保险实际缴费年限可以视同医疗保险缴费年限。需要指出的是，养老保险实际缴费年限视同医疗保险缴费年限应有一定的条件，那就是实际缴纳的养老保险费的年限应当符合连续工龄的相关规定。笔者认为，在统筹地区规定实施基本医疗保险制度时间之前，劳动者在国有企业、县级以上集体企业、机关事业单位工作期间，依照国家规定可计算的连续工龄或工作年限才可以视同医疗保险缴费年限。

（四）医疗保险缴费年限不足最低缴费年限，但连同视同缴费年限（符合缴纳养老保险费但没有缴纳养老保险费的年限）达到了医疗保险最低缴费年限

劳动者符合退休条件时，尽管医疗保险的实际缴费年限不足医疗保险的最低缴费年限，但连同视同缴费年限达到了医疗保险最低缴费年限。这里的视同缴费年限为劳动者符合缴纳养老保险费条件但没有缴纳养老保险费的年限，如劳动者有劳动、人事部门的招用手续，由于劳动者个人原因或用人单位的原因没有缴纳养老保险费，或者劳动者在达到退休年龄时养老保险费已经达到了养老保险15年的最低缴费年限，劳动者可以补交养老保险费但没有补缴的情形。

（五）医疗保险缴费年限不足最低缴费年限，但连同视同缴纳养老保险费的年限达到了医疗保险最低缴费年限

劳动者符合退休条件时，尽管医疗保险的实际缴费年限不足医疗保险的最低缴费年限，但连同视同缴纳养老保险费的年限达到了医疗保险最低缴费年限。这里的视同缴费年限与视同养老保险的缴费年限一致。如原企业固定工、符合转招为合同制工人的计划内临时工、机关事业单位编制内职工的连续工龄和军龄等，都可以视同为养老保险的缴费年限。

三、退休人员享受基本医疗保险待遇，医疗保险实际缴费年限在累计缴费年限中的比重考量

城镇职工基本医疗保险实施之初，退休人员享受基本医疗保险待遇是没有累计缴费年限限定的，但随着时间的推移和医疗保险制度改革的不断完善，各地出台了退休人员享受基本医疗保险待遇累计缴费年限的限定：有的是男25年，女20年；有的是男30年，女25年。其中，对实际缴费年限的限定不一，如案例二中的江西省南昌市规定，退休人员享受基本医疗保险待遇，只要参加过基本医疗保险就达到了实际缴费年限的规定；又如案例三中的规定，退

休人员享受基本医疗保险待遇，实际缴费年限最低应为5年。在医疗保险行政争议中，涉及实际缴费年限的案件占了相当大的比重，本专题中的案例二就属于这种类型。

按照《社会保险法》第二十七条的规定，退休人员享受基本医疗保险待遇，不仅有累计缴费年限的限定，还有参加基本医疗保险的要求，应该说这对防范医疗保险基金风险起到了很好的稳定作用。案例二中的郑某尽管有25年可视同医疗保险的缴费年限，但其自2018年3月23日以灵活就业人员身份补缴1996年5月至2017年7月的养老保险费时，却没有补缴基本医疗保险，从而不符合《某市城镇职工基本医疗保险管理办法》中“之前从未办理过城镇职工基本医疗保险参保登记并缴费的”规定。《实施〈中华人民共和国社会保险法〉若干规定》第七条第一款规定：“社会保险法第二十七条规定的退休人员享受基本医疗保险待遇的缴费年限按照各地规定执行。”这表明，人力资源和社会保障部只是授权了退休人员享受基本医疗保险待遇最低缴费年限，但没有授权实际缴费年限，这就需要各地在制定退休人员享受基本医疗保险待遇实际缴费年限时有一个尺度的考量。《社会保险法》于2011年7月1日起实施，当时对退休人员享受基本医疗保险待遇的条件只是要求“参加”，并没有实际缴费年限的具体要求，各地在具体实施过程中，为了扩大基本医疗保险的覆盖面，避免个别用人单位和个人投机参保，结合本地实际规定了5年、10年、15年的实际缴费年限。笔者认为，这个实际缴费年限不宜规定过长，既应随着《社会保险法》的实施而有所调整，也应根据特殊群体而有所区别。

第五章

工伤保险争议

工伤保险是五项社会保险中法律性规范最多、行政管理和经办管理最复杂、争议最多、个案争议时间持续最长的险种。和其他社会保险险种一样，工伤保险分行政争议和劳动争议，但工伤保险行政争议不仅包括工伤认定的行政争议，而且包括工伤保险待遇支付的行政争议，涉及的问题很复杂，不仅考量着工伤保险行政机关和经办机构对法律法规和政策的把握，而且体现了劳动人事争议仲裁机构、司法机关的认知。

专题一　工伤保险待遇先行支付争议

工伤保险待遇先行支付这一具体行政行为规定在《社会保险法》第四十一条、《社会保险基金先行支付暂行办法》第六条第二款。实践中，工伤保险待遇先行支付争议最多的是对先行支付条件的理解。

案例一　建立工伤保险关系是先行支付的条件

案情简介

2014年6月12日，俞某在某建筑工程有限公司承建的蓄能电站厂房混凝土工程工地工作时受伤，经某市人力资源和社会保障局认定为工伤，2015年12月15日，经某省劳动能力鉴定委员会鉴定为七级伤残。某建筑工程有限公司未为俞某缴纳工伤保险，经俞某申请，某市劳动人事争议仲裁委员会裁决某建筑工程有限公司支付俞某各项工伤保险待遇合计260635.6元。某建筑工程有限公司向某市人民法院提起诉讼，某市人民法院判决某建筑工程有限公司支付俞某各项工伤保险待遇合计260635.6元。某建筑工程有限公司不服该判决，遂提起上诉，后判决驳回上诉，维持原判。因某建筑工程有限公司未履行判决书确定的义务，俞某向某市人民法院申请强制执行，执行过程中发现某建筑工程有限公司没有可供执行的财产，某市人民法院于2017年8月18日作出裁定终结该次执行程序。2018年1月10日，俞某向某市社会保障服务中心邮寄先行支付申请书及相关材料。2018年1月18日，某市社会保障服务中心认为俞某不符合先行支付条件，作出不予先行支付工伤保险待遇决定书。俞某对该决定不服，于2018年2月22日向某市人民法院提起行政诉讼，某市人民法院于2018年7月26日判决驳回俞某的诉讼请求。俞某于2018年9月14日向某县社保局邮寄先行支付申请书及相关材料，要求其先行支付其工伤保险待遇。

案件历程

（一）社会保险经办机构：不予受理

某县社会保险经办机构于2018年9月21日作出不予受理决定书。

俞某不服该不予受理决定，提起行政诉讼。

（二）一审法院：具体行政行为遵循一事不再理原则

一审法院认为，某市人民法院判决驳回俞某的诉讼请求，说明俞某的先行支付申请经过行政机关受理后并进行了实体处理，且行政行为的合法性得到人民法院生效判决的支持。工伤保险待遇先行支付的条件由法律、法规规定，不因当事人曾向其他行政机关申请就改变先行支付的条件，且俞某的申请经过行政机关受理并实体处理，不能因同样事由重复向被告提出申请。故某县社保局对俞某的申请作出的不予受理决定并无不当，俞某要求撤销的诉讼理由不能成立。

俞某不服，提起上诉。

（三）二审法院：先行支付的前提条件是建立工伤保险关系

二审法院认为，本案争议的焦点为上诉人是否符合工伤保险待遇先行支付条件，被上诉人对上诉人申请先行支付工伤保险的申请作出的不予受理决定是否合法。《社会保险法》第四十一条第一款规定，职工所在用人单位未依法缴纳工伤保险费，发生工伤事故的，由用人单位支付工伤保险待遇。用人单位不支付的，从工伤保险基金中先行支付。《人力资源社会保障部关于执行〈工伤保险条例〉若干问题的意见（二）》第七条规定，用人单位注册地与生产经营地不在同一统筹地区的，原则上应在注册地为职工参加工伤保险；未在注册地参加工伤保险的职工，可由用人单位在生产经营地为其参加工伤保险……职工受到事故伤害或者患职业病后，在参保地进行工伤认定、劳动能力鉴定，并按照参保地的规定依法享受工伤保险待遇；未参加工伤保险的职工，应当在生产经营地进行工伤认定、劳动能力鉴定，并按照生产经营地的规定依法由用人单位支付工伤保险待遇。《社会保险基金先行支付暂行办法》第六条规定："职工所在用人单位未依法缴纳工伤保险费，发生工伤事故的，用人单位应当采取措施及时救治，并按照规定的工伤保险待遇项目和标准支付费用。职工被认定为工伤后，有下列情形之一的，职工或者其近亲属可以持工伤认定决定书和有关材料向社会保险经办机构书面申请先行支付工伤保险待遇：（一）用人单位被依法吊销营业执照或者撤销登记、备案的；（二）用人单位拒绝支付全部或者部分费用的；（三）依法经仲裁、诉讼后仍不能获得工伤保险待遇，法院出具中止执行文书的；（四）职工认为用人单位不支付的其他情形。"根据以上规定，用人单位依法为职工参加工伤保险，与社会保险行政部门建立工伤保险关系后，未依法缴纳工伤保险费，并符合法律规定的其他条件的，才可以向社会保险经办机构申请工伤保险待遇先行支付。上诉人俞某的用人单位某建筑工程有限公司在企业注册地某县和生产经营地某市均未为其参加工伤保险，依据上述规定，上诉人不符合申请工伤保险待遇先行支付的条件，被上诉人对上诉人的先行支付工伤保险待遇的申请作出不予受理决定，并无不当。一审判决认定事实清楚，适用法律正确，程序合法。虽然一审判决的理由与本院不一致，但其判决驳回上诉人诉讼请求的法律适用结果是正确的，故应予以维持；上诉人的上诉理由不能成立，对其上诉请求本院不予支持。

俞某不服，申请再审。

（四）再审法院：参加工伤保险是先行支付的条件

再审法院认为，根据《社会保险基金先行支付暂行办法》第六条规定，用人单位依法为职工参加工伤保险，与社会保险行政部门建立工伤保险关系后，未依法缴纳工伤保险费，并符合法律规定的其他条件的，才可以向社会保险经办机构申请工伤保险待遇先行支付。俞某的用人单位某建筑工程有限公司在企业注册地未参加工伤保险，不符合申请工伤保险待遇先行支付的条件。故二审判决认定事实清楚，适用法律正确，程序合法。俞某的再审申请事由不能成立，本院不予支持。[①]

案例二　法院“终结本次执行程序”裁定具有司法中止执行文书的效力

案情简介

汤某2009年至2014年在某公司从事井下技安工作，2009年5月7日至2010年1月25日，汤某参加工伤保险。2015年8月25日，汤某经重庆市疾病预防控制中心诊断为患煤工尘肺职业病叁期。2016年1月13日，某县人力资源和社会保障局以某公司为用人单位认定汤某所患煤工尘肺职业病为工伤。之后，汤某的伤残等级被鉴定为伤残三级，无生活自理障碍。同年8月9日，某区劳动人事争议仲裁委员会受理汤某申请某公司工伤待遇争议一案，同年9月26日，该仲裁委裁决由某公司一次性支付汤某因工受伤后停工留薪期待遇45011元、一次性伤残补助金108974元、一次性工伤医疗补助金82800元、伤残津贴545818元、鉴定费400元、检查费80元、交通费600元，共计783683元。该仲裁裁决生效后，汤某向区人民法院申请执行，因被执行人某公司暂无其他可供执行财产，该院裁定终结仲裁裁决的本次执行程序。2018年10月8日，汤某向区社保局申请先行支付仲裁裁决确定的工伤待遇783683元。某公司已于2014年7月23日被政府公告关闭，但目前未注销。

① 案例取自四川省高级人民法院（2020）川行申457号行政裁定书。

案件历程

（一）社会保险经办机构：不予先行支付

2018年10月11日，区社保局根据《社会保险法》第四十一条、《社会保险基金先行支付暂行办法》第六条的规定，以汤某的申请不符合先行支付条件为由，决定不予先行支付汤某申请的相关待遇。

汤某对区社保局作出的不予先行支付的《通知》不服，起诉至法院。

（二）一审法院：法院出具终结本次执行程序裁定符合工伤保险基金先行支付条件

一审法院认为，本案争议焦点为：1.汤某是否符合申请工伤保险基金先行支付的条件；2.终结本次执行程序裁定是否是法律意义上的中止执行；3.汤某要求撤销《通知》的诉讼请求是否适当；4.汤某申请先行支付的工伤保险待遇是否属于工伤保险基金支付的范畴。

对于第一个焦点问题，《社会保险法》第四十一条、《社会保险基金先行支付暂行办法》第六条第二款规定明确了工伤保险基金先行支付的条件：一是用人单位未依法为职工缴纳工伤保险费；二是职工发生工伤事故；三是符合用人单位应支付工伤保险待遇而不支付或者无力支付情形。本案中，汤某因工作原因产生职业病，经工伤认定并鉴定为三级伤残，经仲裁、诉讼后，仍不能获得工伤保险待遇，在法院出具终结本次执行程序裁定的情况下，汤某已经符合工伤保险基金先行支付条件，其向区社保局申请先行支付工伤保险待遇，并无不当。区社保局称某公司已经名存实亡，若判决工伤保险基金先行支付，区社保局将无法按照《社会保险法》第四十一条第二款的规定行使追偿权，导致工伤保险基金流失，故主张汤某申请先行支付的工伤保险待遇不应支持。对于区社保局的该项主张，因能否实现追偿并不是工伤职工申请工伤保险基金先行支付的前置条件，也不是法定的要求，此理由于法无据，不予支持。

对于第二个焦点问题，终结本次执行程序是指在执行程序开始后，人民法院按照执行程序要求，履行了法定执行手续，采取了相应的强制措施，穷尽执行手段和方法，仍然无法使案件得以执结，在查明被执行人确无可供执行财产、暂无履行能力的情况下，执行工作暂时没有必要继续进行，由法院裁定本案执行程序阶段性终结，本执行案件即告结案，从而暂时结束执行程序的一种结案方式。该程序属于最高人民法院在执行工作改革中推出的一种新举措和新的结案方式，这是一种特殊的终结制度，其产生的法律后果是执行程序的暂时终结，而不是执行程序的全部终结。中止执行是指在执行过程中，由于发生某种无法克服的或难以避免的特殊情况而暂时停止执行，待中止原因消除后，执行程序继续进行，故中止执行也是执行程序的暂时中止，不是执行程序的终结。不难看出，终结本次执行裁定与中止执行裁定系两种不同的裁定文书，前者是执行程序的暂时结束，后者是执行程序的暂时中断；前者的被执行人已暂无可供执行财产；后者的被执行人可能存在可执行财产，只是发生中止原因，暂不执行。工伤保险先行支付制度设置的目的是避免工伤职工因用人单位的违法行为而导致无法享受工伤保险待遇，从而承受工伤的风险，在法院出具中止执行裁定的情况下，工伤职工尚能申请工伤保险基金先行支付，那么，在法院终结本次执行程序的情况下，更能说明用人单位无支付能力。在此情况下，工伤保险基金更应先行支付，方能体现制度设立之初衷。因此，终结本次执行程序的裁定虽不属于《社会保险基金先行支付暂行办法》第六条第二款第三项的中止执行文书，但应属于《社会保险基金先行支付暂行办法》第六条第二款第四项规定的范畴，汤某据此申请工伤保险基金先行支付，其与《社会保险基金先行支付暂行办法》第六条第二款第三项的规定并不矛盾。

对于第三个焦点问题，区社保局对汤某的申请作出《通知》进行回复，且明确载明核定不予支付的理由和依据以及申请复议、诉讼的权利，基于此，《通知》已经不仅仅是一般意义上的告知而已，而是对汤某申请作出的决定，对汤某的实体权利也产生了影响，属可诉的行政行为。汤某对《通知》不服，起诉要求撤销《通知》，并无不当。

就第四个焦点问题，《社会保险法》第三十八条规定：“因工伤发生的下列费用，按照国家规定从工伤保险基金中支付：（一）治疗工伤的医疗费用和康复费用；（二）住院伙食补助费；（三）到统筹地区以外就医的交通食宿费；（四）安装配置伤残辅助器具所需费用；（五）生活不能自理的，经劳动能力鉴定委员会确认的生活护理费；（六）一次性伤残补助金和一至四级伤残职工按月领取的伤残津贴；（七）终止或者解除劳动合同时，应当享受的一次性医疗补助金；（八）因工死亡的，其遗属领取的丧葬补助金、供养亲属抚恤金和因工死亡补助金；（九）劳动能力鉴定费。”《社会保险基金先行支付暂行办法》第八条规定：“用人单位未按照第七条规定按时足额支付的，社会保险经办机构应当按照社会保险法和《工伤保险条例》的规定，先行支付工伤保险待遇项目中应当由工伤保险基金支付的项目。”根据前述规定，工伤职工申请先行支付的工伤保险待遇项目必须属于工伤保险基金支付的范畴。本案中，汤某申请区社保局先行支付的783683元中包括停工留薪期待遇45011元，因停工留薪待遇不属于工伤保险基金支付范畴，故不予支持；对于其余项目，汤某申请工伤保险基金先行支付，并无不当。对于汤某申请的符合工伤保险基金先行支付条件项目应获得的具体数额，其审核权在工伤保险经办机构，因司法权不能替代行政权，故汤某获得的工伤保险基金先行支付数额应以区社保局审核金额为准。

区社保局上诉称，某公司2014年7月23日被关闭，说明汤某进行职业病诊断和工伤认定时，该用人单位早已名存实亡，故本局无法启动正常追偿程序。且中止执行程序与终结本次执行程序属不同程序，原审法院认定事实和适用法律均错误，请求二审法院依法改判。

（三）二审法院：终结本次执行程序的执行裁定文书可以作为先行支付的依据，能否实现追偿不能作为先行支付的前置条件

二审法院认为，根据《社会保险法》的规定，社会保险待遇包括工伤保险待遇、基本养老保险待遇等，其支付职责依法由社会保险经办机构履行。区社保局作为重庆市开州区行政区域内社会保险经办机构，依法具有工伤保

险待遇审核、支付等职责。本案中，汤某因工作原因发生职业病被认定为工伤并鉴定为叁级伤残，而其用人单位某公司未依法为其缴纳工伤保险费用，后经仲裁确认由某公司支付其工伤保险待遇。该仲裁裁决生效后，汤某申请法院强制执行。因被执行人某公司暂无其他可供执行财产，区人民法院裁定终结本次执行程序。此表明，汤某被认定为工伤后，依法经仲裁后仍不能获得工伤保险待遇，法院对此已出具裁定终结本次执行程序的执行裁定书，根据《社会保险基金先行支付暂行办法》第六条第二款规定，其向区社保局申请先行支付工伤保险待遇并无不当。同时，法院执行裁定书还表明，汤某用人单位对其工伤保险待遇不支付的事实，按上述规定，区社保局应将汤某工伤保险待遇纳入先行支付范围。区社保局作出的关于对汤某申请核定不予先行支付的《通知》错误，原审法院判决撤销《通知》正确。

关于区社保局称中止执行程序与终结本次执行程序属于两个不同程序，汤某不能经终结本次执行程序的执行裁定书申请工伤保险待遇先行支付的问题。对此，区社保局的认识有误。终结本次执行程序属于最高人民法院在执行工作改革中推出的一种执行新举措和新的结案方式，为一种特殊的终结制度，其产生的法律后果是执行程序暂时终结。而中止执行也只是执行程序的暂时中止，不是执行程序的终结。随着司法改革的深入，最高人民法院已通过《关于执行案件立案、结案若干问题的意见》将终结本次执行程序作为常规结案方式。故原审法院认为将终结本次执行程序的执行裁定文书作为对汤某申请进行先行支付的依据，与《社会保险基金先行支付暂行办法》第六条第二款中由法院出具中止执行文书的规定并不矛盾。

区社保局称汤某进行职业病诊断和工伤认定时，某公司早已关闭，名存实亡，致该局无法启动正常追偿程序，无法先行支付。对此，某公司虽于2014年7月23日被县人民政府公告关闭，但该公司工商登记并未被注销，仍具有法人资格。同时，《社会保险法》及《社会保险基金先行支付暂行办法》并未将能否实现追偿作为工伤保险基金先行支付的前置条件。区社保局上述理由不成立，本院不予支持。

区社会保险局不服，申请再审。

（四）再审法院：驳回再审申请

再审法院认为，《社会保险法》第四十一条第一款规定，职工所在用人单位未依法缴纳工伤保险费，发生工伤事故的，由用人单位支付工伤保险待遇；用人单位不支付的，从工伤保险基金中先行支付。《社会保险基金先行支付暂行办法》第六条第二款规定，职工被认定为工伤后，有下列情形之一的，职工或者其近亲属可以持工伤认定决定书和有关材料向社会保险经办机构书面申请先行支付工伤保险待遇：1.用人单位被依法吊销营业执照或者撤销登记、备案的；2.用人单位拒绝支付全部或者部分费用的；3.依法经仲裁、诉讼后仍不能获得工伤保险待遇，法院出具中止执行文书的；4.职工认为用人单位不支付的其他情形。本案中，区社保局以及汤某向人民法院提交并举示的证据足以证明：汤某系某公司工人，某公司未依法为其足额缴纳工伤保险费。因汤某经仲裁、诉讼后仍不能获得工伤保险待遇，区人民法院出具终结仲裁裁决的本次执行程序裁定。汤某据此向区社保局提出先行支付工伤保险待遇的申请，符合上述规定，区社保局依法应当将汤某工伤保险待遇纳入先行支付范围。区社保局应对汤某申请的工伤保险待遇项目、金额依法审核后予以支付。[①]

案例三　用人单位未参加工伤保险，其生产经营地的社会保险经办机构有履行先行支付的职责

案情简介

郝某系北京某装饰公司职工。2013年6月14日，郝某受公司指派从事装修工作，于17时20分左右从工作梯上摔下，导致身体受到伤害。北京某装饰公司注册地为北京，在某市未设立分支机构，且未在某市进行社保登记，亦未为郝某在某市缴纳工伤保险。2014年1月7日，某市人力资源和社

① 案例取自重庆市高级人民法院（2019）渝行申578号行政裁定书。

会保障局认定郝某属工伤。2015年8月25日，劳动人事争议仲裁委员会裁决北京某装饰公司支付郝某医疗期间工资79666.67元、一次性伤残补助金80000元、一次性伤残就业补助金200000元、一次性工伤医疗补助金40000元、鉴定费4000元。因北京某装饰公司未支付工伤待遇，郝某遂向某市社会保险基金管理局提交《工伤待遇垫付申请书》，申请某市社保基金管理局在工伤保险基金内先行垫付工伤赔偿费用以及部分后续治疗费，并且一并提交了身份证、授权委托书、仲裁裁决书、查证结果通知书、失信被执行人发布决定书、执行裁定书、《工伤认定书》、劳动能力鉴定结论等证据材料。

案件历程

（一）社会保险经办机构：不予先行支付

某市社保基金管理局经审查认为，郝某所属的北京某装饰公司未在某市进行工商注册，不在某市社会保险基金管理局负责的行政区域，郝某的申请不符合《工伤保险条例》第五条和《某省工伤保险条例》第五条的规定，于2015年12月28日作出《不予先行支付待遇告知书》，不予先行支付郝某的工伤待遇。

郝某不服，提起行政诉讼。

（二）一审法院：在未依法缴纳工伤保险费且拒不支付工伤待遇的情况下，工伤职工应向该企业注册登记地的社会保险经办机构申请先行支付

一审法院认为，工伤保险的属地管理，主要是指以用人单位的注册地为社保登记地来进行管理，工伤保险费的征缴和工伤保险基金的支付主要由企业所在地的社会保险经办机构负责。《社会保险法》第五十七条第一款明确规定，用人单位应当自成立之日起30日内凭营业执照、登记证书或者单位印章，向

当地社会保险经办机构申请办理社会保险登记。《某省工伤保险条例》第十二条也规定，用人单位应当在职工发生事故伤害或者按照职业病防治法规定被诊断、鉴定为职业病后的第一个工作日，通知参加工伤保险所在地市、县（区）社会保险行政部门及其参保的社会保险经办机构。并且，根据《某省工伤保险条例》第四十五条、第四十七条的规定，工伤保险基金按照以支定收、收支平衡的原则筹集，实行地级以上市统筹。本案中，郝某所属单位的注册地在北京，未在某市设立分支机构，亦未在某市进行社保登记，其不属于某市管辖范围内的企业，对其工伤保险费的征收以及该公司职工工伤保险待遇的支付不应由某市社会保险经办机构负责。郝某的工伤虽然由某市人力资源和社会保障局调查并认定，但是工伤认定与工伤保险待遇的支付属于不同的事项，工伤认定由社会保险行政部门负责，在作出认定前需要进行必要的调查取证，为方便职工申请和行政机关调查取证，《某省工伤保险条例》第十二条第二款规定，未参加工伤保险的职工，其工伤认定可以由生产经营所在地社会保险行政部门负责，但不能据此认为工伤保险待遇的支付也应当由作出工伤认定地区的社会保险经办机构负责。虽然《社会保险基金先行支付办法》第四条、《社会保险法》第四十一条第二款以及《某省工伤保险条例》第四十一条第二款均规定，职工可以申请先行支付，但是该条款的适用仍然要遵循前述属地管理的原则，在所在单位未依法缴纳工伤保险费且拒不支付工伤待遇的情况下，工伤职工可以向该企业注册登记地的社会保险经办机构申请。因此，郝某的上述主张系对法律理解有误，本院不予采纳。

郝某不服，遂提起上诉。

（三）二审法院：先行支付的前提是不予支付、不能支付，目的是解决工伤职工待遇保障问题

二审法院认为，本案的争议焦点是被上诉人不予先行支付郝某的工伤保险待遇是否合法。首先，上诉人提交的仲裁裁决书可以认定上诉人与北京某装饰公司存在事实劳动关系，且某市人力资源和社会保障局已于2014年1月7日行使对上诉人工伤认定申请的管辖权并认定上诉人属于工伤。相应的工伤

保险待遇事项应属于本市社会保险经办机构法定职责范围，唯有如此保持管辖权的一致，才可以实现保护本市辖区工伤职工合法权益的目的。其次，《社会保险法》第四十一条、第六十三条，《某省工伤保险条例》第四十一条第三款，《社会保险基金先行支付暂行办法》第十三条均规定了社会保险经办机构在先行支付工伤保险待遇后的追偿权和追偿程序。因此，法律法规并没有规定仅有用人单位工商注册地社会保险经办机构才可行使先行支付工伤保险待遇追偿权。作出先行支付工伤保险待遇的社会保险经办机构，即获得对用人单位进行追偿的法定职权，追偿的事实基础是先行支付工伤保险待遇，追偿程序依据明确，被上诉人可以在先行支付工伤保险待遇后进行追偿。最后，工伤保险基金先行支付工伤保险待遇制度，目的就是解决用人单位未依法缴纳工伤保险费时应当自行承担工伤保险待遇而不支付的各种情形的工伤职工待遇保障问题。上诉人的用人单位在本市从事经营活动而未依法缴纳工伤保险费，经过诉讼执行仍不支付工伤保险待遇，上诉人因此申请工伤保险基金先行支付工伤保险待遇，并未超出先行支付工伤保险待遇法定情形范围，没有为工伤保险基金增加法定责任以外的负担。被上诉人对上诉人的申请作出不予先行支付行政行为，不符合法律法规和规章规定，应当予以撤销。

某市社保局不服，申请再审。

（四）再审法院：驳回再审申请

再审法院认为，北京某装饰公司的注册地在北京，生产经营地在某市，两地不在同一社会保险统筹地区，双方当事人对于郝某的工伤保险待遇应由何地社会保险经办机构先行支付存在争议，故本案重点对此进行审查。关于用人单位在未为职工购买工伤保险的情况下，职工的工伤保险待遇应当由用人单位注册地还是生产经营地的社会保险经办机构先行支付的问题，相关法律、法规及规章均未作出明确规定。但是，设立先行支付工伤保险待遇制度是为了保障职工受到工伤事故后，在用人单位未依法缴纳工伤保险费且拒绝支付相关费用的情形下，最大限度地使其及时得到救助。且《人力资源社会保障部关于执行〈工伤保险条例〉若干问题的意见（二）》第七条第一款规定：

“用人单位注册地与生产经营地不在同一统筹地区的，原则上应在注册地为职工参加工伤保险；未在注册地参加工伤保险的职工，可由用人单位在生产经营地为其参加工伤保险。”第七条第三款规定：“职工受到事故伤害或者患职业病后，在参保地进行工伤认定、劳动能力鉴定，并按照参保地的规定依法享受工伤保险待遇；未参加工伤保险的职工，应当在生产经营地进行工伤认定、劳动能力鉴定，并按照生产经营地的规定依法由用人单位支付工伤保险待遇。”据此，可以明确北京某装饰公司可在某市为郝某参加工伤保险，在北京某装饰公司未为郝某参加工伤保险的情况下，郝某在涉案事故发生后应当在某市进行工伤认定、劳动能力鉴定，并按照生产经营地的规定依法由北京某装饰公司支付工伤保险待遇。事实上，郝某的工伤认定、劳动能力鉴定和法院的强制执行已经在某市进行，在北京某装饰公司无法向郝某支付工伤保险待遇的情况下，其工伤保险待遇由某市社保局按照某市的规定先行支付，与上述意见第七条第三款的规定相符并且是合理可行的。而且，由用人单位生产经营地的社保经办机构对职工的工伤保险待遇先行支付，既可以保障职工的工伤保险待遇按照用人单位生产经营地的规定得到及时计算和支付，确保统筹地区工伤认定和计算支付统一，也能促使用人单位生产经营地的社保机构能够及时有效履行社会保险的各项职责，符合行政法上权责一致的原则。故某市社保局作出被诉《不予先行支付待遇告知书》，对郝某的工伤保险待遇不予先行支付，与上述意见的规定不相符，亦不符合行政法上权责一致的原则，依法应予撤销。[①]

案例四　用人单位未参加工伤保险是先行支付的条件

案情简介

2007年8月起，项某在采石公司从事透辉石破碎工作。2012年5月2日，

① 案例取自广东省高级人民法院（2019）粤行申82号行政裁定书。

项某被某市疾病预防控制中心诊断为矽肺贰期，5月22日，采石公司为项某参加工伤保险。2013年7月3日，项某向某市人力资源和社会保障局申请工伤认定，8月23日，某市人力资源和社会保障局认定项某为工伤；10月10日，某市劳动能力鉴定委员会对项某进行劳动能力进行鉴定，结论为：劳动功能障碍肆级。2013年9月9日，项某入院，本次住院费用4152.20元，伤残鉴定费320元。2014年4月25日，采石公司以邮寄的方式向某区社保管理中心书面提出《关于要求依法支付项某工伤保险待遇的报告》，某区社保管理中心未予答复。2014年10月27日，项某通过网络平台“市长信箱”向某区社保管理中心提出《恳请督促某区社保支付职业病患者工伤待遇（矽肺）问题》，11月5日，某区社保管理中心通过“市长信箱”回复“2012年5月2日，您经某市疾病预防控制中心诊断为患职业病，诊断结论为矽肺贰期。采石公司于2012年5月22日为您参加工伤保险，根据工伤保险参保次日生效原则，工伤事故发生后再参保，所有费用由单位承担”。项某不服某区社保管理中心的答复，于2015年1月4日提起诉讼，请求判决某区社保管理中心支付项某的工伤保险待遇：一次性伤残补助金63000元，按月支付伤残津贴2250元，医疗费用4152.20元，住院伙食补助费180元，伤残鉴定费320元。经审理，法院于2015年3月25日作出（2015）延行初字第3号行政判决书，以“《某省工伤保险几个政策问题的处理意见》第四条第四款‘用人单位隐瞒职工职业病史、弄虚作假或因用人单位未按职业病防治法要求对职工进行定期体检等原因造成职业病的人员按健康人员参加工伤保险，在三年内被诊断、鉴定为职业病的，该职业病职工的工伤保险待遇由用人单位支付’的规定，项某享受的工伤保险待遇，依法应当由用人单位即采石公司予以支付”为由，判决驳回项某的诉讼请求。项某不服判决，提出上诉，二审法院经审理后，于2015年6月19日判决驳回上诉，维持原判。2015年9月24日，项某向某区劳动争议仲裁委员会申请仲裁，11月18日，项某与采石公司达成仲裁调解协议。因采石公司未按照仲裁调解协议履行义务，项某于2015年12月16日向法院申请强制执行该仲裁调解协议。法院在执行过程中，经过财产调查未发现被执行人采石公司有可供执行的财产，于2016年5月20日作出（2015）延执字第4127号执行裁定书，终结本次执行程序。2016年9月30日，项某向某区社保管理中心邮寄《关于要求依法先予支付（享受）项某工伤保险待遇的报告》等相关材料，要求某区社保管理中心先行支付其工伤保险待遇。

案件历程

（一）社会保险经办机构：不予先行支付

2017年3月14日，某区社保管理中心作出《关于对项某提询社保基金先行支付的意见答复函》，以市政府未出台工伤保险基金先行支付实施细则为由不予先行支付。

项某不服，诉至法院。

（二）一审法院：用人单位未依法缴纳工伤保险费且不能支付工伤待遇的情况下，社会保险经办机构应当按照规定先行支付

一审法院认为，本案争议的焦点：一是项某要求被告先行支付工伤保险待遇是否符合《社会保险基金先行支付暂行办法》规定的条件；二是被告以社会保险基金统筹地区未出台工伤保险待遇先行支付实施细则能否成为其拒绝办理的理由。

关于第一个焦点问题，项某的工伤保险待遇未得到用人单位采石公司的支付，根据《社会保险基金先行支付暂行办法》第十五条“用人单位不支付依法应当由其支付的工伤保险待遇项目的，职工可以依法申请仲裁、提起诉讼”的规定，项某依法经仲裁、法院的强制执行后，采石公司无财产可供执行，法院作出的终结本次执行程序的执行裁定，证明项某未获得工伤保险待遇，项某已穷尽了法律规定的救济途径。根据《社会保险基金先行支付暂行办法》第六条第二款“职工被认定为工伤后，有下列情形之一的，职工或者其近亲属可以持工伤认定决定书和有关材料向社会保险经办机构书面申请先行支付工伤保险待遇……（三）依法经仲裁、诉讼后仍不能获得工伤保险待

遇，法院出具中止执行文书的”的规定，项某符合先行支付工伤保险待遇的条件。

关于第二个焦点问题，《社会保险法》《社会保险基金先行支付暂行办法》对工伤保险待遇先行支付已作出了明确的规定。根据《社会保险基金先行支付暂行办法》第七条“社会保险经办机构收到职工或者其近亲属根据第六条规定提出的申请后，应当在3个工作日内向用人单位发出书面催告通知，要求其在5个工作日内予以核实并依法支付工伤保险待遇，告知其如在规定期限内不按时足额支付的，工伤保险基金在按照规定先行支付后，取得要求其偿还的权利”、第八条“用人单位未按照第七条规定按时足额支付的，社会保险经办机构应当按照社会保险法和《工伤保险条例》的规定，先行支付工伤保险待遇项目中应当由工伤保险基金支付的项目”的规定，被告以社会保险基金统筹地区未出台工伤保险待遇先行支付的相关规定，拒绝受理和先行支付的理由，不能成立。某区社保管理中心应当按照《工伤保险条例》《社会保险基金先行支付暂行办法》的规定，先行支付项某的工伤保险待遇。

某区社保管理中心不服，提出上诉。

（三）二审法院：社会保险经办机构属于“顾左右而言他”的不作为行为

二审法院认为，根据《社会保险法》第四十一条第一款的规定，被上诉人发生工伤事故后，用人单位采石公司不支付被上诉人应享有的工伤保险待遇，案经依法仲裁、法院强制执行，仍未获得用人单位应当支付的工伤保险待遇，并且法院已经作出终结本次执行程序的执行裁定，认定采石公司目前无财产可供执行，因此被上诉人符合先行支付工伤保险待遇的条件。上诉人主张本案原审归纳的争议焦点错误，争议的焦点不是被上诉人是否符合先行支付工伤保险待遇的条件，应当是被上诉人是否依法提出先行支付的申请、上诉人是否受理，只有在被上诉人依法申请且经上诉人受理后，才能审查被上诉人是否符合先行支付工伤保险待遇的条件。经审查，被上诉人一段时间以来，多次以到上诉人处提交材料及邮寄材料的方式向上诉人提出申请，上诉人认为申请方式有欠缺，也应当由上诉人予以释明指导，将上诉人在二审中向法庭提交的申请表等材料交被上诉人填写。更何况，被上诉人在法庭上明确表示随时可以按上诉人的规范要求提交材料。因此，本案不存在被上诉人不申请的问题，上诉人认为需要在申请时规范提交的材料，可以要求被上诉人提交，但在被上诉人按照上诉人的要求提交材料的情形下，上诉人应当为被上诉人履行先行支付的经办职责。上诉人还提出已经对被上诉人作出《关于对项某提询社保基金先行支付的意见答复函》，并且该答复并没有拒绝办理先行支付，只是陈述该项工作在当地开展情况及对申请的要求。经审查，被上诉人在答复函中所陈述的“至今无条件启动向财政申请工伤保险基金先行支付的经办工作”等内容明显具有拒绝办理先行支付之意。综上，本案已经查明被上诉人多次向上诉人提交材料申请先行支付，本案争议的问题不是被上诉人是否提出申请，对此进行裁判已无意义，不能解决争议的问题。上诉人还提出，本案用人单位有支付能力，所以应当追加用人单位为第三人。经审查，本案争议的内容为是否应当先行支付，因此用人单位是否已经支付或有支付能力应当以仲裁、法院执行文书为依据，不需要追加用人单位为第三人。

某区社保管理中心不服，申请再审。

（四）再审法院：驳回再审申请

再审法院认为，本案中，被申请人于2016年9月30日向申请人提交《关于要求依法先予支付（享受）项某工伤保险待遇的报告》及相关材料，请求申请人先行支付其工伤保险待遇，申请人于2017年3月13日作出《答复函》表示“某市政府未出台工伤保险基金先行支付实施细则，至今无条件启动向财政申请工伤保险基金先行支付的经办工作”等内容，具有拒绝办理被申请人所申请的工伤保险待遇先行支付的意思，被申请人对申请人拒绝先行支付的行政行为不服，依法提起诉讼，请求人民法院判决申请人履行从工伤保险基金中先行支付工伤保险待遇的职责，其起诉符合法定条件，属于人民法院行政诉讼受案范围。申请人关于被申请人的诉请不属于人民法院受案范围，应当裁定驳回起诉的主张，理由不能成立。《社会保险法》第四十一条第一款规定："职工所在用人单位未依法缴纳工伤保险费，发生工伤事故的，由用人单位支付工伤保险待遇。用人单位不支付的，从工伤保险基金中先行支付。"《社会保险基金先行支付暂行办法》第六条第二款规定："职工被认定为工伤后，有下列情形之一的，职工或者其近亲属可以持工伤认定决定书和有关材料向社会保险经办机构书面申请先行支付工伤保险待遇……（二）用人单位拒绝支付全部或者部分费用的；（三）依法经仲裁、诉讼后仍不能获得工伤保险待遇，法院出具中止执行文书的……"本案中，被申请人所在用人单位未依法缴纳工伤保险费，被申请人发生工伤事故后所受伤害被依法认定为工伤，其与用人单位的工伤保险待遇支付争议经仲裁调解达成协议后，用人单位没有履行该仲裁调解协议，被申请人向人民法院申请强制执行该仲裁调解协议，人民法院经执行未发现用人单位有可供执行的财产而出具终结本次执行的裁定书。因此，被申请人请求申请人从工伤保险基金中先行支付工伤保险待遇，符合上述法定条件。[①]

评析与思考

工伤保险待遇先行支付由于缺少关于具体操作的法律性规范，实践中，劳动者维权不仅经历的时间周期较长，而且所经历的法律程序也较为复杂。一般来说，工伤保险待遇先行支付争议是行政争议，但在这看似单纯的行政争议之前，往往会涉及劳动关系认定、工伤认定、工伤保险待遇支付等错综复杂的行政争议和劳动争议。案例一就是一个典型的工伤保险待遇先行支付的争议案件。

通过上面四个案例，我们发现，关于工伤保险待遇先行支付涉及四个方面的问题：对于"用人单位未依法缴纳工伤保险费"的理解；对于司法机关中止文书与终结文书的理解；社会保险经办机构先行支付工伤保险待遇后的追偿是否影响先行支付；在用人单位没有缴纳工伤保险的情况下，由用人单

① 案例取自福建省高级人民法院（2019）闽行申47号行政裁定书。

位注册地还是生产经营地的社会保险经办机构先行支付。

一、对于“用人单位未依法缴纳工伤保险费”的理解

《社会保险法》第四十一条第一款规定：“职工所在用人单位未依法缴纳工伤保险费，发生工伤事故的，由用人单位支付工伤保险待遇。用人单位不支付的，从工伤保险基金中先行支付。”《社会保险基金先行支付暂行办法》第六条第一款规定：“职工所在用人单位未依法缴纳工伤保险费，发生工伤事故的，用人单位应当采取措施及时救治，并按照规定的工伤保险待遇项目和标准支付费用。”实践中，对于“用人单位未依法缴纳工伤保险费”有不同的理解。案例一中的司法机关认为，申请先行支付条件之一就是用人单位与社会保险经办机构建立工伤保险关系后未依法缴纳工伤保险费；案例三和案例四则把用人单位没有为工伤职工缴纳工伤保险费作为先行支付的条件，至于是否进行社会保险登记、是否实际缴纳过工伤保险费则在所不问。根据社会保险经办机构实践，笔者认为，用人单位未依法缴纳工伤保险费存在四种情形：一是用人单位未进行社会保险登记、未缴纳过工伤保险费；二是用人单位进行了社会保险登记，但是没有缴纳过工伤保险费；三是用人单位进行了社会保险登记，也缴纳过工伤保险费，但在申请工伤保险待遇先行支付前用人单位缴纳工伤保险费有中断；四是用人单位进行了社会保险登记，缴纳了工伤保险费，但没有足额缴纳工伤保险费。只要用人单位存在上述四种情形之一，就应该视为用人单位未依法缴纳工伤保险费。因此，工伤保险待遇先行支付的条件之一就是只要用人单位未依法缴纳工伤保险费就具备了工伤保险待遇先行支付的条件，而不是像案例一中的用人单位与社会保险经办机构事先建立工伤保险关系。

二、司法机关中止文书对先行支付的法律效果

《社会保险基金先行支付暂行办法》第六条第二款规定：“职工被认定为工

伤后，有下列情形之一的，职工或者其近亲属可以持工伤认定决定书和有关材料向社会保险经办机构书面申请先行支付工伤保险待遇：（一）用人单位被依法吊销营业执照或者撤销登记、备案的；（二）用人单位拒绝支付全部或者部分费用的；（三）依法经仲裁、诉讼后仍不能获得工伤保险待遇，法院出具中止执行文书的；（四）职工认为用人单位不支付的其他情形。”裁审实践中，法院出具的不能执行的文书往往不是《社会保险基金先行支付暂行办法》第六条第二款第三项规定的“中止执行文书”，而是像案例一、案例二、案例四中的“终结本次执行程序”的《执行裁定书》，那么终结本次执行裁定是否符合《社会保险基金先行支付暂行办法》第六条第二款第三项规定的“中止执行文书”的规定？或者说终结本次执行裁定是否达到了与中止执行裁定一样的效果？该问题在本专题案例二中已有阐述，此处不赘。

三、社会保险经办机构先行支付工伤保险待遇后的追偿是否影响先行支付

《社会保险法》第四十一条第二款规定：“从工伤保险基金中先行支付的工伤保险待遇应当由用人单位偿还。用人单位不偿还的，社会保险经办机构可以依照本法第六十三条的规定追偿。”第六十三条规定：“用人单位未按时足额缴纳社会保险费的，由社会保险费征收机构责令其限期缴纳或者补足。用人单位逾期仍未缴纳或者补足社会保险费的，社会保险费征收机构可以向银行和其他金融机构查询其存款账户；并可以申请县级以上有关行政部门作出划拨社会保险费的决定，书面通知其开户银行或者其他金融机构划拨社会保险费。用人单位账户余额少于应当缴纳的社会保险费的，社会保险费征收机构可以要求该用人单位提供担保，签订延期缴费协议。用人单位未足额缴纳社会保险费且未提供担保的，社会保险费征收机构可以申请人民法院扣押、查封、拍卖其价值相当于应当缴纳社会保险费的财产，以拍卖所得抵缴社会保险费。”由以上规定可知，作出先行支付工伤保险待遇的社会保险经办机构自然取得对用人单位进行追偿的权利，因为追偿的事实基础是已经先行支付工伤保险待遇，且追偿程序明确，工伤保险待遇支付后是否能够追偿并不作

为先行支付的条件和前提。毋庸讳言，作为工伤保险经办机构，工伤保险费是否能够追偿是其在工伤保险待遇先行支付之前考虑最多的一个问题。这个问题不仅涉及是否能够追回、如何追回、追回成本的问题，还涉及民事案件执行过程中管辖权的问题，案例三就是一个典型的案例。笔者认为，工伤保险待遇先行支付只要具备了《社会保险基金先行支付暂行办法》第六条第二款规定的先行支付条件，工伤保险经办机构就应当进行先行支付，而不应把是否能够追偿作为工伤保险待遇先行支付的条件，至于工伤保险的征收及偿付的属地管辖权、先行支付对工伤保险基金风险的影响程度、用人单位是否在本地参加并缴纳了工伤保险费均不是工伤保险经办机构在工伤保险先行支付前拒绝先行支付的理由。

对于用人单位被注销、主体资格灭失的情形，社会保险经办机构先行支付也没有障碍。这是因为：第一，先行支付的情形应以《社会保险基金先行支付暂行办法》第六条第二款为依据进行审查，而非以是否能够实际追偿为前提。《社会保险法》第四十一条第一款的立法目的是在发生工伤事故伤害时，最大限度地保障劳动者的合法权益和救济途径。《社会保险基金先行支付暂行办法》只是对上述规定在办理和审查程序上的细化，是为了使工伤保险基金先行支付制度在实操中得以更好地实施。第二，如果用人单位被注销，社会保险经办机构可以在先行支付前向原用人单位的股东或清算义务人进行催告。如果仅以用人单位被注销无法履行书面催告程序为由而不予先行支付，相当于无形中限缩了劳动者的救济权利，为用人单位增加了逃避履行工伤事故赔偿责任的途径，与《社会保险法》的立法精神相悖。第三，用人单位被注销，并不必然等于社会保险经办机构在工伤保险基金先行支付后丧失了求偿权。依据《公司法》以及相关法律规定，股东对注销时未清算的债务承担连带责任，因此社会保险经办机构可以在先行支付后向原用人单位的股东或清算义务人等进行追偿。因此，社会保险经办机构不能以用人单位被注销为由不予受理或不予先行支付工伤职工的工伤保险待遇。

四、在用人单位注册地和生产经营地均没有缴纳工伤保险的情况下，先行支付职责的履行问题

案例三是先行支付的特例。案例中，用人单位未依法为劳动者缴纳工伤保险，用人单位注册地在北京，生产经营地在某市，两地不在同一统筹地区，劳动者在生产经营地被认定为工伤后经诉讼执行用人单位仍不支付工伤保险待遇的情况下，工伤保险待遇应由何地社会保险经办机构先行支付，法律、法规及规章均未作出明确规定。但人力资源社会保障部对于用人单位注册地、生产经营地不在同一统筹地区如何参加工伤保险，以及如何享受工伤保险待遇却有明确的法律性规范。《人力资源社会保障部关于执行〈工伤保险条例〉若干问题的意见（二）》第七条第一款规定："用人单位注册地与生产经营地不在同一统筹地区的，原则上应在注册地为职工参加工伤保险；未在注册地参加工伤保险的职工，可由用人单位在生产经营地为其参加工伤保险。"第七条第三款规定："职工受到事故伤害或者患职业病后，在参保地进行工伤认定、劳动能力鉴定，并按照参保地的规定依法享受工伤保险待遇；未参加工伤保险的职工，应当在生产经营地进行工伤认定、劳动能力鉴定，并按照生产经营地的规定依法由用人单位支付工伤保险待遇。"回到案例三，在北京某装饰公司未为郝某参加工伤保险的情况下，郝某在涉案事故发生的生产经营地某市进行了工伤认定、劳动能力鉴定，应当按照生产经营地的规定依法由北京某装饰公司支付工伤保险待遇。事实上，法院的强制执行已经在某市进行，在北京某装饰公司无法向郝某支付工伤保险待遇的情况下，其工伤保险待遇由某市社保局按照该市的规定先行支付，与上述意见第七条第三款的规定相符并且是合理可行的。设立先行支付制度的目的是保障职工在受到工伤后最大限度地及时得到救助。由用人单位生产经营地的社会保险经办机构对职工的工伤保险待遇先行支付，既可以保障职工的工伤保险待遇按照用人单位生产经营地的规定得到及时计算和支付，确保统筹地区工伤认定和计算支付统一，也能促使用人单位生产经营地的社保机构及时有效履行社会保险的各项职责，符合行政法上权责一致的原则。

专题二　工伤保险待遇支付争议

由于工伤职工受到事故伤害可能由第三人侵权引起，也可能因为用人单位为职工参加了人身意外伤害保险或其他性质的福利性保险，在职工发生事故伤害后，由于第三人或商业保险公司支付了工伤职工相关的费用，用人单位以此为由不支付或少支付工伤职工的工伤保险费用的现象屡见不鲜，由此引发工伤保险待遇的支付争议。

案例　职工获得单位为其购买的人身意外险赔付后，仍有权主张工伤保险待遇

案情简介

2011年11月，水湾公司（化名）与鑫隆公司（化名）签订委托招聘合同，约定由鑫隆公司为水湾公司名下6艘船舶招聘远洋船员。2012年7月8日，泮某与鑫隆公司签订大管轮聘用合同，约定鑫隆公司招聘泮某为远洋大管轮职务船员，鑫隆公司负责为泮某投保人身意外险，如在聘用期内发生因工伤亡，按有关意外保险条款执行。2012年8月22日，水湾公司作为投保人，为包括泮某在内的48名船员向人保公司投保团体意外伤害保险，保障项目为额外身故、残疾、烧伤给付，每人保险金额为60万元。2012年9月，泮某等14名船员被派遣至轮上进行远海捕鱼作业。2013年8月5日，轮船遇险侧翻。2014年1月16日，泮某被甲县人民法院宣告死亡。人保公司向泮某近亲属实际支付了泮某身故赔偿金60万元。2014年12月10日，乙区人民法院判决，确认水湾公司与泮某存在劳动关系。2015年3月16日，某市人力资源和社会保障局

认定泮某属于工伤。3月25日，泮某近亲属请求享受工伤保险待遇。

案件历程

（一）一审法院：取得商业保险赔偿金后，仍有权主张工伤保险赔偿

一审法院认为，本案为船员劳务合同纠纷。泮某受水湾公司聘用在轮上进行远海捕鱼作业，泮某与水湾公司存在劳动合同关系。水湾公司没有为泮某购买工伤保险，根据《某省工伤保险条例》规定，水湾公司应向泮某近亲属支付泮某依法应享有的工伤保险待遇。水湾公司虽然为泮某购买了意外伤害商业保险，并与泮某在聘用合同中约定在聘用期内如因工伤亡，按有关意外保险条款执行，但依法缴纳工伤保险是用人单位的法定义务，该项义务不能通过当事人协商予以免除。泮某近亲属以意外伤害保险单受益人身份取得商业保险赔偿金后，仍有权主张工伤保险赔偿。

水湾公司不服一审判决，提起上诉。

（二）二审法院：意外伤害保险是一种福利待遇，不能免除支付工伤保险待遇的义务

二审法院认为，泮某近亲属以泮某在水湾公司工作期间因工遇难为由，要求水湾公司支付拖欠泮某的工资及支付工伤保险待遇，故本案为继承人提起的船员劳务合同纠纷。《工伤保险条例》第二条第一款规定："中华人民共和国境内的企业、事业单位、社会团体、民办非企业单位、基金会、律师事务所、会计师事务所等组织和有雇工的个体工商户（以下称用人单位）应当依照本条例规定参加工伤保险，为本单位全部职工或者雇工（以下称职工）缴纳工伤保险费。"根据该规定，为职工缴纳工伤保险费是水湾公司的法定义务，该法定义务不得通过任何形式予以免除或变相免除。《工伤保险条例》第六十二条第二款又进一步规定："依照本条例规定应当参加工伤保险而未参加工伤保险的用人单位职工发生工伤的，由该用人单位按照本条例规定的工伤

保险待遇项目和标准支付费用。”在水湾公司未为泮某缴纳工伤保险费的情况下，水湾公司应向泮某近亲属支付工伤保险待遇。水湾公司为泮某购买的商业性意外伤害保险，本质上是水湾公司为泮某提供的一种福利待遇，不能免除水湾公司作为用人单位负有的法定的缴纳工伤保险费的义务或支付工伤保险待遇的义务。

此外，法律及司法解释并不禁止受工伤的职工或其家属获得双重赔偿。《最高人民法院关于审理工伤保险行政案件若干问题的规定》第八条第一款规定：“职工因第三人的原因受到伤害，社会保险行政部门以职工或者其近亲属已经对第三人提起民事诉讼或者获得民事赔偿为由，作出不予受理工伤认定申请或者不予认定工伤决定的，人民法院不予支持。”第三款规定：“职工因第三人的原因导致工伤，社会保险经办机构以职工或者其近亲属已经对第三人提起民事诉讼为由，拒绝支付工伤保险待遇的，人民法院不予支持，但第三人已经支付的医疗费用除外。”由此可见，上述规定并不禁止受工伤的职工同时获得民事赔偿和工伤保险待遇赔偿。①

评析与思考

实践中存在许多由于第三人侵权引起的工伤事故，如职工在工作时间和工作场所内，因工作原因受到事故伤害的；在工作时间和工作场所内，因履行工作职责受到暴力等意外伤害的；在上下班途中，受到非本人主要责任的交通事故或者城市轨道交通、客运轮渡、火车事故伤害的都可能由第三人侵权而引起工伤事故等。在这类事故中，劳动者能否请求工伤赔偿和因第三人侵权的人身赔偿之“双重”赔偿？根据《最高人民法院关于审理人身损害赔偿案件若干问题的解释》第三条第二款的规定，因用人单位以外的第三人侵权造成劳动者人身损害，赔偿权利人请求第三人承担民事赔偿责任的，人民

① 案例取自广东省高级人民法院（2016）粤民终711号民事判决书，载《最高人民法院公报》2017年第12期。

法院应予支持。该法条实际上肯定了劳动者在第三人侵权引起的工伤事故中享有工伤赔偿和人身损害赔偿的“双赔”请求权。实际上，这两者请求权依据的是不同的法律关系，工伤赔偿请求权是以劳动者和用人单位存在劳动关系为前提，调整的是劳动者和用人单位、工伤保险经办机构之间的工伤赔偿法律关系；而人身损害赔偿请求权是以第三人侵害劳动者人身权利为前提，调整的是劳动者与第三人之间的民事法律关系，两者是不同的，劳动者可以根据不同的法律规定要求赔偿。因此，劳动者在第三人侵权引起的工伤事故中可以请求工伤赔偿和人身赔偿的双重赔偿。

专题三　工伤保险费补缴后待遇支付争议

本专题探讨的是职工发生工伤事故后补交工伤保险费，职工或职工近亲属、用人单位与社会保险经办机构之间因工伤保险待遇支付问题而引起的社会保险行政争议和社会保险劳动争议相互交织的案件。该类案件具有普遍性，又有其特殊性和复杂性，应当引起重视。

案例　因工死亡后补缴工伤保险费，工伤保险基金不支付一次性工亡补助金和丧葬补助金

案情简介

邱某于2015年1月3日进入某汽车公司从事司机工作，双方签订2015年1月3日至2018年1月3日的劳动合同。2015年4月8日，邱某在工作中突发疾病死亡。2015年4月13日，汽车公司为邱某补办社会保险手续，并为其补缴社会保险费。2015年5月26日，甲区人力资源和社会保障局作出认定工伤决定书，认定邱某死亡视同为工伤。

案件历程

（一）社会保险经办机构：不符合工亡待遇领取条件

2015年8月6日，邱某近亲属向市社会保险事业管理中心申领工伤待遇，该中心出具办理情况回执，告知其一次性工亡补助金及丧葬补助金不符合领取条件。

汽车公司不服，向市人力资源和社会保障局申请行政复议。

（二）复议机关：维持办理情况回执

市人力资源和社会保障局于2015年12月24日作出复议决定，维持办理情况回执。

汽车公司仍不服，向乙区人民法院提起行政诉讼。

（三）一审法院：不符合工亡待遇领取条件

一审法院于2016年4月25日作出判决，驳回汽车公司的诉讼请求。

汽车公司遂上诉至某市第三中级人民法院。

（四）二审法院：驳回汽车公司的诉讼请求

二审法院于2016年8月19日作出判决，驳回上诉，维持原判。

2015年10月29日，邱某近亲属等五人就本案诉争等事宜向甲区劳动人事争议仲裁委员会申请仲裁。

（五）劳动人事争议仲裁委员会：工亡待遇由用人单位支付

2016年9月8日，甲区劳动人事争议仲裁委员会作出闵劳人仲（2015）办字第6667号裁决书，裁决汽车公司支付邱某近亲属等五人一次性工亡补助金576880元、丧葬补助金32706元。

汽车公司不服，向一审法院提起诉讼。

（六）一审法院：用人单位应当支付工亡待遇

一审法院认为，企业应当依照规定参加工伤保险，为本单位全部职工或者雇工缴纳工伤保险费。依照规定应当参加工伤保险而未参加工伤保险的用人单位职工发生工伤的，由该用人单位按照规定的工伤保险待遇项目和标准支付费用。本案中，汽车公司主张邱某曾以自己个人购买社会保险为由，自愿放弃由汽车公司为其缴纳社会保险费，故汽车公司未为邱某缴纳包括工伤保险费在内的社会保险费。邱某近亲属等五人否认汽车公司提供之声明书的真实性，而依法缴纳社会保险费既是劳动者的权利，也是劳动者的义务，劳动者无权放弃，故邱某出具的声明书违反法律规定。现汽车公司未依法为邱某缴纳工伤保险费，邱某发生工伤，应当由汽车公司按照规定的工伤保险待遇项目和标准支付费用。

汽车公司不服，提起上诉。

（七）二审法院：用人单位应当支付工亡待遇

二审法院认为，《工伤保险条例》第六十二条第二款规定，依照本条例规定应当参加工伤保险而未参加的用人单位职工发生工伤的，由该用人单位按照本条例规定的工伤保险待遇项目和标准支付费用。现邱某已被劳动保障部门认定为工伤，上诉人未依法按规定为邱某缴纳工伤保险，理应由上诉人按照工伤保险待遇项目和标准支付费用。上诉人认为邱某本人已经签署不愿意缴纳社保费的相应证明，但为劳动者缴纳工伤保险费是用人单位的法定义务，故对上诉人的上诉理由，本院不予采信。[①]

本案例按照事件发生时间示意图：

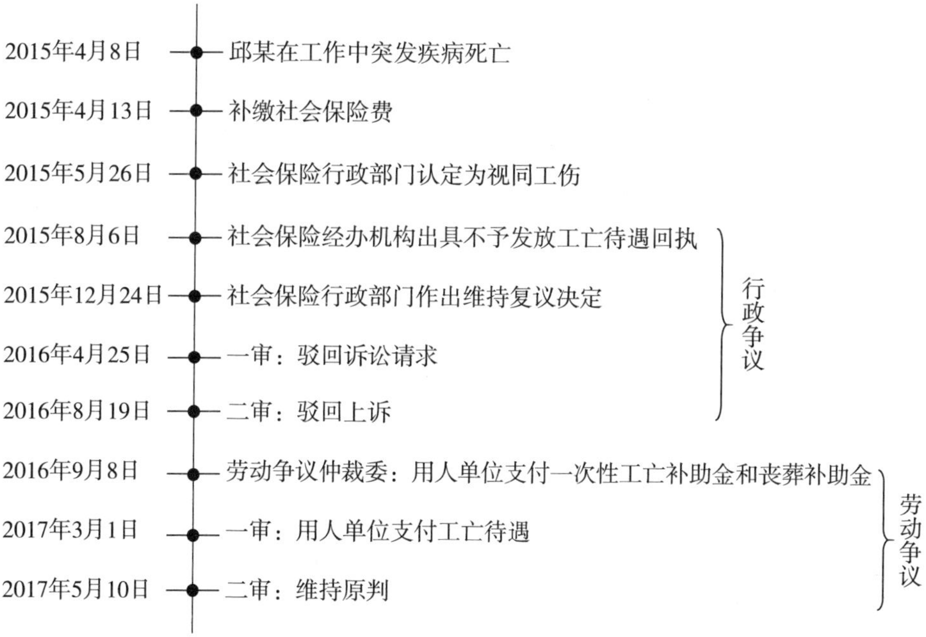

① 案例取自上海市第一中级人民法院（2017）沪01民终4713号民事判决书。

评析与思考

这是一起职工因工死亡后补缴工伤保险费，用人单位与社会保险经办机构、工亡职工近亲属与用人单位之间因工亡待遇支付问题而引起的社会保险行政争议和社会保险劳动争议的典型案例，该案历时两年多，显现了工伤保险费补缴后待遇支付的特殊性、补缴情形的复杂性和对规范认识的差异性。

一、工伤保险费补缴后待遇支付的三个法律性规范及认知差异

工伤保险费补缴后待遇支付有三个法律性规范，均涉及补缴应当缴纳的工伤保险费、滞纳金后“新发生的费用”的支付，实务中由于对这三个法律性规范有不同的理解，在补缴后待遇支付的主体上争议不断。实事求是地说，本案并不复杂，因工死亡后补缴工伤保险费的适当性也值得商榷，但本案经过的法律程序却具有典型性，一个工伤保险待遇支付问题很明确的案件，一轮的社会保险行政争议之后接连又发生了一轮的社会保险劳动争议，由此引发我们对工伤保险费补缴后待遇支付的一些思考。

《工伤保险条例》第六十二条第三款规定：“用人单位参加工伤保险并补缴应当缴纳的工伤保险费、滞纳金后，由工伤保险基金和用人单位依照本条例的规定支付新发生的费用。”《人力资源社会保障部关于执行〈工伤保险条例〉若干问题的意见》第十二条规定：“《条例》第六十二条第三款规定的‘新发生的费用’，是指用人单位职工参加工伤保险前发生工伤的，在参加工伤保险后新发生的费用。”《人力资源社会保障部关于执行〈工伤保险条例〉若干问题的意见（二）》第三条规定：“《工伤保险条例》第六十二条规定的‘新发生的费用’，是指用人单位参加工伤保险前发生工伤的职工，在参加工伤保险后新发生的费用。其中由工伤保险基金支付的费用，按不同情况予以处理：（一）因工受伤的，支付参保后新发生的工伤医疗费、工伤康复费、住院伙食补助费、统筹地区以外就医交通食宿费、辅助器具配置费、生活护理

费、一级至四级伤残职工伤残津贴，以及参保后解除劳动合同时的一次性工伤医疗补助金；（二）因工死亡的，支付参保后新发生的符合条件的供养亲属抚恤金。”由以上规定可知，对工伤保险费补缴后待遇支付的“新发生的费用”表述，前后并不一致，由此可能产生两种不同的观点：

第一种观点认为，按照前一个意见对《工伤保险条例》第六十二条第三款规定的“新发生的费用”的解释，只要用人单位职工参加工伤保险前发生工伤，在参加工伤保险后发生的费用，工伤保险基金都应当支付相关的费用。后一个意见对“新发生的费用”的解释并没有改变前一个意见“新发生的费用”的含义，只是对工伤保险基金支付的“新发生的费用”情况作了区分。

第二种观点认为，后一个意见对“新发生的费用”的重新解释改变了前一个意见“新发生的费用”的含义，尽管字数相同、文字也没有任何改变，但“职工”一词前后位置作了调整，其表述的意思发生了重大变化。后一个意见不仅对工伤保险基金支付的“新发生的费用”情况作了区分、项目作了细化，更重要的是对参加工伤保险的主体进行了变更，由“用人单位职工参加工伤保险前发生工伤的”变为“用人单位参加工伤保险前发生工伤的职工”，含义大相径庭。

从文字表述的情况来看，两个意见均由人力资源社会保障部对同一问题作出解释，且有新旧之分，从法律适用的角度来看，应当适用后一个意见，第二种观点看起来也显得合情合理。《立法法》第九十二条规定：“同一机关制定的法律、行政法规、地方性法规、自治条例和单行条例、规章，特别规定与一般规定不一致的，适用特别规定；新的规定与旧的规定不一致的，适用新的规定。”该条法律规定是关于同一机关制定的规范性文件不一致的适用规则。从理论上说，同一机关制定的规范性文件应当是协调一致的，不会出现法律冲突。但是，由于不同的规范性文件规范的社会关系的范围和角度不同，制定规范性文件的时间有先后以及立法技术的缺陷等原因，同一机关制定的规范性文件不一致的现象在实践中还是比较常见。因此，《立法法》确立了两项适用规则：特别规定优于一般规定、新的规定优于旧的规定。也就是我们平时所说的“特别法优于一般法”“新法优于旧法”。但在实务中，第二种观点的情形根本就不存在。也就是说，用人单位补缴了工伤保险费后，工伤保险经办机构就没有支付“新发生的费用”的可能性。按照《社会保险法》，用人单位和职工参加社会保险前，必须进行社会保险登记，然后才能缴纳应当缴纳的社会保险费。对于工伤保险费的补缴，有两种情形：一是工伤职工在用人单位参加工伤保险时，与用人单位一起进行了社会保险登记，但没有缴费，在工伤职工受伤之后才补缴了工伤保险费；二是在工伤职工补缴工伤保险费时，才进行社会保险登记。按照第二种观点，无论是哪种情形的补缴，都不可能存在“用人单位参加工伤保险前发生工伤的职工”，作为社会保险经办机构也不可能支付工伤职工在缴纳工伤保险费之后新发生的相关费用。皮之不存，毛将焉附？那么，用人单位补缴工伤职工的工伤保险费还有什么意义？后一个意见对“新发生的费用”的重新解释岂不成了一纸空文？笔者认为，对于工伤保险费补缴后应该由工伤保险基金支付的相关“新发生的费用”，应该从体系解释的角度去理解。《工伤保险条例》第六十二条第二款规定：“依照本条例规定应当参加工伤保险而未参加工伤保险的用人单位职工发生工伤的，由该用人单位按照本条例规定的工伤保险待遇项目和标准支付费用。”第六十二条第三款则规定了用人单位补缴工伤保险费、滞纳金后，由工伤保险基金支付相关的“新发生的费用”，两个意见对同一概念的解释侧重点不同，前一个意见只是从《工伤保险条例》第六十二条第三款的单纯的定义解释，后一个意见则是从《工伤保险条例》第六十二条整个条文的角度全面诠释“新发生的费用”这一概念，并对工伤保险基金支付的范围进行了规范。因此，理解“新发生的费用”，不仅应当从工伤保险法律、法规、政策的体系中全面考量，而且要与工伤保险的立法目的相吻合。从工伤保险缴纳的特殊性上来看，工伤保险费由用人单位缴纳，个人不缴费。在缴纳的行为方式上，无论是工伤保险登记还是缴费，都是由用人单位来完成，从这个意义上来说，用人单位为工伤职工补缴工伤保险费就应当视为用人单位参加工伤保险。至此，两个文件表述的含义就没有了疑义。

用人单位和职工参加工伤保险时间示意图：

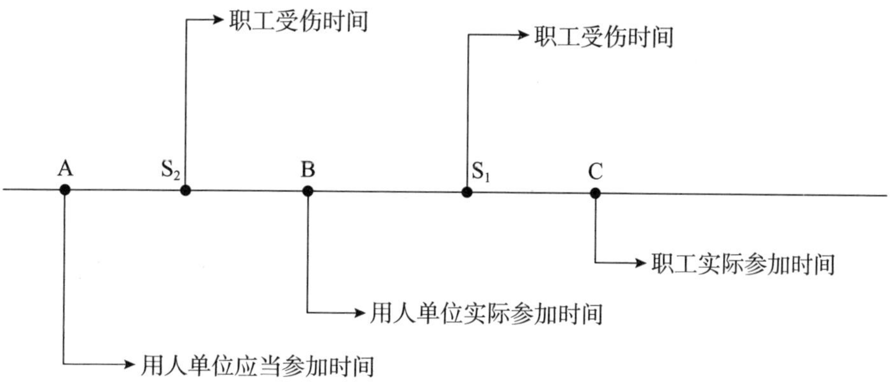

二、工伤保险费补缴的主要情形

由于工伤保险实行差别费率和浮动费率、缴费费率较低、个人不缴费等特殊性，工伤保险费补缴的情形比较复杂，主要有以下几种情形：

（一）用人单位不参加工伤保险

由于用人单位的法律意识不强，对工伤保险认识不到位或是用人单位行业的特殊性等原因，至今没有参加工伤保险。这里的用人单位大多是建筑施工企业、餐饮服务业等用人单位职工不固定或是经营规模小的用人单位。

（二）用人单位长期故意隐瞒部分人员参保

有的用人单位为了节约用工成本，长期故意隐瞒部分人员参加社会保险，或者是选择性参保，致使部分人员长期被隐瞒，没有参加工伤保险。

（三）用人单位过失长期漏保

由于工伤保险个人不缴费，用人单位在办理社会保险的过程中没有代扣代缴，致使有的职工长期被漏保。

（四）职工入职一个月前后过失漏保

职工入职后的一个月前后，是安全教育、岗位培训、签订劳动合同、缴纳社会保险的集中办理时期，由于缴纳社会保险需要办理社会保险登记和收集缴纳社会保险的相关信息资料，很可能在这个时期因为用人单位工作人员的过失，遗漏职工参加社会保险。

（五）职工入职短时间内非过失漏保

在社会保险的五项保险中，工伤保险和医疗保险的缴费时间，从重要性上讲可以说是以“天”计的，有时候错过一天就可能影响其享受相关待遇。职工入职短时间内非过失遗漏职工参加社会保险，是我们在实务中经常遇到的情形。例如，职工当天入职，当天受伤或在申报缴费日前受伤。

三、社会保险经办机构在工伤保险费补缴问题上的应对

工伤保险费补缴的情形多种多样，有时候多种情形混杂，但工伤保险经办机构应当积极应对，对各种补缴工伤保险费的情形进行甄别，不仅要审查补缴情形的正当性，而且要审查补缴后待遇支付的合法性。《社会保险法》第八十六条规定：“用人单位未按时足额缴纳社会保险费的，由社会保险费征收机构责令限期缴纳或者补足，并自欠缴之日起，按日加收万分之五的滞纳金；逾期仍不缴纳的，由有关行政部门处欠缴数额一倍以上三倍以下的罚款。”《工伤保险条例》第六十二条第一款规定：“用人单位依照本条例规定应当参加工伤保险而未参加的，由社会保险行政部门责令限期参加，补缴应当缴纳的工伤保险费，并自欠缴之日起，按日加收万分之五的滞纳金；逾期仍不缴纳的，处欠缴数额1倍以上3倍以下的罚款。”由以上规定可知，用人单位未按时足额缴纳社会保险费或是应当参加工伤保险而未参加的用人单位，对其处罚的措施是相同的。但对于什么是应当参加而未参加，如何补缴应当缴纳的工伤保险费却没有详细的规定。笔者认为，对于工伤保险费的补缴，应当

严格把握国家有关惩罚性的规定。工伤保险在全国施行是在2004年1月1日，在此之前国家没有强制性规定让用人单位参加工伤保险。但对于工伤保险费补缴的起始时间，应当依据当地强制规定用人单位参加工伤保险时间为工伤保险费的补缴起始时间。笔者还认为，只要用人单位存在由工伤保险基金支付“新发生的费用”相关待遇的补缴，就应当自用人单位在当地应当参加工伤保险的时间开始补缴应当缴纳的工伤保险费、滞纳金，用人单位按规定补缴后，作为工伤保险经办机构就应当支付由工伤保险基金支付的“新发生的费用”。

专题四 工伤赔偿协议争议

工伤赔偿协议是解决工伤问题的主要方式之一，对劳动者来说也是最快、最方便、能够很快得到赔偿的重要途径。但劳动者在达成工伤赔偿协议之前，应当对自己受到的事故伤害程度、法律法规和政策以及赔偿协议对自己权益的影响有一个全面的了解，否则可能会因显失公正、欺诈、胁迫、重大误解等原因发生争议。

案例一 达成工伤赔偿协议后再主张工伤待遇是否支持

案情简介

祁某于2010年12月25日入职某物业公司，在职期间参加了工伤保险。祁某2012年5月18日因工受伤，某市人力资源和社会保障局作出《工伤认定书》，认定祁某属于工伤。经鉴定祁某伤残等级为柒级。2014年8月19日，祁某与物业公司签订《终止劳动关系协议书》，其中第二条载明："就乙方（祁某）工伤事项，甲方（物业公司）向乙方支付工伤补偿金78270元（该款项包括一次性伤残就业补助金、医疗护理费用、生活补助费用等所有甲方应付款项），就此终结双方工伤保险关系。乙方不再就工伤事项向甲方主张任何权益。"2015年11月，祁某因与物业公司工伤待遇等争议，向某区劳动人事争议仲裁委员会申请劳动仲裁。

案件历程

（一）劳动人事争议仲裁委员会：支付祁某护理费

某区劳动人事争议仲裁委员会于2016年1月12日作出仲裁裁决：1.由物业公司支付祁某护理费16933元；2.驳回祁某提出的其他仲裁请求。

物业公司不服该仲裁裁决，提起诉讼。

（二）一审法院：支付祁某护理费

一审法院认为，首先，双方《终止劳动关系协议书》约定物业公司赔偿祁某78270元，虽然列明了该赔偿款包括一次性伤残就业补助金、医疗护理费用、生活补助费用等，但确实未明确写明各项赔偿项目的具体金额。经核算78270元确为祁某应得一次性伤残就业补助金一项，并未包含其他赔偿项目。祁某主张签订协议书时，对赔偿金额存在重大误解，考虑本案相关实际情况，一审法院对祁某的该项主张予以采信。其次，祁某提交的《住院证明书》有医生签名、盖章并加盖了医院公章，一审法院对其予以采信。根据上述《住院证明书》，祁某第一次住院时间为2013年5月6日至2013年5月14日，共计8天，第二次住院时间为2013年5月26日至2013年6月15日，共计20天，两次住院治疗结束后，均需全休3个月，住院及全休期间需陪护一人，祁某共计需陪护132天，物业公司应向祁某支付护理费共计16933元（116.01元／天×26天+131.29元／天×106天）。关于医疗费、返还伙食费、工伤停工留薪工资、未积极救治损失，仲裁裁决对祁某上述仲裁请求均不予支持，祁某未对此提起诉讼，一审法院对上述仲裁裁决项予以确认。

物业公司不服一审判决，遂提起上诉，请求：1.撤销一审判决；2.判决无须支付祁某护理费16933元；3.由祁某承担诉讼费。物业公司认为，祁某的请求均已超过仲裁时效，一审法院并未予以处理。

（三）二审法院：无需支付祁某护理费

二审法院认为，祁某与物业公司于2014年8月19日签订《终止劳动关系协议书》，该协议书第二条载明：就祁某工伤事项，物业公司向祁某支付工伤补偿金78270元（该款项包括一次性伤残就业补助金、医疗护理费用、生活补助费用等所有上诉人物业公司应付款项），就此终结双方工伤保险关系；祁某不再就工伤事项向物业公司主张任何权益。祁某主张该协议第二条的赔偿金数额仅包括一次性伤残就业补助金，以对赔偿金额存在重大误解为由，对协议书的赔偿数额不予认可。因重大误解订立的合同或在订立合同时显失公平的，当事人一方有权请求法院变更或撤销；具有撤销权的当事人自知道或者应当知道撤销事由之日起一年内没有行使撤销权的，撤销权消灭；一年为不变期间，不适用诉讼时效中止、中断或者延长的规定。祁某主张其于2015年7月才知道存在撤销《终止劳动关系协议书》的情形，但并未提交证据证明，应承担举证不能的后果，该主张缺乏事实依据，二审法院不予支持。本案撤销权的行使期限应从2014年8月19日《终止劳动关系协议书》签订之日起计算。此外，所谓重大误解，是指行为人因为对行为的性质、对方当事人、标的物等的错误认识，使行为的后果与自己的意思相悖，并造成较大损失的情形。一审判决认为行为人对法律规定的了解程度是认定重大误解的考量因素，缺乏法律依据，二审法院予以纠正。祁某未在知道或者应当知道撤销事由之日起一年内行使撤销权，撤销权消灭。祁某主张撤销《终止劳动关系协议书》并请求物业公司支付护理费，依据不足，二审法院不予支持。综上所述，物业公司的上诉理由成立，二审法院予以支持。一审判决认定事实清楚，但适用法律有误，二审法院予以纠正。

祁某不服二审判决，向检察机关申诉。

（四）人民检察院抗诉：工伤赔偿协议约定因违反行政法规的强制性规定而无效

某省人民检察院抗诉认为，二审判决认定事实清楚，但适用法律有错误。

理由如下：本案争议焦点为物业公司应否向祁某支付护理费。从已查明的事实可知，祁某与物业公司于2014年8月19日签订了《终止劳动关系协议书》，该协议第二条约定："物业公司向祁某支付工伤补偿金78270元（该款项包括一次性伤残就业补助金、医疗护理费用、生活补助费等所有物业公司应付款项），以终结双方工伤保险关系，祁某不再就工伤事项向物业公司主张任何权益。"经核算，上述约定的工伤补偿金78270元名义上虽包括一次性伤残就业补助金和护理费等项目，但实际上该金额仅为祁某依据《工伤保险条例》和《某省工伤保险条例》所依法应得的一次性伤残就业补助金这一项工伤保险待遇的赔偿数额，并未包含其他法定赔偿项目的金额，违反了《工伤保险条例》第三十三条第三款关于用人单位负责工伤职工护理的规定，实质上剥夺了祁某依法应当享有的工伤保险待遇，属于用人单位以合同形式规避法定义务之行为，侵害了劳动者合法权益，该约定因违反行政法规的强制性规定而无效。

（五）再审法院：工伤赔偿协议约定不存在违反法律、行政法规的强制性规定或重大误解情形

再审法院认为，物业公司是否应向祁某支付护理费16933元，取决于祁某与物业公司于2014年8月19日签订的《终止劳动关系协议书》第二条的约定是否有效。《劳动合同法》第二十六条规定："下列劳动合同无效或者部分无效：（一）以欺诈、胁迫的手段或者乘人之危，使对方在违背真实意思的情况下订立或者变更劳动合同的；（二）用人单位免除自己的法定责任、排除劳动者权利的；（三）违反法律、行政法规强制性规定的。对劳动合同的无效或者部分无效有争议的，由劳动争议仲裁机构或者人民法院确认。"劳动者与用人单位就解除或者终止劳动合同办理相关手续、支付工资报酬、加班费、经济补偿或者赔偿金等达成的协议，不违反法律、行政法规的强制性规定，且不存在欺诈、胁迫或者乘人之危情形的，应当认定有效。前款协议存在重大误解或者显失公平情形，当事人请求撤销的，人民法院应予支持。涉案《终止劳动关系协议书》第二条约定的效力，应根据上述规定来认定。

关于《终止劳动关系协议书》第二条的约定是否违反法律、行政法规的

强制性规定的问题。强制性规定排除当事人的意思自治，当事人在合同中不得通过合意排除其适用。保障劳动者最基本劳动条件的关于最低工资、工作时间、劳动安全等法律、行政法规的规定，属于强制性规定，劳动者与用人单位不得通过合意排除其适用。根据《工伤保险条例》第三十三条第三款和第三十七条的规定，工伤职工在符合所规定的情形时，由用人单位负责护理和支付一次性伤残就业补助金，但上述规定并不禁止工伤职工与用人单位就护理费和一次性伤残就业补助金的数额进行协商。祁某主张《终止劳动关系协议书》第二条的约定因违反法律、行政法规的强制性规定而无效，缺乏法律依据。

关于祁某签订《终止劳动关系协议书》第二条时是否存在重大误解的问题。祁某主张其不清楚一次性伤残就业补助金的赔偿标准，因为物业公司向其表示会按照规定赔偿，所以才签了该协议。祁某在2014年7月30日的仲裁申请书中手写的其主张的一次性劳动就业补助金的计算方法为“5218×60%×25”，该计算方法与《某省工伤保险条例》用人单位向七级伤残职工支付一次性伤残就业补助金的计算方法相同，其手写的计算结果78250元虽存在误算，但与正确计算结果78270元仅相差20元，祁某是完全民事行为能力人，应视为其知道手写内容的意思。对祁某提出的其不清楚所写内容意思的抗辩，本院不予采纳。而且，行为人对法律规定的了解程度并非认定重大误解的考量因素，二审判决纠正一审判决在法律适用上的错误，并无不当。

综上所述，涉案《终止劳动关系协议书》第二条约定不存在违反法律、行政法规的强制性规定或重大误解的情形，应当认定有效，二审判决确认物业公司无须向祁某支付护理费16933元，并无不当。二审判决认定事实清楚，适用法律正确，本院再审予以维持。①

① 案例取自广东省高级人民法院（2019）粤民再353号民事判决书。

案例二　工伤赔偿调解的对象应当是社会保险行政部门的行政行为

案情简介

2008年5月7日下午3时许，某煤矿职工杭某驾驶摩托车在某市发电厂附近与一辆拖拉机相撞，造成杭某受伤。2009年3月16日，某市劳动和社会保障局作出0920036号《工伤认定决定书》。某市政府根据《行政复议法实施条例》第五十条的规定，按照自愿、合法的原则进行调解，当事人达成如下协议：某煤矿一次性补偿杭某3万元，杭某不再追究某煤矿的工伤责任。2009年12月1日杭某在4号《调解书》上签字。2016年5月18日，杭某提起诉讼，请求撤销4号《调解书》，认定杭某系工伤并享受工伤保险待遇。

案件历程

（一）一审法院：不属于人民法院行政诉讼的受案范围

一审法院认为，杭某的起诉不属于人民法院行政诉讼的受案范围，依据《行政诉讼法》第五十一条第二款的规定，裁定对杭某的起诉，不予立案。

杭某不服，提起上诉。

（二）二审法院：不属于行政诉讼受案范围

二审法院认为，调解行为不属于行政诉讼受案范围。4号《调解书》不属于行政诉讼受案范围。行政机关作出具体行政行为时，未告知公民、法人或者其他组织诉权或者起诉期限的，起诉期限从公民、法人或者其他组织知道或者应当知道诉权或者起诉期限之日起计算，但从知道或者应当知道具体行政行为内容之日起最长不得超过2年。某市政府于2009年9月17日作出4号《调解书》，即便可诉也已经超过起诉期限。

杭某申请再审称系受胁迫签订4号《调解书》。本案属于行政诉讼受案范围且未超过起诉期限。请求：撤销一、二审裁定，依法立案受理本案。

（三）再审法院：超过2年的法定起诉期限

再审法院认为，行政机关作出行政行为时，未告知公民、法人或者其他组织诉权或者起诉期限的，起诉期限从知道或者应当知道行政行为内容之日起最长不得超过2年。起诉超过法定期限且无正当理由的，应当裁定不予受理。本案中，杭某于2009年12月1日签字并领取4号《调解书》，至2016年5月18日提起本案诉讼，已经超过2年的法定起诉期限。一、二审裁定不予立案，并无不当。杭某虽主张其起诉并未超过期限，但并未提交相关证据予以证实，以此为由申请再审，本院不予支持。

2018年1月8日，杭某向检察机关申请监督，最高人民检察院认为该案符合实质性化解条件，遂交某省人民检察院、某市人民检察院做好争议化解工作。

（四）人民检察院：建议市人民政府撤销行政复议调解书

某省人民检察院和某市人民检察经审查后认为，《行政复议法实施条例》第五十条第一款规定："有下列情形之一的，行政复议机关可以按照自愿、合法的原则进行调解：（一）公民、法人或者其他组织对行政机关行使法律、法规规定的自由裁量权作出的具体行政行为不服申请行政复议的；（二）当事人之间的行政赔偿或者行政补偿纠纷。"政府作出的行政复议调解并非针对行政机关行使自由裁量权作出的具体行政行为，同时，双方争议也非行政赔偿或者行政补偿纠纷，作出行政复议调解违反《行政复议法实施条例》的规定，某市人民检察院于2020年8月18日向某市人民政府提出检察建议，建议撤销行政复议调解书。2020年8月21日，市人民政府决定撤销该调解书，并责令人力资源和社会保障部门重新作出具体行政行为。2020年10月22日，市人力资源和社会保障部门作出决定，认定杭某为工伤。[①]

---

① 案例取自最高人民法院（2017）最高法行申2840号行政裁定书，该案例为2020年最高人民检察院《十大行政检察典型案例》。

案例三　受伤职工调解获赔后仍有权要求补齐工伤保险待遇

案情简介

2016年7月25日，某机电公司将其承包的中央空调安装工程分包给“包工头”谢某负责施工，并签订了分包合同，约定谢某自行招用施工人员并负责薪酬。朱某于2016年8月19日被谢某招用并安排至“一村山庄工地”从事管道安装的焊工工作，由谢某对其进行管理。2016年8月30日，朱某在工作期间摔伤右脚，随后送至医院住院治疗。2016年9月24日，朱某出院，医院出具诊断证明，诊断为右侧跟骨粉碎性骨折，并做了复位锁定钢板内固定术。医生建议骨折愈合（1年后）可拆除内固定装置，拆除内固定装置住院总费用约1万元。2016年12月，朱某申请劳动仲裁，请求确认其与某机电公司存在劳动关系。2016年12月8日，仲裁庭认定朱某与某机电公司不存在劳动关系。2017年2月8日，朱某以某机电公司为工作单位，向某市社会保障局提出工伤认定申请，某市社会保障局于2017年4月20日受理。在上述工伤认定审查期间，朱某又于2017年2月21日，以谢某为被告向某市第三人民法院提起民事诉讼，请求法院解除与谢某的雇佣合同关系；确认谢某已支付朱某受伤期间的医疗费、手术费、护理费及住院生活费；判令谢某向朱某支付伤残赔偿金、后续治疗费及营养费、误工费、护理费、精神抚慰金、交通费、在职期间工资待遇等费用共计6万元。该案经法院主持调解，朱某与谢某达成调解协议：1.确认朱某与谢某的雇佣关系已解除；2.谢某自愿于2017年3月5日前支付朱某损害赔偿款共计6万元；3.双方互不再追究对方其他经济责任。上述调解书生效后如期履行。

案件历程

（一）社会保险行政部门：认定某机电公司为工伤保险责任单位

2017年5月18日，某市社会保障局作出《认定工伤决定书》，认定某机电公司为责任单位。

某机电公司不服上述认定，于2017年7月4日向某市政府提出行政复议申请，请求撤销某市社会保障局的《认定工伤决定书》。

（二）行政复议机关：工伤调解协议的履行，已实现了工伤认定所需保护的权利

某市政府于2017年9月21日作出330号《行政复议决定书》（以下简称330号复议决定），认为某机电公司将承包的“一村山庄宴会厅”等工程分包给不具备用工主体资格的谢某，谢某聘用的朱某从事承包业务时受伤，按照《最高人民法院关于审理工伤保险行政案件若干问题的规定》第三条第一款第四项和第二款的规定，某机电公司应先行承担工伤保险责任，之后有权向谢某追偿。《工伤保险条例》的立法宗旨是保障因工作遭受事故伤害或患职业病的职工获得医疗救治和经济补偿。朱某在申请工伤认定前已经领取了谢某支付的损害赔偿款6万元，其因工作遭受的事故伤害已经获得了医疗救治和经济补偿，不再具有工伤认定所需保护的权利，撤销《认定工伤决定书》。

朱某不服，遂于2017年9月30日提起行政诉讼，请求撤销330号复议决定。

（三）一审法院：工伤认定行为将不利于维护司法调解的公信力和稳定性

一审法院认为，首先，工伤认定是社会保障部门对劳动者因事故伤害（或患职业病）是否属于工伤或视同工伤给予定性的行政确认行为，其目的在于保障劳动者受伤后及时获得医疗救治和经济补偿。本案中，朱某申请工伤认定后与雇主谢某针对赔偿事宜达成调解协议，该协议内容包括朱某受伤期间已发生的医疗费用以及后续治疗费、伤残赔偿金等项目，且已实际履行，可见朱某受伤后的医疗救治和经济补偿已得到切实保障。因此，某市社会保障局再行通过工伤认定以厘定工伤责任的行政管理目的已然不存在。丧失行政管理最初目的的行政行为属于明显不合理，应被撤销。其次，就本案的实际情况而言，朱某如被认定为工伤，最终的赔偿责任人是

雇主谢某，而民事调解的赔付责任人也是谢某，两者均是围绕伤者对雇主的经济追偿目的，两者在起因、目的和责任主体并无二致，只是救济途径不同。因调解协议中明确约定互不追究对方其他经济责任，故如责任人在民事调解中承担赔付责任后又成为工伤认定后的被追偿对象，那么将明显违反调解协议，对责任主体不公平，且不利于维护司法调解的公信力和稳定性。朱某称其法律意识不强、调解协议乘人之危等一说，欠缺理据和说服力，故不予支持。

朱某不服，提起上诉。

（四）二审法院：社会保险行政部门的工伤认定缺乏事实依据

二审法院认为，《工伤保险条例》第十八条第一款规定："提出工伤认定申请应当提交下列材料：（一）工伤认定申请表；（二）与用人单位存在劳动关系（包括事实劳动关系）的证明材料；（三）医疗诊断证明或者职业病诊断证明书（或者职业病诊断鉴定书）。"依据上述规定，职工申请工伤认定的，应当提交其与用人单位存在劳动关系的证明材料。本案中朱某曾就其与某机电公司是否存在劳动关系申请劳动仲裁，劳动仲裁机构作出认定，对朱某的申请不予支持。现本案中朱某又以某机电公司为用人单位申请工伤认定缺乏事实依据，不符合上述申请工伤的条件，主张《认定工伤决定书》认定朱某于2018年8月30日受伤属于工伤理由不足。且朱某亦以和案外人谢某存在雇佣关系为由，提起民事诉讼要求赔偿，经法院调解，谢某支付了朱某6万元损害赔偿费用，朱某因伤遭受的损失已经得到弥补，330号复议决定书撤销《认定工伤决定书》，并无不当，予以维持。

朱某不服，申请再审。

（五）再审法院：工伤赔偿协议数额少于应当享受的工伤保险待遇，有权要求补齐

再审法院认为，本案中某机电公司将承包的工程分包给不具备用工主体资格的谢某，谢某聘用的朱某在从事承包工作时受伤，朱某以某机电公司为

用工单位申请认定工伤，某市社会保障局作出《认定工伤决定书》符合法律规定。某机电公司与朱某之间并非典型的劳动关系，而是法律拟制的用工主体责任关系，朱某在劳动仲裁机构认定其与某机电公司不存在劳动关系的情形下，对其能否要求工伤保险赔偿存在认识不足。而且，民事损害赔偿系朱某在未进行伤残等级鉴定的情况下与谢某调解达成，赔偿金额可能低于工伤保险赔偿金额。依法享受工伤保险待遇是劳动者享有的法定权利，某市政府仅以朱某签订调解协议并领取损害赔偿款为由，撤销《认定工伤决定书》，可能损害朱某的法定权利，应当予以纠正。需要说明的是，朱某在认定工伤、鉴定劳动能力后，若实际获得的医疗费、损害赔偿款少于应当享受的工伤保险待遇，有权要求补齐。综上，某市政府撤销《认定工伤决定书》，适用法律错误。一、二审判决分别驳回朱某的诉讼请求和上诉，亦属于适用法律错误。①

评析与思考

这是三起关于工伤赔偿协议效力认定的案例，案例一、案例二都有检察机关的法律监督，不能不引起我们对于工伤赔偿协议的重视。

一、法律赋予了用人单位与劳动者自行和解的权利

《劳动法》第七十七条第一款规定，用人单位与劳动者发生劳动争议，当事人可以依法申请调解、仲裁、提起诉讼，也可以协商解决。《工伤保险条例》第五十四条规定，职工与用人单位发生工伤待遇方面的争议，按照处理劳动争议的有关规定处理。《非法用工单位伤亡人员一次性赔偿办法》第八条规定，伤残职工或者死亡职工的近亲属、伤残童工或者死亡童工的近亲属就赔偿数额与单位发生争议的，按照劳动争议处理的有关规定处理。由以上规定可以

① 案例取自最高人民法院（2020）最高法行再118号行政判决书。

看出，工伤待遇争议属于劳动争议，劳动者和用人单位可以就工伤待遇进行协商，这就赋予了用人单位与劳动者自行和解的权利。笔者认为，法律之所以允许协商解决劳动争议，是因为这种协商既能体现双方当事人地位上的平等，又能充分表达和体现双方当事人的意思自治，不仅节省了大量的仲裁、诉讼成本，还节约了社会资源，在一定程度上促进了劳动关系的和谐与社会的稳定。特别是对于没有参加工伤保险的用人单位和个体工商户，这种自行解决工伤待遇争议的做法，无疑减轻了受伤劳动者的诉累，同时也为社会保险行政部门、司法机关提供了实践经验。因此，劳动者与用人单位在工伤待遇上达成的和解是人性化的体现，不仅节约了劳动者的维权成本、维护了用人单位的形象，而且实现了工伤赔偿协议的法律效果和社会效果。

二、工伤赔偿协议涉及的几个问题

（一）协议的效力原则

工伤赔偿协议是双方当事人在平等自愿的基础上达成的民事协议，具有民事合同的性质。《民法典》第一百四十三条规定："具备下列条件的民事法律行为有效：（一）行为人具有相应的民事行为能力；（二）意思表示真实；（三）不违反法律、行政法规的强制性规定，不违背公序良俗。"因此，协议的效力以当事人双方意思表示真实，不违反法律、行政法规的强制性规定为原则。

案例一自工伤保险赔偿协议签订之日起至高级人民法院的民事裁定作出历经近六年时间。如何判断工伤私了协议的法律效力？特别是个别用人单位因未为劳动者办理工伤保险，私下与劳动者就工伤赔偿达成协议的情况越来越多，其法律效力的判断日渐成为劳动争议裁审工作面临的现实问题。

（二）协议涉及事项是否违反强制性规定

强制性是法律的重要特征，但并不是任何法律条文和规定都是强制性规范。法律、行政法规的强制性规定是必须遵守的规范，不允许当事人意思自治，只允许无条件执行。强制性规定排除了当事人的意思自治，即当事人不得通过合意排除法律、行政法规强制性规定的适用。劳动和社会保障法律、行政法规的强制性规定，主要包括最低工资、工作时间、社会保险、劳动安全与卫生等方面的法律性规范，其目的是改善劳动条件、保障劳动者的基本生活。

（三）协议的公正程度决定其效力

签订工伤赔偿协议，双方当事人各有各的想法和目的。对于有的劳动者来说，如果走法定的工伤认定程序，可能会伤了与用人单位的和气，劳动者宁愿吃些亏、少得些补偿，也愿意走“和谐”之路。对于个别用人单位来说，签工伤私了协议是为了息事宁人，少拿钱多办事，甚至不拿钱就想办成事的想法也可能存在。因此，劳动者与用人单位签订工伤私了协议的目的差异，决定了协议公正程度的差异。

（四）协议签订后的法律救济途径

根据《民法典》的规定，劳动者与用人单位就工伤待遇达成的协议，如果违反《民法典》第一百四十三条规定的情形，协议双方意思表示虚假、重大误解、欺诈、胁迫或者一方利用对方处于危困状态、缺乏判断能力致使协议成立时显失公平的，受损害方有权请求人民法院或者仲裁机构予以撤销。应当明确的是，当事人自知道或者应当知道撤销事由之日起一年内、重大误解的当事人自知道或者应当知道撤销事由之日起三个月内行使撤销权。《最高人民法院关于审理劳动争议案件适用法律问题的解释（一）》第五十三条第二款规定，对于追索劳动报酬、养老金、医疗费以及工伤保险待遇、经济补偿金、培训费及其他相关费用等案件，给付数额不当的，人民法院可以予以变更。

案例二不仅涉及法律的救济途径问题，还涉及行政调解协议的合法性问题。案例二中的杭某2008年5月7日在下班途中驾驶摩托车与拖拉机相撞受伤，拖拉机驾驶员逃逸。该案先后经历了三次工伤认定、三次行政复议、三级法院审理，当事人的诉求始终没有得到解决，根本原因就在于行政复议机关的行政调解行为的合法性问题。按照《行政复议法实施条例》第五十条第一款的规定，行政复议机关对于行政机关行使法律、法规规定的自由裁量权作出的具体行政行为、当事人之间的行政赔偿或者行政补偿纠纷可以按照自愿、合法的原则进行调解。但某市人民政府作出的行政复议调解并非针对行政机关行使自由裁量权作出的具体行政行为，双方争议也非行政赔偿或者行政补偿纠纷，行政复议调解违反了《行政复议法实施条例》的规定。经三级检察院联动化解，杭某最终获得了一次性工伤赔偿金10万元，2020年12月2日，检察机关举行行政争议实质性化解检察宣告，这起历时十余年的行政争议终得解决。检察机关发现行政机关作出的行政复议调解违反了相关法律规定，通过提出检察建议，监督行政机关纠正违法行为，维护了人民群众的合法权益，实现行政争议的实质性化解，取得了良好的法律效果和社会效果。

专题五　工伤职工停工留薪期待遇争议

工伤职工停工留薪期是指职工因工作遭受事故伤害或者患职业病后，需要暂停工作接受工伤医疗，继续享受原工资福利待遇的期限。工伤职工停工留薪期是一个专用术语。在这个特殊期限内，不仅涉及期限的确认，而且涉及工伤职工的医疗待遇、工资福利待遇、伙食补助费、死亡待遇的确认等。

案例一　工伤复发医疗期应当享受停工留薪期待遇

案情简介

袁某于2010年12月12日被诊断为职业病（急性淋巴白细胞白血病），随后某市人力资源和社会保障局对袁某认定为工伤。2013年2月7日，某市劳动能力鉴定委员会出具《劳动能力鉴定结论》，认定袁某受伤时间为2010年12月12日，受伤部位为全身多处，袁某构成五级伤残，医疗终结期为2012年12月12日。2016年2月4日，袁某白血病复发入院治疗，某市劳动能力鉴定委员会于2016年3月2日出具《工伤复发确认意见》，确认袁某属于工伤复发，医疗期为2016年2月4日至2016年8月4日。袁某于2016年4月13日去世。2016年5月9日，某市社会保险基金管理局受理了袁某近亲属提出的工伤待遇申请，要求支付医疗费、鉴定费、住院伙食费、丧葬补助金、供养亲属抚恤金和一次性工亡补助金。

案件历程

（一）社会保险经办机构：不同意按照工亡标准支付待遇

某市社会保险基金管理局于2016年6月23日作出《某市工伤保险待遇决定书》，同意支付旧伤复发医疗费、鉴定费、住院伙食补贴共计8195.15元，不同意支付丧葬补助金、供养亲属抚恤金和一次性工亡补助金。

袁某近亲属不服，提起诉讼。

（二）一审法院：享受停工留薪期待遇并非等同享受停工留薪期

一审法院认为，首先，根据《某省工伤保险条例》第三十四条的规定，工伤职工工伤复发，确认需要治疗的，享受本条例第二十四条、第二十五条和第二十七条规定的工伤待遇。上述三条规定，均是针对治疗工伤方面内容，其中第二十五条第一款明确规定，停工留薪期最长不超过24个月；工伤职工在鉴定伤残等级后仍需治疗的，五级至十级伤残，可以享受停工留薪期待遇。即工伤职工的停工留薪期最多为24个月，同时，享受停工留薪期待遇并非等同享受停工留薪期，即不能据此得出享受停工留薪期待遇便是享受停工留薪期的结论。本案中，袁某受伤时间为2010年12月12日，医疗终结期为2012年12月12日，即其在24个月的停工留薪期已满后，旧伤复发，可以享受停工留薪期待遇，但不能再享受停工留薪期。某市社会保险基金管理局根据上述规定认定袁某不再重复享有停工留薪期并无不当。其次，根据《某省工伤保险条例》第三十五条的规定，职工因工死亡，其近亲属可以享有相关补助金等待遇的情形有三种，其中，第一款针对的是非伤残职工，第二款及第三款针对的是伤残职工。本案中，袁某系伤残职工，其应当适用伤残职工的规定。第三款明确规定：一级至四级伤残职工在停工留薪期满后死亡的，其近亲属可以享受丧葬补助金、供养亲属抚恤金。据此可以推断，该种情况下，其他等级伤残职工的近亲属不享受丧葬补助金、供养亲属抚恤金。袁某系在停工留薪期满后死亡，其伤残等级为五级，不符合《某省工伤保险条例》第三十五条第三款的相关规定。某市社会保险基金管理局根据上述规定认定袁某的近亲属不享有相关补助金等待遇，并无不当。

袁某近亲属不服一审判决，提起上诉。

（三）二审法院：工伤复发医疗期属于停工留薪期

二审法院认为，本案争议焦点为：已经享有过24个月停工留薪期的伤残职工，工伤复发后能否重新享受停工留薪期；伤残职工在工伤复发治疗期间死亡，其应否享受丧葬补助金、供养亲属抚恤金和一次性工亡补助金。对上述问题，《工伤保险条例》第三十三条规定："职工因工作遭受事故伤害或者患职业病需要暂停工作接受工伤医疗的，在停工留薪期内，原工资福利待遇不变，由所在单位按月支付。停工留薪期一般不超过12个月。伤情严重或者情况特殊，经设区的市级劳动能力鉴定委员会确认，可以适当延长，但延长不得超过12个月。工伤职工评定伤残等级后，停发原待遇，按照本章的有关规定享受伤残待遇。工伤职工在停工留薪期满后仍需治疗的，继续享受工伤医疗待遇。生活不能自理的工伤职工在停工留薪期需要护理的，由所在单位负责。"据此，工伤职工的停工留薪期一般不超过12个月，伤情严重或者情况特殊，经设区的市级劳动能力鉴定委员会确认，可以适当延长至24个月。《工伤保险条例》第三十八条同时规定："工伤职工工伤复发，确认需要治疗的，享受本条例第三十条、第三十二条和第三十三条规定的工伤待遇。"据此，工伤职工工伤复发的，在其已经享受的停工留薪期的基础上，仍可根据《工伤保险条例》第三十三条的规定享受停工留薪期待遇。此外，《某省工伤保险条例》第二十五条第一款、第二款规定："职工因工伤需要暂停工作接受工伤医疗的，在停工留薪期内，原工资福利待遇不变，由所在单位按月支付。停工留薪期根据医疗终结期确定，由劳动能力鉴定委员会确认，最长不超过二十四个月。工伤职工鉴定伤残等级后，停发原待遇，按照本章的有关规定享受伤残待遇。工伤职工在鉴定伤残等级后仍需治疗的，经劳动能力鉴定委员会批准，一级至四级伤残，享受伤残津贴和工伤医疗待遇；五级至十级伤残，享受工伤医疗和停工留薪期待遇。"由此，在某省辖区内，工伤职工的停工留薪期应根据劳动能力鉴定委员会确认的医疗终结期确定，最长不超过24个月。《某省工伤保险条例》第三十四条还规定："工伤职工工伤复发，确认需要治疗的，享受本条例第二十四条、第二十五条和第二十七条规定的工伤待遇。"根据以上行政法规和地方性法规的相关规定，2016年2月袁某工伤复发，最长可享受24个月的停工留薪期待遇。某市劳动能力鉴定委员会已于2016年3月2日出具了《工伤复发确认意见》，确认袁某属于工伤复发，医疗期为2016年2月4日至2016年8月4日，某市劳动能力鉴定委员确定的上述袁某工伤复发医疗期6个月，即属于停工留薪期。袁某在某市劳动能力鉴定委员会确定的工伤复发医疗期期间死亡，属于在停工留薪期内因工伤导致死亡。被上诉人某市社会保险基金管理局认为职工遭受工伤后（包括旧伤复发）可以享受的停工留薪期前后累计最长不能超过24个月，袁某于2010年12月受工伤后已经享受过24个月停工留薪期，故其2016年2月工伤复发后不能再享受停工留薪期，以上主张不仅有悖《工伤保险条例》第三十八条、《某省工伤保险条例》第三十四条之规定，而且会造成损害伤情严重、职业病病情严重的工伤职工权益的后果，本院不予支持。

根据《工伤保险条例》第三十九条第一款和第二款以及《某省工伤保险条例》第三十五条第一款、第二款之规定，袁某在工伤复发治疗期间死亡后，其近亲属应享受丧葬补助金、供养亲属抚恤金和一次性工亡补助金。某市社会保险基金管理局应向袁某的近亲属核发丧葬补助金、供养亲属抚恤金和一次性工亡补助金。某市社会保险基金管理局作出的被诉工伤保险待遇决定因对上述相关法规的规定理解错误，导致错误适用法律和处理不当，依法予以撤销；某市社会保险基金管理局应针对上诉人袁某近亲属的工伤保险待遇申请重新作出处理决定。原审判决认定事实清楚，但错误理解和适用法律，本院予以纠正。[①]

---

① 案例取自广东省深圳市中级人民法院（2016）粤03行终792号行政判决书，载《最高人民法院公报》2019年第11期。

案例二 死亡2年后被认定为工伤，其近亲属享受待遇的判断

案情简介

2012年1月至2016年9月11日，曲某一直在市环境卫生管理处做路面保洁工作。2016年9月11日15时30分许，曲某在保洁路段进行保洁工作时被摩托车撞在保洁车后部，造成曲某受伤的交通事故。该事故经某市公安局交警支队开发区大队认定，曲某无责任。事故发生后，曲某被送至某市人民医院住院治疗，后转入养老院护理，2018年6月7日因伤病加重救治无效去世。因确认劳动关系，经劳动人事争议仲裁、一审、二审、再审，山东省高级人民法院2019年6月3日作出（2019）鲁民再484号民事判决书，确认曲某与市环境卫生管理处存在劳动关系。2019年9月17日某市人力资源和社会保障局作出《认定工伤决定书》，认定曲某受到的事故伤害为工伤。曲某近亲属与市环境卫生管理处多次沟通赔偿事宜，始终未能达成一致意见。故曲某近亲属提出仲裁请求：市环境卫生管理处支付曲某近亲属工亡补助金、丧葬补助金、供养亲属抚恤金等共计1362183.69元。

案件历程

劳动人事争议仲裁委：支持丧葬补助金、供养亲属抚恤金待遇

劳动人事争议仲裁委认为，因曲某与市环境卫生管理处存在劳动关系，市环境卫生管理处未给曲某缴纳工伤保险费，曲某受到的事故伤害被认定为工伤，根据《工伤保险条例》第六十二条第二款“依照本条例规定应当参加工伤保险而未参加工伤保险的用人单位职工发生工伤的，由该用人单位按照本条例规定的工伤保险待遇项目和标准支付费用”的规定，应由市环境卫生管理处按照《工伤保险条例》规定的工伤保险待遇项目和标准支付费用。

关于曲某近亲属要求市环境卫生管理处支付丧葬补助金、供养亲属抚恤

金和一次性工亡补助金的申请请求，享受因工死亡待遇应当符合法律、法规规定的条件。本案中，曲某在2016年9月11日受到事故伤害，2018年6月7日死亡，但直至2019年9月17日才被社会保险行政部门认定为工伤。《工伤保险条例》第三十九条第一款规定："职工因工死亡，其近亲属按照下列规定从工伤保险基金领取丧葬补助金、供养亲属抚恤金和一次性工亡补助金：（一）丧葬补助金为6个月的统筹地区上年度职工月平均工资；（二）供养亲属抚恤金按照职工本人工资的一定比例发给由因工死亡职工生前提供主要生活来源、无劳动能力的亲属。标准为：配偶每月40%，其他亲属每人每月30%，孤寡老人或者孤儿每人每月在上述标准的基础上增加10%。核定的各供养亲属的抚恤金之和不应高于因工死亡职工生前的工资。供养亲属的具体范围由国务院社会保险行政部门规定；（三）一次性工亡补助金标准为上一年度全国城镇居民人均可支配收入的20倍。"第二款规定："伤残职工在停工留薪期内因工伤导致死亡的，其近亲属享受本条第一款规定的待遇。"第三款规定："一级至四级伤残职工在停工留薪期满后死亡的，其近亲属可以享受本条第一款第（一）项、第（二）项规定的待遇。"由以上规定可以看出，享受丧葬补助金、供养亲属抚恤金和一次性工亡补助金，应当满足《工伤保险条例》第三十九条第一款或第二款规定的条件；享受丧葬补助金、供养亲属抚恤金，应当满足《工伤保险条例》第三十九条第三款规定的条件。但本案的特殊性有三：一是曲某并没有被社会保险行政部门认定为因工死亡；二是伤残职工在死亡后才被认定为工伤，其停工留薪期也没有被用人单位或劳动能力鉴定委员会确认；三是曲某在死亡之前，其伤残程度也没有经过有权机构劳动能力鉴定委员会鉴定，其是否达到一级至四级的伤残等级也无法得到有权机构确认。因此，曲某近亲属是否能够享受因工死亡的相关待遇，关键在于曲某受到事故伤害后死亡是否在停工留薪期内因工伤导致死亡和曲某在死亡之前其伤残程度是否在四级以上。

关于曲某受到事故伤害后停工留薪期的判断。《工伤保险条例》第三十三条规定："职工因工作遭受事故伤害或者患职业病需要暂停工作接受工伤医疗的，在停工留薪期内，原工资福利待遇不变，由所在单位按月支付。停工留薪期一般不超过12个月。伤情严重或者情况特殊，经设区的市级劳动能力鉴定委员会确认，可以适当延长，但延长不得超过12个月。工伤职工评定伤残等级后，停发原待遇，按照本章的有关规定享受伤残待遇。工伤职工在停工留薪期满后仍需治疗的，继续享受工伤医疗待遇。生活不能自理的工伤职工在停工留薪期需要护理的，由所在单位负责。”据此，工伤职工的停工留薪期一般不超过12个月，伤情严重或者情况特殊，经设区的市级劳动能力鉴定委员会确认，可以适当延长至24个月。《工伤保险条例》第三十八条同时规定：“工伤职工工伤复发，确认需要治疗的，享受本条例第三十条、第三十二条和第三十三条规定的工伤待遇。”2019年9月17日某市人力资源和社会保障局认定曲某为工伤，“确定其硬膜下血肿、脑挫裂伤、蛛网膜下腔出血、颅骨骨折、头皮血肿、动眼神经损伤、头皮裂伤、皮肤软组织损伤为因工受伤”。根据《某省工伤职工停工留薪期分类目录》的规定，脑挫裂伤对应停工留薪期12个月、颅骨骨折对应停工留薪期3个月，根据《工伤保险条例》第三十三条规定，停工留薪期一般不超过12个月，且曲某认定工伤时已经死亡，按照住院病历记载的受到事故伤害的实际情形和住院治疗日期，有理由推定曲某停工留薪期为12个月。

关于曲某死亡之前其伤残程度的判断。曲某2016年9月11日受伤入院至2016年10月29日出院直至2018年6月7日死亡，一直没有进行劳动能力鉴定。《工伤保险条例》第二十一条规定：“职工发生工伤，经治疗伤情相对稳定后存在残疾、影响劳动能力的，应当进行劳动能力鉴定。”其间的2016年11月2日《法医学人体损伤程度鉴定书》鉴定意见为“曲某之伤情属重伤二级”。2018年6月10日，曲某遗体火化。《劳动能力鉴定 职工工伤与职业病致残等级分级》（GB/T 16180–2014）与《人体损伤程度鉴定标准》不仅适用范围、鉴定原则不同，而且在“致残等级”“损伤程度”标准上也有很大区别。但鉴于曲某已经死亡的实际情况，参照《法医学人体损伤程度鉴定书》，可以推断其出院后伤残等级为一级至四级伤残。

基于对曲某受到事故伤害后停工留薪期12个月的认知判断和曲某在死亡之前其伤残程度四级以上的认知判断，可推定曲某伤残等级为一级至四级伤残、死亡时停工留薪期满。曲某符合《工伤保险条例》第三十九条第三款“一级至四级伤残职工在停工留薪期满后死亡的，其近亲属可以享受本条第一款第（一）项、第（二）项规定的待遇”规定。因此，对于曲某近亲属要求市环境卫生管理处支付一次性工亡补助金785020元的申请请求，不予支持，市环境卫生管理处应支付曲某近亲属丧葬补助金30016.8元。因曲某近亲属未提供符合《因工死亡职工供养亲属范围规定》第二条第一款、第三条、第六条规定要求的证据材料，也未提供劳动能力鉴定等享受抚恤金待遇资格的相关证据，故仲裁委对该项请求不予支持。①

评析与思考

职工因工死亡，其近亲属应当享受丧葬补助金、供养亲属抚恤金和一次性工亡补助金三项待遇。对于经社会保险行政部门认定为因工死亡、在停工留薪期内因工伤导致死亡两种情形，其近亲属应当享受丧葬补助金、供养亲属抚恤金和一次性工亡补助金，但对于一级至四级伤残职工在停工留薪期满后死亡的，其近亲属只能享有丧葬补助金和供养亲属抚恤金两项待遇。实践中，对于是否在停工留薪期内因工伤导致死亡的待遇差别较大。

一、劳动能力鉴定与工伤职工停工留薪期的关系

《工伤保险条例》第二十一条规定：“职工发生工伤，经治疗伤情相对稳定后存在残疾、影响劳动能力的，应当进行劳动能力鉴定。”《工伤职工劳动能力鉴定管理办法》第七条规定：“职工发生工伤，经治疗伤情相对稳定后存在残疾、影响劳动能力的，或者停工留薪期满（含劳动能力鉴定委员会确认的延长期限），工伤职工或者其用人单位应当及时向设区的市级劳动能力鉴定委员会提出劳动能力鉴定申请。”因此，工伤职工进行劳动能力鉴定只

① 案例取自聊城市劳动人事争议仲裁委员会聊劳人仲字［2020］120号仲裁裁决书。

要满足停工留薪期满或伤情相对稳定后存在残疾、影响劳动能力一个条件，就可以进行劳动能力鉴定。如果职工进行了劳动能力鉴定，劳动能力鉴定委员会出具了鉴定结论，就意味着工伤职工的伤情已经稳定，停工留薪期已经届满。

但是，实务中有很多不可确定的因素，有时工伤职工尽管做了劳动能力鉴定，但伤情并没有达到“已经稳定”的状态，需要再具体问题具体分析。比如，陕西省汉中市中级人民法院（2020）陕07行终19号行政判决书认为：“2017年5月3日，赵某某被汉中市疾病预防控制中心诊断为职业性矽肺叁期。2017年6月22日，赵某某被宁强县人力资源和社会保障局认定为工伤。2017年12月22日，赵某某被汉中市劳动能力鉴定委员会鉴定为一级伤残等级。其间，赵某某于2017年11月起停工留薪。2018年3月29日，赵某某被汉中市劳动能力鉴定委员会鉴定为大部分护理依赖。2018年4月24日，赵某某在家中死亡。2018年5月23日，经第三人龙达矿业公司及上诉人委托，司法鉴定中心出具司法鉴定意见书，鉴定意见为：被鉴定人（赵某某）的死亡原因系双肺重度矽肺导致组织严重损害，呼吸功能衰竭。故赵某某的死亡原因与其所患职业病相一致。据此，职工赵某某被认定为工伤后，于2018年4月24日因工伤死亡，赵某某的死亡时间未超过12个月的停工留薪期，属于在停工留薪期间内死亡。上诉人的此节上诉理由也不能成立，依法不予支持。”

还有诸如本专题案例二的类似案件，该案件是笔者亲自经办的劳动人事争议案件，该案件的特殊之处就在于，不仅社会保险行政部门认定工伤时工伤职工已经死亡2年，而且劳动者在受到事故伤害后没有任何停工留薪期的信息，也没有在伤情稳定之后进行劳动能力鉴定。劳动人事争议仲裁委员会受理该案后，感到十分棘手，既不能拒绝裁判，也不能无理由裁判。该案在庭审的基础上，根据工伤职工病案资料记载的伤情，对劳动能力鉴定可能达到的等级和停工留薪期期间作了大胆的推定，以仲裁员的“内心确信”尽可能对“事实”进行还原，力求公平公正，以此告慰死者、安抚生者。使工伤职工近亲属获得了应当获得的相关待遇，不仅工伤职工近亲属对裁判结果感到满意，而且用人单位也对劳动人事争议仲裁委员会的推定表示理解并接受，实现了法律效果、社会效果的有机统一。

二、工伤职工停工留薪期确认的主体

对于工伤职工的停工留薪期的期限，国家没有统一的规定，但地方都有自己的“停工留期管理办法”，管理办法大同小异，对于工伤职工不同部位受伤的停工留薪期限也相差不大。以《山东省工伤职工停工留薪期管理办法》为例，说明工伤职工停工留薪期的确认及相关的程序性规定。《山东省工伤职工停工留薪期管理办法》第三条规定：“工伤职工应及时将工伤医疗服务机构出具的诊断证明报送给所在单位，申请停工留薪。用人单位应当根据协议医疗机构出具的诊断证明，按照《山东省工伤职工停工留薪期分类目录》（附件1），确定其停工留薪期限，并书面通知工伤职工本人（附件2）。”第四条第二款规定：“停工留薪期一般不超过12个月，伤情严重或者情况特殊的，经市劳动能力鉴定委员会确认后可以适当延长，但延长期限不得超过12个月。”第七条规定：“工伤职工停工留薪期满，伤情尚未稳定或未痊愈，不能恢复工作仍需治疗的，应在期满前5个工作日内向本单位提出延长停工留薪期的书面申请，并提交协议医疗机构出具的休假证明。用人单位同意后，可以延长停工留薪期。用人单位对工伤职工延长停工留薪期有异议的，应在接到申请7个工作日内持该职工的工伤认定决定书、住院或门诊病历、相关检查报告、协议医疗机构出具的休假证明、职工延长停工留薪期申请书等，向市劳动能力鉴定委员会申请延长停工留薪期确认。用人单位未提出申请的，视为同意延长停工留薪期。劳动能力鉴定委员会作出确认结论前，工伤职工继续享受停工留薪期待遇。工伤职工或者其直系亲属、工会组织未在规定的时间内提出延长停工留薪期申请的，停工留薪期终止。”因此，工伤职工停工留薪期有两个确认主体：一个是工伤职工所在的用人单位，另一个是劳动能力鉴定委员会。需要说明的是，无论是确认停工留薪期，还是申请停工留薪期延长，工伤职工都应该及时向用人单位提出。

三、工伤复发医疗期应享受工伤职工停工留薪期待遇

案例一属于工伤复发医疗期应享受工伤职工停工留薪期待遇的情形。工伤复发是指工伤员工的伤情恢复到工伤受伤时的伤情或者比工伤受伤时更为严重的状态。因此，工伤复发的停工留薪期应当重新起算。《工伤保险条例》第三十八条规定："工伤职工工伤复发，确认需要治疗的，享受本条例第三十条、第三十二条和第三十三条规定的工伤待遇。"该享受应当是重新享受的意思，工伤复发员工的停工留薪期，应当从工伤复发之日开始重新计算。工伤职工在工伤复发后获得停工留薪期和停工留薪期待遇，这是受伤员工的基本保障。如果以受伤时已经享受了停工留薪期，认为工伤复发后不能再享受停工留薪期，则违背了保障人权的精神，也违背了法律解释应当符合立法目的的原则。

四、被认定工伤后死亡是否再需要进行工伤（亡）认定

《工伤保险条例》对认定工伤后又死亡的职工，获得工亡待遇是否需要再次工伤（亡）认定，法律法规和相关政策均未作出规定。笔者认为，工伤职工被认定工伤后死亡，如果没有新的工伤事由，再次作出工伤认定既无法律依据，也无实际必要。

专题六　停工留薪期工资仲裁时效起算点争议

停工留薪期工资仲裁时效起算点涉及停工留薪期期限、停工留薪期工资的性质等问题，实务中，劳动人事争议仲裁机构、司法机关的认识也不尽相同。

案例一　停工留薪期工资仲裁时效为普通时效

案情简介

任某于2006年8月到某煤炭公司下属的碱场煤矿从事井下采煤工作，并与煤炭公司签订了劳动合同。2012年11月15日17时许，任某在赶乘通勤车的路上滑倒摔伤，后被送往医院住院治疗95天。任某住院期间，煤炭公司给付任某停工留薪期工资合计4849.59元，并为任某办理了其他工伤保险待遇，任某出院后次日即回单位上班。2013年4月5日，任某在井下工作时再次受伤，在医院住院治疗36天，出院后在家休养。煤炭公司给付了停工留薪期工资合计3236.44元，并为任某办理了二次工伤的其他工伤保险待遇。2013年6月24日，任某回单位上班。2014年1月22日、2014年7月18日任某两次去单位协商要停工留薪期工资，煤炭公司拒绝支付。2015年6月15日，任某向劳动人事争议仲裁委员会申请仲裁，要求煤炭公司支付两次工伤所欠停工留薪期工资。

（一）劳动人事争议仲裁委员会：不予受理

劳动人事争议仲裁委员会认定任某的申请已过申请时效，2015年6月23日向任某送达了《不予受理通知书》。

任某不服，遂提起诉讼，请求由煤炭公司给付所欠两次工伤的停工留薪期工资，合计61374元。

（二）一审法院：判决驳回起诉

一审法院依法作出（2015）梨民初字第243号民事判决书，判决驳回起诉。

任某不服，提出上诉。

（三）二审法院：发回重审

二审法院认为，因上诉人二审期间提供证据，致使原审法院认定基本事实不清。2015年11月11日作出裁定，撤销一审判决，发回重审。

（四）重审法院：用人单位支付停工留薪期工资

重审法院认为，本案系工伤保险待遇纠纷。第一，仲裁时效从何时开始计算。原告任某的第一次受伤时间是在2012年11月15日，伤后领取了3个月左右的停工留薪期工资，第二次受伤的时间是在2013年4月5日，伤后领取了3个月左右的停工留薪期工资，仲裁时效应分别从2013年2月和2013年7月起算，即自此时起视为任某知道或者应当知道其权利被侵害。第二，仲裁时效期间因任某向被告煤炭公司主张权利而中断。任某提供的证据可以证实其在受工伤后，曾于2014年1月22日和2014年7月18日先后两次向煤炭公司主张权利，发生仲裁时效中断，从中断时起仲裁时效期间重新计算，即仲裁时效期间从2014年7月18日第二次中断时起重新计算。任某于2015年6月15日向劳动人事争议仲裁委员会申请仲裁，未超过《劳动争议调解仲裁法》第二十七条第一款规定的一年的仲裁时效期间。第三，任某第一次受伤后停工留薪期为95天，停工留薪期间工资应为27174.50元（8581.43元 ÷ 30天 × 95天），第二次受伤后的停工留薪期79天，参照第一次受伤前12个月平均工资8581.43元，其停工留薪期间工资应为22597.80元（8581.43元 ÷ 30天 × 79天），两次受伤的停工留薪期工资合计为49772.30元，扣除已给付的8086.03元，尚欠41686.27元。被告煤炭公司给付拖欠原告任某的两次停工留薪期工资合计

41686.27元，此款于本判决生效后10日内给付。[1]

案例二 停工留薪期工资仲裁时效为特殊时效

案情简介

晋某于1980年进入某船厂工作。2006年7月23日，晋某在下班途中发生交通事故，2006年10月27日被劳动和社会保障局认定为工伤，2007年1月8日被劳动能力鉴定委员会认定为工伤6级伤残。2008年，晋某与交通事故肇事方在法院达成调解协议，事故肇事方赔偿晋某伤残赔偿金、交通费、误工费、精神抚慰金、住院伙食、营养费、法医鉴定费及诉讼费共计8.7万元。晋某受伤后休息至2008年3月26日回船厂上班。2009年2月晋某办理了特殊工种退休手续。晋某于2015年4月27日向劳动人事争议仲裁委员会申请仲裁，要求船厂支付停工留薪工资差额28000元、一次性伤残补助金32000元、一次性工伤医疗补助金20727元、一次性伤残就业补助金32242元。

（一）劳动人事争议仲裁委员会：不予受理

仲裁委以晋某的仲裁请求已超过仲裁时效为由向其下达不予受理通知书。晋某对该不予受理通知书不服，遂诉至法院。

（二）一审法院：因超时效，驳回晋某的诉讼请求

一审法院认为，关于晋某要求船厂支付停工留薪工资差额28000元的诉请，依据《劳动争议调解仲裁法》第二十七条第一款的规定，劳动争议申请仲裁的时效为一年，从当事人知道或者应当知道其权利被侵害之日起计算，2006年7月23日至2008年3月26日为晋某停工期间，但其直到2015年4月27日才向武汉市劳动人事争议仲裁委员会申请仲裁，已过1年的仲裁时效，且无

---

[1] 案例取自黑龙江省鸡西市梨树区人民法院（2016）黑0305民初28号民事判决书。

时效中止或中断的法定事由，故晋某要求船厂支付停工留薪工资的诉讼请求超过了仲裁时效，该院不予支持。

晋某不服一审判决，提起上诉。

（三）二审法院：未超时效，支持停工留薪期工资

二审法院认为，《劳动争议调解仲裁法》第二十七条规定："劳动争议申请仲裁的时效期间为一年。仲裁时效期间从当事人知道或者应当知道其权利被侵害之日起计算。前款规定的仲裁时效，因当事人一方向对方当事人主张权利，或者向有关部门请求权利救济，或者对方当事人同意履行义务而中断。从中断时起，仲裁时效期间重新计算。因不可抗力或者有其他正当理由，当事人不能在本条第一款规定的仲裁时效期间申请仲裁的，仲裁时效中止。从中止时效的原因消除之日起，仲裁时效期间继续计算。劳动关系存续期间因拖欠劳动报酬发生争议的，劳动者申请仲裁不受本条第一款规定的仲裁时效期间的限制；但是，劳动关系终止的，应当自劳动关系终止之日起一年内提出。"本案中，晋某主张船厂拖欠其停工留薪期工资，仲裁时效期间应当自其退休时起算。因晋某提交的证据可以证明其持续向船厂主张工伤待遇，故该请求的仲裁时效发生中断，晋某就该请求提起劳动争议仲裁未超过仲裁时效期间。《工伤保险条例》第三十三条第二款规定，停工留薪期一般不超过12个月。伤情严重或者情况特殊，经设区的市级劳动能力鉴定委员会确认，可以适当延长，但延长不得超过12个月。晋某受伤后休息时间超过12个月，但其未提交经市级劳动能力鉴定委员会确认可以延长停工留薪期的证据，故其停工留薪期应按12个月计算，由此，船厂应补发其此期间工资差额为6612元［（1103—552）×12］。①

① 案例取自湖北省武汉市中级人民法院（2016）鄂01民终467号民事判决书。

评析与思考

停工留薪期工资仲裁时效起算点认定的关键在于判断停工留薪期工资是属于工伤保险待遇还是属于劳动报酬，由此可认定停工留薪期工资适用普通时效还是特殊时效。

一、停工留薪期工资适用时效的观点展示

工伤保险相关法律法规政策中，均没有"停工留薪期工资"的表述，无论劳动人事争议仲裁机构还是司法机关的裁审文书中，出现这个概念都是不严谨的。笔者根据实务经验，总结了三种不同的观点：

观点一：停工留薪期工资属于劳动报酬，其仲裁时效起算点为工伤职工劳动合同解除之日或办理退休手续之日，适用特殊时效。案例二就持该种观点。该观点认为，《关于工资总额组成的规定》第十条规定："特殊情况下支付的工资。包括：（一）根据国家法律、法规和政策规定，因病、工伤、产假、计划生育假、婚丧假、事假、探亲假、定期休假、停工学习、执行国家或社会义务等原因按计时工资标准或计时工资标准的一定比例支付的工资……"因此，停工留薪期工资属于工资的范畴，根据《劳动争议调解仲裁法》第二十七条第四款之规定，停工留薪期工资仲裁时效是从劳动关系解除或终止之日才开始计算。

观点二：停工留薪期工资属于工伤待遇，其仲裁时效起算点为工伤职工劳动合同解除之日或办理退休手续之日，适用普通时效。在工伤职工享受的工伤保险待遇中，一次性伤残就业补助金、一次性工伤医疗补助金均属于工伤待遇，兑现这些工伤保险待遇需要等待劳动关系解除后才能向用人单位主张或者工伤保险经办机构主张。工伤职工应当获得的工伤保险待遇作为一个整体而存在，不能人为割裂开来。如果让当事人针对每一项工伤待遇都严格从其"知道或者应当知道其权利被侵害之日起计算"仲裁时效，只会徒增仲

裁委和人民法院的工作，增加当事人的负担，对于工伤待遇仲裁时效期间的起算上，应当从宽而不是从严掌握，因此停工留薪期工资仲裁时效应自劳动合同解除之日起计算一年。

观点三：停工留薪期工资属于工伤保险待遇，其仲裁时效起算点为工伤职工停工留薪期满，最迟为劳动能力鉴定结论之日，适用普通时效。工资是劳动的对价，停工留薪期工资是《工伤保险条例》规定的法定工伤待遇，并非工伤职工的劳动收入。工伤职工应当在停工留薪期满或劳动能力鉴定结论作出后即知道其应享有的停工留薪期工资权利受到侵害，因此停工留薪期工资仲裁时效的起算点为工伤职工停工留薪期满，最迟为劳动能力鉴定结论之日，适用普通时效。

笔者同意第三种观点。

《工伤保险条例》第三十三条第一款规定："职工因工作遭受事故伤害或者患职业病需要暂停工作接受工伤医疗的，在停工留薪期内，原工资福利待遇不变，由所在单位按月支付。"该条款规定列于《工伤保险条例》第五章"工伤保险待遇"之中，法律条文表述的是"在停工留薪期内，原工资福利待遇不变"，并没有表述为"停工留薪期工资"的意思，即使"停工留薪期工资"是我们的口语表达，该约定俗成的概念也只是像未签订劳动合同的"双倍工资"、应休未休"年休假工资"一样，并没有工资的真实含义。从这个意义上说，停工留薪期工资属于工伤保险待遇，因此工伤保险待遇的仲裁时效为普通时效。观点一的错误在于把工资总额的组成部分当成了工资，机械地理解"工资"的含义，从而错误地把停工留薪期待遇当成了劳动报酬，在适用时效的问题上犯了方向性的错误。观点二的错误在于把工伤职工的所有工伤保险待遇作为一个整体来考量仲裁时效。因为对于一个工伤职工来说，工伤医疗费、一次性伤残补助金、一次性医疗补助金和就业补助金等都是工伤职工的工伤保险待遇，作为工伤保险待遇的整体从节约司法成本、减少当事人诉累的角度考虑仲裁时效的起算，"看起来很美"，但脱离了工伤保险待遇各个项目的实际，也不符合适用时效的规定。

至于停工留薪期待遇的仲裁时效起算点，应具体问题具体分析。对于经过用人单位或劳能力鉴定委员会确认的停工留薪期，其待遇应该从停工留薪期满开始计算；对于没有经过用人单位或劳动能力鉴定委员会确认过停工留薪期的职工，其待遇期间的计算本身就是一个问题，应该根据工伤职工受伤的程度，确定停工留薪期间，然后再根据劳动能力鉴定结论的时间，判断停工留薪期待遇的仲裁时效起算。例如，辽宁省大连市西岗区人民法院（2018）辽0203民初5371号民事判决书认为：

停工留薪期工资与停工留薪期时间的认定直接相关。首先，就原告应当享受的停工留薪期时间，原告的伤情参照《关于印发〈大连市工伤职工停工留薪期管理办法〉和〈大连市工伤职工停工留薪期目录〉的通知》的规定，原告应自2013年10月14日享受停工留薪期为6个月，即便伤情有多处，根据《大连市工伤职工停工留薪期管理办法》第六条的规定，各受损伤部位停工留薪期的时间不累加计算，该时间与交通事故赔偿一案中鉴定的误工时间180天亦相互吻合，故原告计算的停工留薪期12个月应予以更正。其次，就原告主张停工留薪期工资的起算时间，原告2013年10月14日受伤，2017年6月1日经工伤初次鉴定，已认定停工留薪期满，原告当庭自认第二次工伤鉴定只是对鉴定伤残级别提出异议，并非对停工留薪期认定有异议。原告虽然申请了二次鉴定，但因原告未申请停工留薪期的延长，故第二次鉴定结论对停工留薪期没有影响，且第一次鉴定结论作出后原告已离职3年有余。因此，原告应当自第一次鉴定结论作出后即知道针对停工留薪期工资一节，其权利受侵害，仲裁时效的起算时间应自2017年6月1日起算。原告怠于行使其权利，此次起诉已超过仲裁时效，二被告对仲裁时效的抗辩于法有据，故对原告主张停工留薪期工资的请求，本院不予支持。

专题七　工伤职工超过“三项目录”范围费用支付争议

《工伤保险条例》第三十条第三款规定，治疗工伤所需费用符合工伤保险诊疗项目目录、工伤保险药品目录、工伤保险住院服务标准的，从工伤保险基金支付。实践中，工伤职工超过“三项目录”治疗的现象十分普遍，对于超出的费用承担，目前没有统一规范。

案例一　超过“三项目录”范围的费用应该由用人单位承担

案情简介

方某自2003年2月入职某电气北京分公司，双方签有劳动合同。某电气北京分公司为方某缴纳医疗和工伤保险，并购买了一款商业医疗保险。2007年7月13日，方某因工受伤。2008年5月7日，劳动和社会保障局认定方某构成工伤，认定为“左足外伤第一楔骨裂，诱发潜在疾病加重。全身瘫痪，呼吸衰竭，肺部感染”。2009年11月27日，劳动能力鉴定委员会鉴定方某致残等级标准一级、护理依赖程度为完全护理依赖。2009年12月23日，社保中心对方某核准工伤待遇、伤残津贴及护理费，2009年12月至2013年4月，社保中心通过某电气北京分公司按月支付方某伤残津贴、生活护理费等。商业保险及社会保险（医疗和工伤保险）报销了方某2007年7月13日至2015年12月31日期间部分医疗费用、2010年1月1日至2016年4月25日期间的护理费用共计187391.48元。某电气北京分公司在方某的救治过程中，通过关爱基金及慰问、捐款等形式，给予其700607元的经济援助。方某因9年来累积起来未报销的医疗费用数额巨大，方某家属多次向用人单位提出要求解决这部分费用问题，但单位一直不给解决，只是自2012年至今每年从单位职工集体捐助的关爱基金里给了一小部分困难补助，现方某一家债务缠身不堪重负，即将家破人亡。方某由此向劳动人事争议仲裁委员会提出仲裁申请，要求某电气北京分公司支付其：1. 2007年7月13日因工受伤至2015年12月31日社保及其他商业保险未予报销的医疗费用1230793.42元（含呼吸机、咳痰机等辅助器具费及维修费）；2. 2010年1月1日至2016年4月25日期间的社会保险未予报销的护理费453408.52元［640800元-187391.48元（社保已支付）］；3. 2009年12月1日至2016年4月30日生活津贴438900元（5700元/月 ×77个月）；4. 2016年5月1日至2016年7月11日生活津贴13512元（5700元/月 ×2个月+2112元）。

案件历程

（一）劳动争议仲裁委员会：驳回方某的全部仲裁请求

劳动争议仲裁委员会裁决驳回方某的全部仲裁请求。

方某不服，诉至一审法院。

（二）一审法院：未报销的医疗费、额外护理费由用人单位支付

一审法院认为，方某属一级伤残，完全护理依赖，目前仍在治疗中，某电气北京分公司对此知晓，且双方劳动关系未终止或解除，故对某电气北京分公司关于方某的诉讼请求已过仲裁时效的抗辩意见，一审法院不予采纳。此案的争议焦点之一为某电气北京分公司作为用人单位是否应当负担方某工伤保险基金报销范围外的医疗费。《工伤保险条例》第三十条第三款规定，治疗工伤所需费用符合工伤保险诊疗项目目录、工伤保险药品目录、工伤保险住院服务标准的，从工伤保险基金支付。至于超出上述目录和标准、不由工

伤保险基金支付的医疗费，由用人单位还是工伤职工负担，当前法律法规未作直接明确的规定，应依据工伤保险立法精神、相关法律、司法解释以及法理进行综合、体系考量。就此，一审法院从以下几个层面予以考量：

第一，工伤保险制度的首要目的在于及时救治、补偿工伤职工，通过社会化负担方式分散用人单位的工伤风险亦为工伤保险制度的重要目的，但分散风险并不代表免除用人单位的全部损害赔偿责任。《工伤保险条例》第一条明确了立法宗旨，即“为了保障因工作遭受事故伤害或者患职业病的职工获得医疗救治和经济补偿，促进工伤预防和职业康复，分散用人单位的工伤风险，制定本条例”。《工伤保险条例》虽未就工伤保险基金不予报销的医疗费如何负担作出明确规定，但结合该条例立法宗旨，从保护处于弱势地位的劳动者以及工伤救治客观需要考虑，该部分费用由工伤职工负担有违公平原则；而用人单位作为危险源的开启者、最有能力的危险源控制者和生产活动的受益者，对劳动者负有安全保障义务，该部分费用由用人单位负担更为合理。《工伤保险条例》第三十三条关于用人单位应支付劳动者停工留薪期的工资福利待遇的规定，即说明用人单位在工伤保险基金支出范围外，仍应负担劳动者的部分工伤待遇。且停工留薪期待遇属于职工因暂停工作而发生的可得利益损失，属间接损失；工伤医疗费是职工因接受医疗而遭受的既有利益损失，属直接损失。举重以明轻，间接损失尚且获赔，直接损失更应获赔。

第二，《职业病防治法》第五十八条规定，职业病病人除依法享有工伤保险外，依照有关民事法律，尚有获得赔偿的权利的，有权向用人单位提出赔偿要求。《安全生产法》第五十六条第二款规定，因生产安全事故受到损害的从业人员，除依法享有工伤保险外，依照有关民事法律尚有获得赔偿的权利的，有权提出赔偿要求。据此可知，立法对劳动者享有在工伤保险外主张民事赔偿的权利持肯定态度。

第三，《最高人民法院关于审理人身损害赔偿案件适用法律若干问题的解释》对工伤保险范围外的损失如何赔偿并未明确规定。该解释第三条第一款规定，依法应当参加工伤保险统筹的用人单位的劳动者，因工伤事故遭受人身损害，劳动者或者其近亲属向人民法院起诉请求用人单位承担民事赔偿责任的，告知其按《工伤保险条例》的规定处理。该条款宜理解为劳动者就工伤赔偿在程序上应先主张工伤保险责任，并未否定劳动者在享受工伤保险待遇后还享有就其他损失向用人单位主张赔偿的实体权利。

第四，法律对劳动关系中劳动者的保护力度应大于对雇佣关系中雇员的保护力度。雇员在从事雇佣活动中遭受人身损害，雇主应当承担赔偿责任。此处，雇主对雇员从事雇佣活动所受人身损害系承担无过错赔偿责任。个人之间形成劳务关系，提供劳务一方因劳务造成他人损害的，由接受劳务一方承担侵权责任。提供劳务一方因劳务自己受到损害的，根据双方各自的过错承担相应的责任。鉴于上述规定限定为“个人之间形成劳务关系”，在单位与个人形成的劳务关系中，雇员从事雇佣活动遭受人身损害，仍适用无过错赔偿责任的规定。举重以明轻，法律对劳动关系中劳动者的保护力度应大于对雇佣关系中雇员的保护力度。否则，既违反法律体系的内在逻辑，也有悖公平原则。

综上所述，工伤保险基金报销范围外的医疗费，应由用人单位按无过错原则负担。同理，工伤职工生活不能自理，接受护理是其基本人身权利的体现，呼吸机、咳痰机等辅助器具属维持生命所需，也与工伤事故存在相当的因果关系，故工伤保险基金报销范围外的合理的护理费、工伤辅助器具费亦应由用人单位负担。此外，根据《工伤保险条例》第十七条第四款的规定，用人单位未在职工发生事故伤害发生之日起30日内，向统筹地区社会保险行政部门提出工伤认定申请，在此期间发生符合本条例规定的工伤待遇等有关费用由该用人单位负担。此案中，某电气北京分公司未及时为方某申请认定工伤，导致其未能及时享受符合工伤保险条例规定的工伤待遇，电气公司对此负有过错，应负担在此期间方某发生的符合工伤保险条例规定的工伤待遇等有关费用；工伤职工方某属一级伤残，生活完全不能自理，重伤情况实属罕见，治疗历时已达十年之久，商业保险及社会保险未予报销的医疗费用、护理费用等数额巨大，但系因康复护理、继续治疗实际发生，属抢救及维持生命所需；某电气北京分公司在方某的救治过程中，通过关爱基金、慰问、捐款等形式，给予其一定的经济援助，体现了良好的社会责任感；故综合考虑案件案情，结合双方提交的证据，扣除无支出票据佐证、无法核算以及社保已报销的费用，一审法院酌定某电气北京分公司支付方某2007年7月13日至2015年12月31日社会保险及商业保险未予报销的医疗费用（含辅助器具费）共计110万元。方某属完全护理依赖，护理人数按两人计算，未超出合理范畴，参照北京市护工从事同等级别护理的劳务报酬标准计算，按照每日人均120元到150元的区间，依据年份递增，减去社保已报销的护理费，一审法院酌定某电气北京分公司支付方某2010年1月1日至2016年4月25日期间社会保险未予报销的护理费用共计42万元。

此案另一争议焦点为某电气北京分公司作为用人单位是否应当负担方某停职留薪期后的生活津贴。方某主张依据《北京市工伤职工停工留薪期管理办法》第十条及《社会保险法》第三十九条的规定，应由用人单位发放其生活津贴。但方某已在劳动能力鉴定后按月从工伤保险基金领取伤残津贴，伤残津贴是对因工致残而退出工作岗位的工伤职工工资收入损失的合理补偿，一级伤残为本人工资的90%，该津贴随国家相关标准（职工平均工资增长率、居民消费价格指数等因素）的变化而调整，已对其因工致残后的生活有所保障，其不符合上述法律法规的规定，故对方某要求某电气北京分公司支付其2009年12月1日至2016年7月11日期间的生活津贴的诉讼请求，法院不予支持。

某电气北京分公司不服，提出上诉。

（三）二审法院：一审法院酌定的医疗费用、护理费用数额并无不当

二审法院认为，根据当事人的诉辩意见及查明事实，本案的争议焦点主要有三：第一，对方某因工伤花费的医疗费用、护理费用，工伤保险基金不予支付的部分，是否应当由用人单位某电气北京分公司负担。第二，方某起诉用人单位某电气北京分公司负担上述款项，是否超过诉讼时效。第三，方某因工伤花费的医疗费用、护理费用数额认定问题。对此，分别论证如下：

关于争议焦点一，对方某因工伤花费的医疗费用、护理费用，工伤保险基金不予支付的部分，应由用人单位某电气北京分公司负担。第一，从立法目的来看，依据《工伤保险条例》第一条规定，工伤保险系为保障因工作遭

受事故伤害或者患职业病的职工获得医疗救治和经济补偿，促进工伤预防和职业康复，分散用人单位的工伤风险。根据前述立法目的，《工伤保险条例》是有关权利保障的行政法规，在行政法规本身规定不明确的条件下，应尽可能朝着有利于劳动者利益的角度进行理解，且《工伤保险条例》强调的是“分散”用人单位承担的风险，并非“替代”风险。在适用工伤保险赔偿的场合，《工伤保险条例》并没有规定用人单位对工伤保险基金不予支付的部分免除赔偿责任。第二，从请求权的角度来看，民法和劳动法各自从人身损害和社会保险的角度对工伤事故加以规范，不可避免地使工伤事故具有民事侵权赔偿和社会保险赔偿双重性质。不同国家对此有不同的救济模式，包括取代救济模式、双重救济模式、补充救济模式。雇主对雇员在从事雇佣活动中遭受人身损害的，应当承担无过错责任；符合工伤保险范围的不适用雇主责任，但该条款并未对雇员在工伤保险范围外的损失排除由雇主承担。依法应当参加工伤保险统筹的用人单位的劳动者，因工伤事故遭受人身损害，劳动者或者其近亲属向人民法院起诉请求用人单位承担民事赔偿责任的，告知其按《工伤保险条例》的规定处理。该条款也没有排除劳动者就工伤保险基金以外的费用向用人单位主张赔偿的权利。第三，从现行法律规定来看，《职业病防治法》第五十八条规定，职业病病人除依法享有工伤保险外，依照有关民事法律，尚有获得赔偿的权利的，有权向用人单位提出赔偿要求。《安全生产法》第五十六条第二款规定，因生产安全事故受到损害的从业人员，除依法享有工伤保险外，依照有关民事法律尚有获得赔偿的权利的，有权提出赔偿要求。从上述规定可以看出，在适用工伤保险赔偿之外，存在劳动者向用人单位主张民事侵权赔偿的情形。第四，对于工伤保险基金不予支付的部分，由用人单位实际负担更符合法律规定的内在逻辑与规范精神。而对于劳动者的保护，若以工伤保险基金完全排除用人单位的人身损害赔偿责任，则会导致工伤保险基金不予支付的部分只能由劳动者自行负担，既违反法律体系的内部逻辑，也会对受害人或者家属有所不公。由用人单位实际负担工伤保险基金不予支付的部分，既分散了用人单位风险，减轻了用人单位负担，又避免受害人获得双份利益，保证受害人得到完全赔偿。综上，一审法院依据立法精神、相关法律、司法解释等综合考量，确认由某电气北京分公司负担工伤保险基金报销范围外的医疗费、护理费正确，本院予以确认。某电气北京分公司上诉主张不应承担赔偿责任，并提出的上诉理由，本院不予采信。

关于争议焦点二，方某的起诉请求并未超过诉讼时效。方某于2007年7月13日受伤，经鉴定属一级伤残、完全依赖护理，至今仍处在持续治疗和护理当中。公司对此知情，双方的劳动关系仍然存续。故就本案而言，方某尚不满足知道或应当知道权利受到侵害的充分适用情形。现方某起诉某电气北京分公司主张2007年7月13日到2015年12月31日的医疗费以及2010年1月1日至2016年4月25日的护理费，应予支持。某电气北京分公司的上诉意见，本院不予采信。

关于争议焦点三，一审法院酌定的医疗费用、护理费用数额并无不当。方某工伤达到一级伤残，生活完全需要护理。在受伤后，十年多的时间内需要持续接受医院的治疗才能维持基本的生命权利。本案中，考虑到工伤申请、医疗报销所需时间、程序，一审法院结合现有证据，在扣除社保已报销费用的情况下，酌定方某在2007年7月13日到2015年12月31日工伤保险基金、商业保险未予报销的医疗费用（含辅助器具费）为110万元，数额并无不当，本院予以确认。考虑到方某需要完全护理，一审法院在参照北京市护工报酬，并减去已报销护理费的情况下，酌定2010年1月1日至2016年4月25日未予报销的护理费为42万元，亦无不当，本院亦予确认。某电气北京分公司上诉称已通过关爱基金、慰问、捐款等形式给予方某一定的经济援助。对此某电气北京分公司对方某给予经济援助的行为是成熟、负责任企业的良好典范，体现了高度的社会责任感，应予肯定。综上所述，某电气北京分公司的上诉请求不能成立，应予驳回；一审判决认定事实清楚，适用法律正确，应予维持。

某电气北京分公司不服，申请再审称：1.一审判决违背了《工伤保险条例》立法本意，我公司完全不认可“工伤保险基金报销范围外的医疗费，应由用人单位按无过错原则负担”的观点。2.原判决适用法律错误。一审判决引用《职业病防治法》第五十八条、《安全生产法》第五十六条属于适用法律错误。3.方某被认定工伤与职业病致残等级，停工留薪期结束后，经过法定程序，方某自2009年12月享受工伤保险待遇，其享受工伤保险待遇以外的费用，没有法律依据应当由我公司承担，原判决确定民事责任明显违背法律规定。4.从方某一审诉讼请求表述可知，社会保险已经支付了其2010年1月1日至2016年4月25日的护理费，没有法律依据规定应当由我公司承担已经支付的护理费以外的部分。另，因该请求并非工资报酬，故上述大部分请求亦超过了诉讼时效的规定。5.从方某发生工伤开始至今，我公司已经以各种方式向方某一家提供了赞助、援助高达70余万元，一直额外扶助了方某一家的生活。综上所述，职工因工作遭受事故伤害或者患职业病进行治疗，享受工伤医疗待遇，因方某自2009年12月享受工伤保险待遇，自其享受工伤保险待遇以后的合理费用，应依法承担。在社会保险已经按照《工伤保险条例》支付了各项费用的情况下，额外的任何请求没有法律规定应当由用人单位承担。我公司请求再审法院在查明事实的基础上，依法改判，维护用人单位的合法权益。

（四）再审法院：驳回再审申请

再审法院认为，本案中，对方某因工伤花费的医疗费用、护理费用，工伤保险基金不予支付的部分，一、二审判决由用人单位电气北京分公司负担是否合理，是本案审查的重点。

由用人单位实际负担工伤保险基金不予支付的部分，既分散了用人单位风险，减轻了用人单位负担，又避免受害人获得双份利益，保证受害人得到完全赔偿。原审法院依据立法精神、相关法律、司法解释等综合考量，确认由电气北京分公司负担工伤保险基金报销范围外的医疗费、护理费正确，并无不当，应予维持。据此，某电气北京分公司的再审申请不符合《民事诉讼法》规定的情形。①

---

① 案例取自北京市高级人民法院（2018）京民申2654号民事裁定书。

案例二　超过工伤医疗范围的医疗费用应该由工伤职工承担

案情简介

季某自1982年8月起在某地毯公司工作，至2012年11月18日退休。公司按时为季某足额缴纳了工伤保险及养老保险。2011年5月31日，季某在工作中受伤，6月3日，单位安全员告知季某工伤治疗需以现金结算，以医疗保险卡结算将导致无法报销，但季某在随后的工伤治疗期间多次以医疗保险卡结算费用。2011年6月8日，公司申请工伤认定，季某于同年12月19日经鉴定为工伤十级。2012年1月，季某到某市医疗保险管理中心进行工伤医疗保险报销，经该中心审核，季某治疗期间提供收据的开销中，因部分费用以医疗保险卡结算、部分费用不属于工伤保险报销范围等原因，共计7372元未能报销，该中心将未报销的收据上加盖了“核减”印章，收回了已报销收据的原件。2012年4月6日，季某申请工伤职工旧伤复发审批，由某市医疗保险管理中心审核同意后，继续工伤治疗。2013年10月23日，季某向某市劳动人事争议仲裁委员会申请仲裁，请求某地毯公司支付未报销的医疗费。

案件历程

（一）劳动争议仲裁委员会：不予受理

劳动争议仲裁委员会作出不予受理通知书，裁定不予受理。

季某不服，提起诉讼。

（二）一审法院：医疗费未经审核的医疗项目应由其自行承担

一审法院认为，发生工伤事故后，用人单位和劳动者应积极履行法律义务以保障自己的权利。同时，用人单位应按法律规定承担劳动者支出的其他费用。本案中，被告公司已足额为原告缴纳了工伤保险，原告亦无异议。且原告在2011年5月31日发生事故后，被告公司于2011年6月8日申请了工伤认定，此外，被告公司人员于2011年6月3日就工伤医疗注意的问题告知原告，因此，被告公司已积极履行了法定义务。原告作为参保人员，其工伤医疗费用应按规定报销，对于不属于报销范围的费用，且不属于法律规定由用人单位承担的费用，应由参保人员自行承担，被告公司无须另行承担工伤赔偿责任。原告主张的7340元医疗费系以医疗保险卡结算工伤费用、未在工伤定点医院治疗及未经大连市医疗保险管理中心审核的医疗项目而导致无法报销，应由其自行承担责任。庭审中，对于原告治疗期间花费的挂号费32元，被告公司同意支付，本院予以照准。

季某上诉，请求撤销一审判决，依法改判由被上诉人支付上诉人工伤期间发生的医疗费7372元或发回重审。

（三）二审法院：驳回上诉，维持原判

二审法院认为，关于上诉人季某要求被上诉人支付工伤医疗费的上诉请求，公司已经为季某缴纳了工伤保险，其工伤医疗费用应由工伤保险经办机构按规定报销。上诉人季某部分费用以医疗保险卡结算、部分费用不属于工伤保险报销范围未能报销，其请求由被上诉人某地毯公司承担没有法律依据，本院不予支持。[①]

评析与思考

《工伤保险条例》第三十条第三款规定，治疗工伤所需费用符合工伤保险诊疗项目目录、工伤保险药品目录、工伤保险住院服务标准的，从工伤保险基金支付，对于目录之外费用，该条例没有明确规定，该部分费用由谁承担也就成了实践中争议较大的问题。

一种观点认为，既然用人单位已按法律规定给职工足额缴纳工伤保险，

① 案例取自辽宁省大连市中级人民法院（2014）大民五终字第269号民事判决书。

工伤保险经办机构按国家法律规定报销了医疗费，用人单位已尽到法定义务，用人单位不应承担未报销的医疗费。案例二就持这种观点。

另一种观点认为，职工发生的是工伤，如何用药是医生根据病情决定的，未报销医疗费应由用人单位负责补偿。比如，《青岛市人力资源和社会保障局工伤保险医疗管理和费用结算办法》第六条第一款规定："职工就医时，用人单位应当书面告知协议医疗机构是因工作遭受事故伤害或患职业病，协议医疗机构应当按照工伤医疗管理有关规定为其提供及时有效的医疗服务。用人单位未按要求书面告知的，所发生的超出工伤保险诊疗项目目录、药品目录、住院服务标准（以下称'三个目录'）范围的医疗费用由用人单位承担。"

以上观点是以地方的法律性规范支持作为前提的，在地方规定不明确的情况下，笔者赞成第二种观点。案例一中一审、二审、再审已经从《工伤保险条例》立法目的角度、劳动者请求权角度、《职业病防治法》《安全生产法》并没有排除劳动者在享受《工伤保险条例》规定的工伤保险待遇之外有权向用人单位提出赔偿要求角度、雇主责任规定等进行了综合考量分析，工伤职工在"三个目录"之外发生的合理费用应该由用人单位支付，可以说是"释法说理"的典范之作。笔者在此基础上认为，"三个目录"之外发生的合理费用应该由用人单位支付还有如下理由：

一、工伤保险待遇的刚性原则，决定了工伤职工享受的工伤保险待遇只能随着社会经济的发展而逐步提高

我国的工伤保险制度发展于1953年的《劳动保险条例》，其后的1996年原劳动部又制定了《企业职工工伤保险试行办法》（现已失效），然后才是2003年的《工伤保险条例》和2011年的《社会保险法》。《劳动保险条例》第十二条规定："……工人与职员因工负伤……其全部诊疗费、药费、住院费、住院时的膳费与就医路费，均由企业行政方面或资方负担……"该条例作为我国第一部保险条例，确立了一个基本原则，那就是职工不承担任何医疗费。《企业职工工伤保险试行办法》虽然已经失效，但其规定的精神与《劳动保险条例》相一致，仍然是职工不负担医疗费。从国家的法律性规范历史沿革看，

工伤职工是不负担治疗工伤相关费用的。“三个目录”是为了规范工伤保险协议机构的医疗行为，同时又对用人单位和职工提出了行为规范，是《工伤保险条例》用于工伤保险基金管理的法律规范，目的是防止工伤保险基金的流失。但“三个目录”之外发生的合理费用由用人单位支付不仅符合工伤保险待遇的刚性原则，同时也符合共享改革开放发展成果的要求。

二、举重以明轻，参保职工应该得到更多的社会保障

《工伤保险条例》第六十二条第二款规定：“依照本条例规定应当参加工伤保险而未参加工伤保险的用人单位职工发生工伤的，由该用人单位按照本条例规定的工伤保险待遇项目和标准支付费用。”《社会保险法》第四十一条第一款规定：“职工所在用人单位未依法缴纳工伤保险费，发生工伤事故的，由用人单位支付工伤保险待遇。用人单位不支付的，从工伤保险基金中先行支付。”如果单位不参加工伤保险，一旦发生工伤事故，目前的统一的做法是单位承担所有的工伤保险待遇。这就出现了一个问题：如果单位不参保，职工反而得到更大的保障，而如果按国家的规定参保了，职工受保障的程度反而降低了。这会对工伤保险制度的实施带来不利的影响。

三、从工伤保险的功能、立法目的理解工伤保险基金支付范围的有限性

《工伤保险条例》第一条规定：“为了保障因工作遭受事故伤害或者患职业病的职工获得医疗救治和经济补偿，促进工伤预防和职业康复，分散用人单位的工伤风险，制定本条例。”该条例只是规定分散用人单位的风险、减少损失，而不是说免除风险，法律法规也没有规定用人单位参加工伤保险后就可以不需要承担工伤赔偿责任，用人单位按照《工伤保险条例》支付的停工留薪期工资及解除合同时支付的一次性伤残就业补助金就是一个很好的证明。因此，用人单位参保只是在一定程度上减少风险而非免除责任。工伤保险是“保”不是“包”，从保险的功能来说，如果超标的费用是合理的（如合理的

医疗费用、卫生用品费用、护工费用等）就应该由用人单位承担。

《工伤保险条例》之所以设定了“三个目录”，是从社会保险基金管理的角度设立的一项基金规范措施，防止过度治疗、堵塞工伤保险基金流失的有效途径，但并没有排除用人单位在工伤保险待遇支付上的责任，毕竟工伤职工是在用人单位工作时间、工作场所、因为工作原因受到了事故伤害，不能让工伤职工“流血又流泪”的情况出现。

四、非工伤引发疾病的医疗费按照基本医疗保险办法处理

《工伤保险条例》第三十条第五款规定：“工伤职工治疗非工伤引发的疾病，不享受工伤医疗待遇，按照基本医疗保险办法处理。”对工伤医疗待遇，依法应当由工伤保险经办机构审核，对于并非治疗相关工伤疾病用药不能从工伤保险基金列支。职工对审核部门的证据及依据有异议的，应当提供相反证据证明。①

① 最高人民法院（2020）最高法行申8662号行政裁定书。

专题八　未足额缴纳工伤保险费，一次性伤残补助金差额争议

用人单位未足额缴纳工伤保险费，影响了工伤职工的多项待遇，其中一次性伤残补助金就是其中之一。一次性伤残补助金是由工伤保险基金支付的工伤保险待遇，但用人单位未足额缴纳工伤保险费造成了工伤职工一次性伤残补助金的待遇差额，引发了待遇差额支付主体争议和工伤职工救济渠道争议。

案例一　未足额缴纳工伤保险费，用人单位应支付一次性伤残补助金差额

案情简介

2016年8月2日，成某入职万娱公司（化名），入职时担任设计师岗位，离职前岗位为助理总监。万娱公司与成某签订书面劳动合同，约定期限自2016年8月2日起至2018年8月1日止。劳动合同约定的工资标准为5000元/月。万娱公司以此为基数为成某交纳社会保险及工伤保险。2017年5月26日，成某因工负伤，被劳动能力鉴定委员会确认为致残等级标准拾级，并因此获得某社会保险基金管理中心支付的一次性伤残补助金35000元。2017年8月25日，成某因个人原因与万娱公司书面解除劳动合同。成某正常出勤至2017年8月25日。成某主张，其工资实际为12800元/月，每月5日左右，以银行转账形式发放上个自然月整月工资，其中工资是分两张银行卡发放，户名分别是其本人和母亲。万娱公司未按实际工资交纳保险，导致其工伤保险待遇

降低。万娱公司不认可，认为就是劳动合同约定的5000元。成某为证明其主张提交了公证书（内容为录用通知书邮件、关于市场部成某的升职及调薪申请的电子邮件，主要内容为：成某被录用后试用期为2个月，税前工资9344元，转正后月工资11680元，自2016年10月1日起将成某的月工资调整至税前12800元，且不含餐补、交通补、出差补等，自2017年6月7日起，成某工资由12800元调整至13800元）。成某就一次性伤残补助金差额申请劳动仲裁。

案件历程

（一）劳动争议仲裁委员会：驳回仲裁请求

2018年11月23日，劳动人事争议仲裁委员会认为成某的主张不属于该委受理范围，裁决：驳回成某的仲裁请求。

成某不服，提起诉讼。

（二）一审法院：支持一次性伤残补助金差额

一审法院认为，职工应当参加工伤保险，由用人单位缴纳工伤保险费，职工不缴纳工伤保险费。用人单位应当按照本单位职工工资总额，根据社会保险经办机构确定的费率缴纳工伤保险费。职工所在用人单位未依法缴纳工伤保险费，发生工伤事故的，由用人单位支付工伤保险待遇。《工伤保险条例》第三十七条规定："职工因工致残被鉴定为七级至十级伤残的，享受以下待遇：（一）从工伤保险基金按伤残等级支付一次性伤残补助金，标准为：七级伤残为13个月的本人工资，八级伤残为11个月的本人工资，九级伤残为9个月的本人工资，十级伤残为7个月的本人工资……"根据已查明事实，成某提交的证据材料可以形成完整的证据链，证明成某受伤时在万娱公司的工资标准为税前12800元。万娱公司应以此为基数为其交纳工伤保险费用，因万娱公司未足额交纳，其应自行负担相应的差额。成某主张有依据，数额计算正确。

万娱公司不服，上诉至二审法院。

（三）二审法院：驳回上诉

二审法院认为，职工应当参加工伤保险。工伤保险费由用人单位缴纳，职工不缴纳工伤保险费。用人单位应当按照本单位职工工资总额，根据社会保险经办机构确定的费率缴纳工伤保险费。本案中，根据成某提供的邮件、工资的实际发放情况，可以证明成某受伤时的月工资标准为12800元，而万娱公司仅按照每月5000元的工资标准为成某缴纳工伤保险，造成工伤发生后，成某实际获得的一次性伤残补助金低于其本应获得的一次性伤残补助金。因万娱公司的原因造成成某实际享受的工伤保险待遇降低，故对于工伤保险待遇降低的差额部分，万娱公司应予补足。一审法院判令万娱公司支付成某因未按实际工资缴纳社会保险导致其工伤待遇降低的一次性伤残补助金的差额54600元，并无不当，本院予以确认。

万娱公司不服，申请再审。

（四）再审法院：驳回万娱公司的再审申请

再审法院认为，成某提供的邮件、工资的实际发放情况等证据可以证明成某受伤时的月工资标准为12800元，而万娱公司仅按照每月5000元的工资标准为成某缴纳工伤保险。造成工伤发生后，成某实际获得的一次性伤残补助金低于其本应获得的一次性伤残补助金。因万娱公司的原因造成成某实际享受的工伤保险待遇降低，对于工伤保险待遇降低的差额部分，万娱公司应予补足。二审法院判决万娱公司支付成某因未按实际工资缴纳社会保险导致其工伤待遇降低的一次性伤残补助金的差额54600元，符合法律规定，处理并无不当。万娱公司申请再审的理由不能成立。[①]

---

① 案例取自北京市高级人民法院（2020）京民申2818号民事裁定书。

案例二　一次性伤残补助金差额诉求应属于劳动争议

案情简介

2006年3月20日，林某应聘到某科技公司从事焊工工作，并与科技公司签订劳动合同，约定工资为计件工资制。2015年7月1日双方续签劳动合同，合同期限为5年，自2015年7月1日起至2020年6月30日止，工作岗位为制造相关岗位，执行综合计算工时工作制度，基本工资为1030元/月。2017年8月9日，林某在工作时因行车吊起的产品脱钩导致左脚等部位被砸伤，先后在某市中心医院、民生医院住院治疗222天，林某受伤时，科技公司尚欠其一个月工资未予发放。2017年10月30日，某市人力资源和社会保障局认定林某所受伤害构成工伤，2018年6月19日，某市劳动能力鉴定委员会对林某进行劳动能力鉴定，鉴定结论为伤残捌级。2019年年初，林某因工伤保险待遇争议向某市劳动人事争议仲裁委员会申请劳动仲裁，请求裁定用人单位支付没有足额缴纳的社会保险的工伤保险待遇补偿金和赔偿金172368元。

案件历程

（一）劳动争议仲裁委员会：用人单位应支付未足额缴纳工伤保险费的补差赔偿

某市劳动人事争议仲裁委员会经审理裁定：由被申请人一次性支付申请人应由用人单位承担的各项工伤保险待遇（含未足额缴纳工伤保险费的补差赔偿）合计204981.1元。

林某及科技公司均对该仲裁裁决不服，遂起诉至一审法院。

（二）一审法院：不支持一次性伤残补助金差额

一审法院认为，林某系科技公司职工，因工作受伤被认定为工伤且经鉴定伤残程度为捌级，根据《工伤保险条例》的规定，应依法享受相关工伤保险待遇。因工伤保险经办机构已按相关法律规定向林某核发一次性伤残补助金29736.63元至科技公司，科技公司向林某支付了27801.41元，故科技公司尚应支付林某一次性伤残补助金1935.22元。林某要求科技公司对未足额缴纳工伤保险费用导致的差额部分承担补足责任的主张，属行政管理范畴，不属于民事案件审理范围，一审法院不予支持。

林某不服，上诉二审法院。

（三）二审法院：支持一次性伤残补助金差额

二审法院认为，本案上诉争议的焦点是本案是否已足额缴纳工伤保险费并应否就差额缴费导致相关工伤保险待遇减少部分承担补差责任。林某主张应按6856元/月为基数由科技公司计付。根据《工伤保险条例》及《某省实施〈工伤保险条例〉办法》相关规定，一次性伤残补助金八级伤残对应为11个月的本人工资；用人单位参加工伤保险后未按规定足额缴纳工伤保险费，造成职工工伤保险待遇损失的，由用人单位补足差额。本案中，对林某请求的应由工伤保险基金支付的一次性伤残补助金，依法应向工伤保险基金提出并按规定支付，但因科技公司应缴而未足额缴纳的差额部分，应由科技公司补差，林某的本人工资为6182元/月，科技公司仅按2695元/月缴纳工伤保险费，故科技公司应补足林某一次性伤残补助金差额部分38357元（6182元/月 ×11个月 –2695元/月 ×11个月），一审对应由科技公司补差的一次性伤残补助金未予认定不当，本院予以纠正。对林某主张应按6856元/月计算该项费用的诉求，因无证据证明，本院不予支持。

科技公司不服，申请再审。

（四）再审法院：驳回再审申请

再审法院认为，本案的争议焦点是科技公司是否应该对一次性伤残补助金补差。《某省实施〈工伤保险条例〉办法》第三十七条第二款规定，用人单位参加工伤保险后未按规定足额缴纳工伤保险费，造成职工工伤保险待遇损失的，由用人单位补足差额。林某本人工资为6182元/月，科技公司仅按2695元/月缴纳工伤保险费，造成林某工伤保险待遇损失的，根据上述规定，应由科技公司补足差额部分。原审判决认定科技公司应补足林某一次性伤残补助金差额部分38357元（6182元/月 ×11个月 –2695元/月 ×11个月），并无不当。科技公司的再审申请理由不能成立，依法不予支持。[①]

评析与思考

两个案例都是因为用人单位未足额缴纳工伤保险费，劳动者受到事故伤害后要求支付一次性伤残补助金差额引发的争议。该类争议主要涉及两个问题：一是用人单位是否应当支付一次性伤残补助金差额；二是该类争议是行政争议还是劳动争议。

一、用人单位应当承担一次性伤残补助金差额的支付责任

一次性伤残补助金是以工伤职工的“本人工资”为标准计发的，而“本人工资”指的是工伤职工受伤前12个月的月缴费工资，因此月缴费工资决定了一次性伤残补助金的数额。实践中，不少用人单位并未按照劳动者的实际工资为基数足额缴纳工伤保险费，这就导致劳动者在发生工伤后，领取由工伤保险基金发放的一次性伤残补助金时会存在一定的差额损失。案例一、案例二都属于这种情况。

按照《工伤保险条例》第六十二条第二款的规定，对于用人单位未为劳动者缴纳工伤保险费，劳动者发生工伤后的工伤待遇由用人单位支付，据此，用人单位没有按照劳动者本人工资标准足额缴纳工伤保险费，从而导致劳动者享受的工伤保险待遇降低，其对差额部分应予补足。工伤保险费应当按照劳动者的工资总额依法足额缴纳，这是用人单位依法应当履行的强制性义

① 案例取自湖南省高级人民法院（2020）湘民申404号民事裁定书。

务，用人单位单方降低缴费基数显属违法，侵害了劳动者的合法权益，应当补偿劳动者的损失。如《某省实施〈工伤保险条例〉办法》第三十七条第二款规定：“用人单位参加工伤保险后未按规定足额缴纳工伤保险费，造成职工工伤保险待遇损失的，由用人单位补足差额。”《某市工伤保险实施办法》第五十三条规定：“用人单位因少报、瞒报缴费基数，造成工伤职工享受的工伤保险待遇降低的，差额部分由用人单位补足。”

二、一次性伤残补助金差额争议属于劳动争议

一次性伤残补助金差额争议属于劳动争议。但在裁审实践中，有不少的劳动争议仲裁机构、司法机关把该类争议排除在劳动争议之外，认为该类争议是由不足额缴纳工伤保险费引起的，由于征缴社会保险费是行政行为，因此一次性伤残补助金差额争议应当属于行政争议。比如，案例二中的一审就持这种观点。江苏省高级人民法院（2018）苏民监559号民事裁定书也认为：“工伤保险缴费争议及由此引起的相关工伤待遇争议，不属于人民法院劳动争议案件受理范围，一、二审法院对此未予理涉，并无不当。”但笔者认为：

第一，补足一次性伤残补助金的差额争议，发生在工伤职工和用人单位之间，其原因就在于用人单位没有按照国家规定缴纳工伤保险，这不是社会保险行政行为，因此该类争议属于劳动争议受理案件的范围。《最高人民法院关于审理劳动争议案件适用法律问题的解释（一）》第一条第七项规定，劳动者因为工伤、职业病，请求用人单位依法给予工伤保险待遇的纠纷，经劳动争议仲裁机构仲裁后，当事人依法起诉的，人民法院应予受理。因此，用人单位未缴纳或未足额缴纳工伤保险费，导致劳动者在受到工伤后无法从社会保险机构获得工伤保险待遇补偿或没有按照国家规定得到足额补偿，从而请求用人单位给予工伤赔偿的纠纷，属于工伤事故损害赔偿纠纷，应纳入劳动争议中工伤保险争议案件的受理范围。用人单位不依法缴纳社保费用的行为既违反了行政管理法规，又构成对劳动者合法权益的侵犯。

第二，由于用人单位少缴工伤保险费所产生的待遇差额，并不是单纯的社会保险费基数争议。有观点认为，一次性伤残补助金差额问题，可以通过

行政途径予以救济，但这在实践中是行不通的。因为即使用人单位补足了工伤保险费，工伤保险基金也不再支付一次性伤残补助金。《工伤保险条例》第六十二条第三款规定了在补缴工伤保险费后，由工伤保险基金和用人单位支付新发生的费用，而《人力资源社会保障部关于执行〈工伤保险条例〉若干问题的意见（二）》第三条规定了上述新发生的费用的范围，其中并不包括一次性伤残补助金，而且即使由社会保险经办机构承担一次性伤残补助金差额，人社部门也无权直接要求用人单位支付由其支付的差额，人社部门仅有权责令用人单位限期缴纳或者补足社会保险费。故劳动者通过行政途径主张差额损失存在法律救济的缺陷，而由劳动争议仲裁机构或法院作出裁判支持差额损失，则更能保障劳动者的权益。

专题九　用人单位未足额缴纳工伤保险费，工伤职工长期待遇差额争议

在各类社会保险争议中，因缴费引发的工伤保险待遇争议最为突出。这是因为不仅社会保险争议中工伤保险以本人工资（缴费工资）为基数计发的待遇项目最多，而且这种争议在工伤职工享受工伤保险待遇时会立刻显现且待遇悬殊，因缴费引发的工伤保险待遇争议逐年增多就不足为奇了。

案例一　按项目参加工伤保险，用人单位也有责任补足伤残津贴差额

案情简介

刘某系非城镇居民户籍。2012年3月9日，刘某入职某施工公司。当日18时许，在刘某从事暗挖施工过程中，喷浆机将刘某眼部喷伤，刘某被送至医院就诊，经医院诊断为：玻璃体积血，白内障，眼钝挫伤，右瞳孔缘裂伤。2012年4月24日，施工公司为刘某申请工伤认定。2012年5月21日，人力资源和社会保障局将刘某受到的事故伤害认定为工伤。2012年9月27日，劳动能力鉴定委员会出具劳动能力鉴定、确认结论通知书，结论是：目前已达到职工工伤与职业病致残等级标准肆级，护理依赖程度为无护理依赖。刘某在发生工伤后，享受的待遇为：1.伤残津贴：本市上年度职工月平均工资60%×75%（4672×60%×75%＝2102元），按月发放；2.一次性伤残补助金：21个月本市上年度职工月平均工资的60%（4672×60%＝2803元），一次性发放。此待遇均发放至单位支付账户。刘某不予认可，至劳动人事争议仲裁委

员会申请劳动仲裁。

案件历程

(一)劳动争议仲裁委员会:支持部分仲裁请求

劳动人事争议仲裁委员会裁决:1.施工公司支付刘某2012年9月10日至9月24日停工留薪期工资2641.52元;2.施工公司支付刘某2012年11月至2015年7月伤残津贴85994.25元;3.驳回刘某其他仲裁请求。

刘某不服仲裁裁决,诉至一审法院。

(二)一审法院:不予支持伤残津贴差额

一审法院认为,对于刘某工伤保险月缴费工资基数一节,《工伤保险条例》第十条第三款规定,对难以按照工资总额缴纳保险费的行业,其缴纳工伤保险费的具体方式,由国务院社会保险行政部门规定。某中级人民法院(2014)二中民终字第05126号民事判决对此进行了认定并有具体依据,故法院认定刘某工伤保险缴费基数为2803元。对于刘某要求2012年9月25日至2012年10月30日工伤四级伤残津贴一节,某中级人民法院(2014)二中民终字第05126号民事判决对于刘某该项诉讼请求已经作出实体处理,对此不再处理。对于刘某该项诉讼请求,法院不予支持。对于刘某要求自2012年11月1日起至仲裁裁决之日止工伤四级伤残津贴及25%经济赔偿金一节,根据某市一级至十级工伤职工待遇核准表记载,刘某伤残津贴自2012年10月始由社会保险基金给付,社会保险基金自2012年11月1日至2017年5月,已依据刘某工伤前缴费工资将伤残津贴支付至施工公司,施工公司应将上述费用支付刘某。对于刘某要求施工公司超出社会保险基金支付伤残津贴范围外支付伤残津贴的诉讼请求,无法律依据,法院不予支持。对于刘某主张25%经济赔偿金的诉讼请求,无法律依据,对此法院不予支持。

刘某不服一审判决,上诉请求:撤销一审判决,改判支持一审中的诉讼请求。

（三）二审法院：不予支持伤残津贴差额

二审法院认为，本案的争议焦点为刘某的伤残津贴以及停工留薪期内的工资数额应当如何认定。刘某已经按照相关文件的要求参加了某市的工伤保险，另据已经发生法律效力的（2014）二中民终字第05126号民事判决书以及（2015）京民申字第00204号民事裁定书，刘某作为在某市从业的建筑行业农民工，其参加本市工伤保险的方式以及现有的待遇标准均符合制度规定。需要作出特别说明的是，依照《工伤保险条例》第六十四条的规定，核算工伤待遇时的职工本人工资是指在遭受事故伤害前12个月的工伤保险的平均月缴费工资。据此规定，刘某主张其伤残津贴应以其自行核算的月工资9000元为标准进行计算应为每月6750元，缺乏法律依据，法院不予支持。一审法院认定的刘某伤残津贴标准并无不当，二审法院对此予以确认。因社会保险基金已经将伤残津贴支付至施工公司账户，生效判决已经对刘某2012年10月30日以前的伤残津贴作出过处理，加之施工公司在本案二审期间再次对刘某的伤残津贴作出部分支付，故法院对施工公司应当向刘某继续支付的伤残津贴数额予以相应调整。刘某关于施工公司延期给付伤残津贴25%的经济赔偿金没有法律依据，法院对此不予支持。

关于停工留薪期工资，工伤职工在停工留薪期内，原工资福利待遇不变，由所在单位按月支付。刘某主张其工资标准为每月9000元，并无充分证据予以证明。此外，刘某提交的2015年、2016年土木工程建筑业职工年平均工资的政府公开信息，无法证明刘某在2012年所从事行业的工资水平，并且依据其自行提交的政府公开信息，土木工程建筑业城镇职工的月平均工资在2015年与2016年时也仅为7707元与8497元。在刘某工伤事故发生以后的第3年至第4年仍然未达到刘某所主张的工资水平，故刘某主张其在2012年时月工资即为9000元，法院对此不予支持。需要指出的是，刘某自行提交的政府公开信息中包含2012年某市建筑业城镇单位在岗职工的平均工资统计数据，数据显示某市该行业在2012年的城镇职工年平均工资为62079元，与

（2014）二中民终字第05126号民事判决书查明的事实相一致。综合刘某提交的各项证据以及人民法院查明的事实，本案一审法院认定刘某的月工资标准为5223元并无不当，法院对此予以确认。因生效判决已经对刘某2012年9月9日的停工留薪期工资作出处理，并且施工公司同意支付2012年9月10日至9月24日的工资，故一审法院对于刘某停工留薪期工资的处理正确，法院应予维持。

刘某不服二审判决，申请再审。

（四）再审法院：支持伤残津贴差额

再审法院认为，当事人对自己提出的诉讼请求所依据的事实或者反驳对方诉讼请求所依据的事实有责任提供证据加以证明。没有证据或者证据不足以证明当事人的事实主张的，由负有举证责任的当事人承担不利后果。刘某主张其工资标准为每月9000元，但未提交充分证据予以证明。刘某再审提交的2012年土木工程建筑业职工年平均工资的政府公开信息，也无法证明刘某在2012年所从事行业的月平均工资能够达到9000元。原审经调查地铁暗挖工人2012年的日工资为200元左右，一般月出勤天数在25天至26天，依此计算，刘某月平均工资为5000元至5200元。根据法院调查的结果及2012年土木工程建筑业职工的月工资标准，原判酌定刘某月工资为5223元并无不当。

《工伤保险条例》第三十五条第一款第二项规定，职工因工致伤被鉴定为四级伤残的，伤残津贴为本人工资的75%，按月支付。本案中，刘某第一天上班即发生工伤事故，没有以往的月工资记载，原判根据实际情况酌定为5223元，而按照该工资标准认定，刘某月伤残津贴应为3917元（5223元的75%），原判以2011年某市职工月平均工资4672元的60%即2803元作为刘某伤残津贴工资基数的依据确有不妥，刘某请求施工公司补足差额部分的请求，本院予以支持。扣除社会保险基金管理中心已经支付的部分，施工公司应支付刘某2012年11月至2018年6月伤残津贴差额62585元。施工公司辩称因建筑业农民工流动性大，工资难以确定，工伤保险企业采取一次性趸缴方式是符合相关政策精神的，但具体到本案，刘某的月工资法院已经予以明确，按照《工伤保险条例》之规定计算刘某伤残津贴更有利于对劳动者的保护。此外，社会保险基金管理中心已将刘某2017年6月至2020年2月伤残津贴共计132834.25元支付到施工公司账户，扣减施工公司已经支付的2万元后为112834.25元，上述款项应返还刘某。综上，刘某的部分再审请求及理由有法律依据，本院予以支持。[①]

案例二　未足额缴纳工伤保险费，用人单位应支付伤残津贴差额的计算方式

案情简介

李某于2012年9月入职器械公司处工作至2013年1月，2013年9月李某再次入职器械公司处，在锌抛光部锌手动抛光组从事抛光工作，长期在工作中接触粉尘等有害物质。2014年12月12日李某进行职业健康体检，检查结论为“双肺纹理增多，满布点状高密度影，疑似尘肺病，建议提请职业病诊断”。2015年5月21日李某因“体检发现肺部小阴影5个月”到省职业病防治院住院治疗至2015年6月10日，其间住院治疗20天。2015年11月25日至2016年2月2日李某因病情需要再次到省职业病防治院住院治疗69天，2016年9月21日至2016年12月5日李某第三次到省职业病防治院住院治疗75天，上述住院治疗合计164天。2015年7月23日，省职业病防治院诊断李某为“职业性尘肺病贰期”，器械公司不服并向甲市职业病诊断鉴定委员会申请首次鉴定。2015年9月29日甲市职业病诊断鉴定委员会仍鉴定李某为“职业性尘肺病贰期”。2015年10月21日某区人力资源和社会保障局认定李某患“职业性尘肺病贰期”为工伤。2016年6月14日乙市劳动能力鉴定委员会对李某伤势鉴定为四级伤残。李某生病前12个月（2014年5月至2015年4月）的平均工资为人民币4426.11元，器械公司按照每月工资人民币3136.2元为李某缴纳社

① 案例取自北京市高级人民法院（2019）京民再267号民事判决书。

会保险，李某认定工伤后，社保部门依法支付了李某一次性伤残补助金人民币65860.2元，并支付给李某每月2352.15元的伤残津贴。就伤残津贴差额，李某向某区劳动人事仲裁委员会提起仲裁。

案件历程

（一）劳动争议仲裁委员会：驳回仲裁请求

某区劳动人事仲裁委员会以超过一年仲裁时效为由，驳回仲裁请求。

因对仲裁结果不服，李某提起诉讼。

（二）一审法院：用人单位支付的伤残津贴差额应随国家伤残津贴的调整而调整

一审法院认为，根据《某省工伤保险条例》第二十八条第一款第二项规定，器械公司应以李某工资的75%按月支付伤残津贴。器械公司没有按照李某每月应发工资为基数为李某缴纳社会保险，导致李某从社保基金获得的伤残津贴待遇降低，由此产生的差额部分依法应当由器械公司承担。又因器械公司支付的伤残津贴差额与社保支付伤残津贴性质一致，都是李某依据《某省工伤保险条例》第二十八条第一款第二项规定首次办理伤残津贴应获得的，都应依据《某省工伤保险条例》第二十八条第四款进行调整。伤残津贴在今后每年参照基本养老保险金的调整办法调整，器械公司支付伤残津贴差额也应当参照基本养老保险金的调整办法调整。如果社保支付伤残津贴增加，器械公司支付伤残津贴差额却相应减少，那么今后每年李某获得的伤残津贴总额不变（由社保单独支付伤残津贴超过总额的除外），违反《某省工伤保险条例》第二十八条第四款“伤残津贴每年按照省人民政府的规定进行调整”的规定，损害李某的合法权益。从《某省人力资源和社会保障厅关于2016年度调整我省工伤伤残津贴的通知》内容可见，在核定首次领取伤残津贴的标准后，每年按照发出关于调整工伤保险伤残津贴的相关文件规定进行调整，故器械公司应支付李某伤残津贴差额为：以人民币4426.11元每月的75%为基数，每年按照发出关于调整工伤保险伤残津贴的相关文件规定调整李某应享受的伤残津贴减去李某从工伤保险基金领取的伤残津贴。

器械公司不服，提出上诉。

（三）二审法院：用人单位应支付的月伤残津贴差额为967.43元

二审法院认为，首先，器械公司二审主张应按2014年7月至2015年6月计算李某工伤前12个月平均工资为4285.31元，而不是一审按2014年5月至2015年4月为标准计算前12个月平均工资为4426.11元。《某省工伤保险条例》第六十四条第一款第一项规定："本人工资，是指工伤职工在本单位因工作遭受事故伤害或者患职业病前十二个月平均月缴费工资……"经查，李某于2015年5月21日因"体检发现肺部小阴影5个月"到省职业病防治院住院治疗至2015年6月10日，出院诊断为"粉尘作业职鉴（待诊断）"。故2015年5月21日李某已患职业病，一审判决以2014年5月至2015年4月期间来认定前12个月的平均工资4426.11元并无不当，二审法院予以维持。其次，根据《某省工伤保险条例》第二十八条第一款第二项规定，器械公司应以李某工资的75%按月支付伤残津贴。因器械公司没有按照李某每月应发工资为基数为李某缴纳社会保险，而是按照每月工资3136.2元缴纳社保，导致李某从社保基金获得的伤残津贴待遇降低，由此产生的差额部分依法应当由器械公司承担。综上，器械公司每月应支付李某伤残津贴差额为：967.43元（4426.11元/月×75%－2352.15元）。一审法院对此认定有误，二审法院予以纠正。

李某不服，申请再审。

（四）再审法院：用人单位应支付伤残津贴差额应以实发工资为基数并按照国家伤残津贴调整与从工伤保险基金领取之差

再审法院认为，本案系劳动合同纠纷。根据李某的再审申请和器械公司的答辩意见，本案的主要争议焦点为如何认定器械公司应向李某支付的伤残津贴差额。《某省工伤保险条例》第二十八条对于伤残津贴的规定为"由工伤保险基金按月支付，直至本人死亡，标准为：一级伤残为本人工资的百分之九十,二级伤残为本人工资的百分之八十五,三级伤残为本人工资的百分之八十,四级伤残为本人工资的百分之七十五”以及“伤残津贴每年按照省人民政府的规定进行调整”。本案中，李某经乙市劳动能力鉴定委员会鉴定为四级伤残，其生病前12个月的平均工资为人民币4426.11元。由于器械公司按照每月3136.2元的标准为李某缴纳社会保险，导致李某没有从社保基金获得足额的伤残津贴，由此产生的差额部分依法应当由器械公司承担。由于基本养老保险金每年均进行调整，根据上述规定，器械公司支付的伤残津贴差额也应参照基本养老保险金的调整办法进行调整。因此，结合某省人力资源和社会保障厅每年关于调整某省工伤伤残津贴的相关规定，器械公司每年应支付李某的伤残津贴差额为：以人民币4426.11元每月的75%为基数、每年按照调整伤残津贴的相关规定计算李某应享受的伤残津贴减去李某从工伤保险基金实际领取的伤残津贴之得数。二审法院对此处理有误，本院予以纠正。[①]

案例三　未足额缴纳工伤保险费，用人单位应支付伤残津贴差额的时间和后续方式

案情简介

2011年常某应聘到某网络公司任营销部经理，工资通过银行卡及现金等形式发放，网络公司为常某参加了社会保险。2013年7月至2013年9月工伤保险的缴费基数为2002元，2013年10月至2013年12月工伤保险的缴费基数为1549元。2013年12月21日11时20分许，常某乘坐网络公司员工郑某驾驶的车辆前往工作现场，途中发生交通事故，造成常某受伤。后常某被送往医院治疗，伤情鉴定为：1.右侧小脑半球及枕叶脑出血；2.右枕硬膜外血肿。2014年2月20日经人力资源和社会保障局认定为工伤。2014年12月31

① 案例取自广东省高级人民法院（2019）粤民再34号民事判决书。

日，劳动能力鉴定委员会作出鉴定结论：伤残二级，大部分护理依赖。经工伤保险中心审核，工伤保险中心支付常某工伤保险待遇为：一次性伤残补助金56191.75元，鉴定费400元，并于2015年1月起享受伤残津贴1910.52元/月和护理费1700.8元/月。常某认为，根据《工伤保险条例》第三十五条第一款第一项、第二项之规定，一次性伤残补助金，二级伤残为25个月的本人工资；伤残津贴二级伤残为本人工资的85%。经核算，网络公司为常某平均月缴费工资为2247.67元，远远低于常某的实际月平均工资1.3万元。根据《某市工伤保险实施办法》第五十三条规定，用人单位因少报、瞒报缴费基数，造成工伤职工享受的工伤保险待遇降低的，差额部分由用人单位补足。据此，常某于2015年6月5日向劳动人事争议仲裁委员会申请仲裁，请求网络公司支付其一次性伤残补助金差额268808.25元和伤残津贴差额2741844.15元。

案件历程

（一）劳动争议仲裁委员会：驳回仲裁全部请求

劳动人事争议仲裁委员会于2016年2月22日以常某因缴费基数与网络公司发生争议应由社会保险经办机构审核确定，不属于劳动争议仲裁范围为由，驳回常某的全部仲裁请求。

常某不服，于2016年3月18日向一审法院提起诉讼。

（二）一审法院：驳回常某的诉讼请求

一审法院认为，网络公司已为常某参加了各项社会保险，而社保管理部门与缴费义务主体之间是一种管理与被管理的行政法律关系，劳动者就缴费年限、缴费基数发生争议的，应当向社保管理部门反映，先由社保业务部门处理；劳动者对损失的存在及损失的大小应负有举证责任。本案中，常某没有提供工伤保险机构出具的用人单位存在欠缴、拒缴或者少缴情形并由此导致工伤职工待遇损失，以及用人单位按照其本人工资缴纳社会保险费用时，劳动者可以享受的社会保险待遇的证据，故常某请求判决网络公司支付常某一次性伤残补助金差额268808.25元和一次性支付常某伤残补津贴差额2741844.15元的证据不足，一审法院不予支持。

常某不服一审判决，提出上诉。

（三）二审法院：权利人应举证主张待遇损失

二审法院认为，关于常某的工资标准问题，作为常某工资的支付义务人，网络公司应当举示相应的证据予以证明。虽然其举示了工资表，但与常某举示的加盖有网络公司印章的收入证明等证据并不相符。网络公司陈述常某的工资均通过银行账户支付，但除常某举示的银行交易明细清单外，网络公司没有举示相应证据证明工资发放情况，应当由其承担举证不能的法律责任。常某举示的收入证明加盖有网络公司的印章，证明中记载的内容明确，故二审法院认定常某从入职起的月工资标准为1.3万元。对于工伤保险待遇差额损失的问题，《社会保险法》第六十条第一款规定，用人单位应当自行申报、按时足额缴纳社会保险费，非因不可抗力等法定事由不得缓缴、减免。职工应当缴纳的社会保险费由用人单位代扣代缴，用人单位应当按月将缴纳社会保险费的明细情况告知本人。从本案查明的事实可以看出，由于网络公司没有按照法律规定足额为常某办理工伤保险，应当由其承担相应的法律责任，但作为权利的主张人，常某应当举证证明网络公司的行为对其产生了损失及损失的具体金额，而常某并未举示证据证明其主张，应当由其承担举证不能的法律责任。

常某不服，申请再审。

（四）再审法院：用人单位应按月补足伤残津贴差额

再审法院认为，本案争议焦点是网络公司是否应承担补足常某工伤保险待遇差额部分的责任。《某市工伤保险实施办法》第五十三条规定“用人单位因少报、瞒报缴费基数，造成工伤职工享受的工伤保险待遇降低的，差额部分由用人单位补足”。据此，用工单位应承担补足工伤保险待遇差额部分的责任。《工伤保险条例》第三十五条第一款第二项规定，工伤职工每月享有伤残津贴。常某为二级伤残，依此规定，二级伤残为本人工资的85%。社会保险经办机构已在常某鉴定后的次月按常某伤前12个月平均参保缴费工资计算出每月伤残津贴为1910.52元（2247.67元×85%）并按月发放于常某。现已确认常某月平均工资为1.3万元，其伤残津贴每月为11050元（1.3万元×85%），差额部分为9139.48元。判决网络公司在本判决生效后三日内补足常某每月伤残津贴差额9139.48元。[①]

案例四　未足额缴纳工伤保险费，供养亲属抚恤金差额应通过行政途径解决

案情简介

曲某于2013年2月到游轮公司处工作，在某轮船担任大管轮一职。2013年11月5日18时许，曲某突发疾病，经抢救无效死亡。2013年11月15日某县人力资源和社会保障局认定曲某为工亡。2014年1月13日，曲某近亲属共同与游轮公司签订《工伤事故死亡赔偿协议书》，协议中约定游轮公司支付丧葬费、供养亲属抚恤金、一次性工亡补助金513998元。曲某在游轮公司每月基础工资为1390元、社保费200元，共计1590元。其余各项补助、绩效工资等共计3210元。曲某每月实领工资为4800元。游轮公司向某县社会保险局缴纳的工伤保险缴费基数为1590元。2014年3月23日，某县医疗保险局审批工伤保险定期待遇人员，对于游轮公司工伤职工曲某的供养亲属核发供养亲属抚恤金，因曲某工亡前12个月平均缴费工资为1590元，低于统筹地区职工平均工资60%，故在计算其供养亲属抚恤金时依法确定其本人工资为统筹地区职工平均工资3783元的60%即2270元，某县社会保险机构按月支付曲某近亲属的供养亲属抚恤金每人每月为681元。

2014年11月18日，曲某近亲属提起诉讼，以游轮公司在签订前述协议时

---

① 案例取自重庆市高级人民法院（2018）渝民再43号民事判决书。

隐瞒事实、欺诈导致协议显失公平为由请求该院撤销前述协议。

经审理后，县人民法院认为该协议中约定的赔偿金额513998元是指丧葬费和一次性工亡补助金，根据当时的标准计算，对比该赔偿金额并不显失公平，且原告无充分证据证实游轮公司存在欺诈，因此该院判决驳回了原告的请求，该判决已经生效。

后曲某近亲属在领取供养亲属抚恤金时发现用人单位在当初给曲某办理社保手续时未足额投保，导致曲某近亲属二人实际享受的供养亲属抚恤金每人每月仅为681元，与曲某生前本人工资计算的供养亲属抚恤金1440元（4800元×30%）每人每月差额700余元，现诉请判令游轮公司补足供养亲属抚恤金差额27万余元。

案件历程

（一）一审法院：应当补足供养亲属抚恤金差额

一审法院认为，涉案《工伤事故死亡赔偿协议书》合法有效，但生效判决已经确认该协议赔偿金额指的是丧葬费和一次性工亡补助金，曲某近亲属依法享受的供养亲属抚恤金并未包含在内，协议也未明示该协议履行后，曲某近亲属不能就供养亲属抚恤金主张权利，同时游轮公司辩称已经在协议订立时告知曲某近亲属社会保险实际缴纳情况，但没有任何证据印证。因此该协议不妨碍曲某近亲属就供养亲属抚恤金提起诉讼。工亡职工曲某生前月实际工资总额为4800元，依照《工伤保险条例》第三十九条第一款第二项规定，曲某近亲属每人每月应当享受的供养亲属抚恤金为1440元（4800元×30%）。现因游轮公司未足额投保导致曲某近亲属每人每月实际享受的供养亲属抚恤金仅为681元。参照《某市工伤保险实施办法》第五十三条“用人单位因少报、瞒报缴费基数，造成工伤职工享受的工伤保险待遇降低的，差额部分由用人单位补足”的规定，游轮公司应当补足该差额759元（1440元-681元）。原告主张一次性补偿全部差额，于法无据，该院不予支持。

游轮公司不服，提起上诉。

（二）二审法院：供养亲属抚恤金差额可通过行政途径救济

二审法院认为，本案争议焦点表面在于双方当事人所签订的《工伤事故死亡赔偿协议书》确定的赔偿项目是否包括供养亲属抚恤金，实质在于用人单位隐瞒工资基数为劳动者缴纳工伤保险情况下相关待遇的差额损失赔偿问题。从当事人签订前述协议的背景、目的以及签订协议后的履行情况分析，因曲某生前参加了工伤保险，而丧葬补助金、供养亲属抚恤金和一次性工亡补助金均属于基金支付项目，曲某的近亲属完全可以从基金获得赔偿，本无必要与上诉人签订前述协议。另，协议中确定的赔偿金额513998元与按法定标准计算得出的丧葬补助金和一次性工亡补助金两项赔偿金数额相差无几，又因供养亲属抚恤金是按月核发，作为一个理性的经济人，上诉人无必要一次性先行赔偿供养亲属抚恤金以添加自身负担，曲某近亲属也不会接受包括供养亲属抚恤金在内的总计513998元的赔偿金额。综上，双方当事人的本意是供养亲属抚恤金这一项目由曲某近亲属直接从工伤保险基金领取即可，而曲某近亲属对于可能因上诉人隐瞒工资基数为曲某缴纳工伤保险导致相应待遇降低的问题则缺乏预见。本案中被上诉人的诉讼请求也是补足供养亲属抚恤金的差额。

《工伤保险条例》第三十九条规定，“……供养亲属抚恤金按照职工本人工资的一定比例发给因工死亡职工生前提供主要生活来源、无劳动能力的亲属……”；第六十四条规定，“……本条例所称本人工资，是指工伤职工因工作遭受事故伤害或者患职业病前12个月平均月缴费工资。本人工资高于统筹地区职工平均工资300%的，按照统筹地区职工平均工资的300%计算；本人工资低于统筹地区职工平均工资60%的，按照统筹地区职工平均工资的60%计算”。据此可知，在计算供养亲属抚恤金时，职工“本人工资”、实际工资、缴费工资三者并不等同，条例也规定了“本人工资”的上限和下限。本案中上诉人为曲某缴纳工伤保险时申报的缴费工资基数仅为1590元，而主管行政机关核发供养亲属抚恤金时依法确定“本人工资”为2270元，符合规定。

劳动者以用人单位未为其办理社会保险手续，且社会保险经办机构不能补办导致其无法享受社会保险待遇为由，要求用人单位赔偿损失而发生争议的，人民法院应予受理。本案中，用人单位只是隐瞒了缴费工资基数，违法程度轻于根本未为劳动者办理社会保险手续的情形，存在相关待遇差额损失可由用人单位通过向社会保险经办机构补缴保险费而获得赔偿的极大可能。《某市工伤保险实施办法》第五十三条规定的“差额部分由用人单位补足”，并不否定用人单位可通过向社会保险经办机构补缴保险费的方式承担补足差额的责任。本案中相关当事人未积极向主管行政机关行使权利，以致相应的损失差额是否可以通过补缴社会保险费的方式获得基金赔偿尚未可知。在建立了工伤保险关系的情况下，如劳动者以用人单位隐瞒工资基数不实申报导致其应有的待遇降低为由主张赔偿差额损失，应先确定用人单位应缴保险费所对应的缴费基数，而缴费基数的稽核确定属于主管行政机关的职权范畴。在权利人穷尽既有的救济途径之前，一审径行以4800元为实际工资标准作出相应的裁判，程序不当，依据不足。

曲某近亲属不服，申请再审。

（三）再审法院：起诉不属于人民法院受理民事诉讼的范围

再审法院认为，因曲某近亲属的诉请涉及社会保险行政部门的行政职能，其起诉不属于人民法院受理民事诉讼的范围。《社会保险费征缴暂行条例》第五条规定：“国务院劳动保障行政部门负责全国的社会保险费征缴管理和监督检查工作。县级以上地方各级人民政府劳动保障行政部门负责本行政区域内的社会保险费征缴管理和监督检查工作。”《社会保险法》第六十三条第一款规定：“用人单位未按时足额缴纳社会保险费的，由社会保险费征收机构责令其限期缴纳或者补足。”从以上规定可知，社会保险行政部门系社会保险费征缴管理和监督主体。用人单位未足额缴纳社会保险费时，劳动者可向社会保险行政部门举报，由社会保险行政部门进行核查并作出相应处罚决定，劳动者不服该决定可以依法申请行政复议，对复议决定不服的，可以依法提起行政诉讼。

同时，确认用人单位是否足额缴纳各项社会保险费应属社会保险行政部门的行政职能。本案中，游轮公司是否足额缴纳了工伤保险费用系社会保险行政部门依法应处理的事项，不属于人民法院民事诉讼的受案范畴。

劳动者以用人单位未为其办理社会保险手续，且社会保险经办机构不能补办导致其无法享受社会保险待遇为由，要求用人单位赔偿损失而发生争议的，人民法院应予受理。只有用人单位未为劳动者办理社会保险手续，劳动者因社会保险待遇而发生的纠纷法院才受理，但本案用人单位游轮公司已为曲某缴纳了社会保险费，且曲某近亲属已经享受到工伤保险待遇。故本案不属于前述法律规定的情形。[①]

评析与思考

用人单位未足额缴纳工伤保险费，影响了工伤职工或工伤职工近亲属享受的长期待遇。

一、建筑施工企业按照项目参加工伤保险的几个问题

案例一的焦点问题在于“本人工资”的确认，然后才是伤残津贴差额的问题。但本案特别之处在于，刘某入职当天就发生了工伤，既无劳动合同的约定，又没有工资的实际支付；更特别的是，该案是国家规定的按项目参加的工伤保险，没有用人单位缴纳工伤保险费的任何个人工资信息，实在是难住了一些法律人。

对于案例一，有以下几个问题需要澄清：

（一）刘某工伤保险月缴费工资数额问题

因刘某系建筑业农民工，其工伤保险费系由单位一次性趸缴，具体缴费

① 案例取自重庆市高级人民法院（2017）渝民再61号民事裁定书。

公式为：农民工工伤保险费用总额＝本市上年度职工月平均工资 ÷ 月平均工作时间 × 60% × 保险期 × 月平均预计农民工缴费人次 × 缴费费率。可见，每位农民工的月缴费工资是以本市上年度职工月平均工资的60%作为基数的，据此，上述通知规定核定工伤待遇以农民工本人工资作为计发基数的，统一按照受伤时上年度本市职工月平均工资的60%作为基数。

（二）缴费工资数额的合法性问题

缴费工资数额的合法性问题，即统一按照职工平均工资的60%作为月缴费工资来缴纳本市建筑业农民工的工伤保险费是否属于足额缴费问题。根据《工伤保险条例》第十条第三款规定，对难以按照工资总额缴纳保险费的行业，其缴纳工伤保险费的具体方式，由国务院社会保险行政部门规定。根据该条授权，《部分行业企业工伤保险费缴纳办法》对此进一步规定：建筑施工企业可以实行以建筑施工项目为单位，按照项目工程总造价的一定比例，计算缴纳工伤保险费。其具体计算办法由省级社会保险行政部门根据本地区实际情况确定。同时《关于做好建筑施工企业农民工参加工伤保险有关工作的通知》也明确鼓励各地探索适合建筑业农民工特点的参保方式。因此，《关于做好某市建筑业农民工参加工伤保险工作的通知》中对于建筑业农民工工伤保险缴费的具体规定，是符合上位法精神及要求的。同时，就我国目前情况而言，建筑业农民工存在范围广、涉及人数多、流动性强、工期不确定、工作量不固定、工资浮动大等特点，故对其工伤保险缴费工资数额进行特殊规定，亦符合我国国情。施工公司已经依据相关规定通过趸缴方式足额为刘某缴纳了工伤保险费，一审法院据此以2011年某市职工月平均工资的60%（4672元 × 60%），即2803元作为计算刘某的一次性伤残补助金及伤残津贴的依据并无不当，其计算的数额亦正确。

（三）存在待遇差额时本人工资确定问题

由此看来，法院没有错，那用人单位错了吗？也没有。按照当时建筑施工单位参加工伤保险的情形，案例中的用人单位应该是参加工伤保险的示范单位。问题出在哪里呢？

从以上国家对用人单位参加工伤保险的系列规定来看，其目的是推进建筑施工企业、餐饮服务业参加工伤保险，以保障农民工和灵活就业人员的最基本的工伤保障权益。但在实务中，涉及工伤职工“本人工资”的各项工伤保险待遇却没有针对按项目参加工伤保险的专门规定。按照法律适用的一般原则，专门的事项没有专门的规定，只能适用法律的一般规定。本案涉及工伤职工的伤残津贴差额问题，是裁判者面临的现实问题，对于工伤职工的本人工资，首先应当查明职工的实际工资收入；没有工资收入的或工资收入难以查证的，应当参照当地人力资源社会保障部门发布的市场工资指导价位予以确定；没有市场工资指导价位的，应当按照同工种、同岗位、同期参加工作的同类人员的平均工资收入水平，确定工伤职工的“本人工资”，以达到定分止争的目的。

二、因缴费问题引发的待遇争议是否属于劳动争议的受案范围①

因缴费工资引发的工伤保险争议主要是工伤保险缴费工资与实际工资收入的差异，造成工伤保险待遇的降低。按照《劳动争议调解仲裁法》第二条第四项的规定，因社会保险发生的争议属于劳动争议的范围，对于此类争议，一种观点认为，《社会保险法》《劳动争议调解仲裁法》等都规定了社会保险争议属于劳动争议，应当通过仲裁、诉讼程序解决。另一种观点认为，《社会保险法》《劳动争议调解仲裁法》等规定的社会保险争议不包含申报缴纳社会保险费争议，只有在单位未缴纳社保费、而经办机构又不能补缴时，个人要求单位赔偿损失的争议才能进入仲裁、诉讼程序。两种观点相持不下，笔者认为，该问题应从以下两个方面来认识：

（一）正确理解“社会保险争议”的内涵

从社会保险争议的类型看，社会保险争议分为行政争议和劳动争议。由于

① 栾居沪：《工伤保险缴费争议问题探讨》，载《中国劳动》2016年第5期。

涉及双方主体不同，行政争议通过行政复议或行政诉讼的途径解决；而劳动争议则通过劳动仲裁或民事诉讼的途径解决。纵观法律、法规、规章，涉及用人单位违反缴纳社会保险费的条款中的处罚主体皆为人社部门或社会保险费征收机构。如《劳动法》第一百条规定中的“劳动行政部门”；《社会保险法》第八十六条规定中的“社会保险费征收机构”；《社会保险费征缴暂行条例》第二十三条规定中的“劳动保障行政部门”。上述条款均规定了用人单位未按时进行缴费申报或未足额缴纳社保费的，应由人社部门或社会保险行政部门处理，并且劳动者有权举报，但没有赋予劳动者对此有选择处理的权利。

《最高人民法院关于审理劳动争议案件适用法律问题的解释（一）》第一条第五项规定，劳动者以用人单位未为其办理社会保险手续，且社会保险经办机构不能补办导致其无法享受社会保险待遇为由，要求用人单位赔偿损失发生的纠纷，人民法院应予受理。该规定也是将双方因申报缴纳社会保险费的争议排除在劳动争议处理之外，此种争议只能通过行政部门解决。由此可见，《社会保险法》第八十三条、《劳动争议调解仲裁法》第二条规定的“社会保险”争议是指用人单位未为劳动者申报缴纳社会保险费、经办机构又不能补缴，致使劳动者不能享受社保待遇而向单位主张社保赔偿的争议。

（二）劳动者因缴纳社会保险费权益受到侵害，其诉求应通过行政手段解决

尽管《劳动合同法》第七十七条规定“劳动者合法权益受到侵害的，有权要求有关部门依法处理，或者依法申请仲裁、提起诉讼”，给了劳动者选择处理的权利，但《劳动合同法实施条例》第三十六条规定“对违反劳动合同法和本条例的行为的投诉、举报，县级以上地方人民政府劳动行政部门依照《劳动保障监察条例》的规定处理”，第三十七条规定“劳动者与用人单位因订立、履行、变更、解除或者终止劳动合同发生争议的，依照《中华人民共和国劳动争议调解仲裁法》的规定处理”。这对人社部门和仲裁机构处理涉及《劳动合同法》的违法行为进行了明确分工，再结合《劳动合同法》第七十四条、《劳动保障监察条例》第十一条、《关于实施〈劳动保障监察条例〉若干

规定》第十六条的规定可以看出，申报缴纳社保费的争议没有纳入劳动争议处理范围，劳动者只能通过人社部门和社会保险费征收机构处理。还有观点认为，《劳动合同法》第十七条将社会保险规定为劳动合同的必备条款，用人单位不为劳动者申报缴纳社保费，劳动者可以以用人单位未全面履行劳动合同为由申请仲裁、提起诉讼。但从该法第八十一条规定可以看出，如果劳动合同没有法定必备条款或者虽有但未履行，也只是承担损失赔偿或者支付违约金，至于违法行为的纠正或追究，仍然是人社部门或社会保险费征收机构的职责。因此，劳动者和用人单位因申报缴纳社保费发生的争议不是劳动争议，不能通过调解、仲裁、诉讼程序处理，只能先通过劳动行政部门或社保费征收机构查处，然后再进行行政复议或诉讼程序。

（三）工伤保险待遇差额争议可以通过劳动争议的途径解决，但不是最佳途径

本专题的四个案例中，有三个案例是通过劳动争议的途径解决了工伤保险待遇的问题，案例四却不支持通过劳动争议途径解决争议，而把它作为行政争议的受案范围予以驳回。有观点认为，案例四中二审、再审判决使纠纷解决的途径更加曲折：本案中二审、再审判决将已经查明的问题推给行政机关，要求当事人穷尽其他手段后再向法院提起诉讼，这样不仅浪费司法资源，无端增加当事人诉累，而且提高了维权难度。先经过行政前置程序才能提起诉讼需要法律明确规定，而本案中由于用人单位瞒报缴费基数而导致申请人社保待遇降低问题则并非法律规定先经行政处置程序的案件。

笔者认为这种认识不无道理，但案例四二审、再审的释法说理很透彻，从案件的本身来看，似乎增加了当事人的诉累，但该案引发了我们对工伤保险待遇差额争议的反思，到底是行政途径还是劳动争议途径更能有利于维护劳动者的合法权益？我们不妨从三个劳动争议案件裁审过程的相关数据和生效裁判主文来评估或预测裁判效果。

工伤保险待遇差额争议法律历程及判决对照

案件类别	争议起始时间	最终判决时间	案件历时	历经裁审机构次数	判决结果
案例一	2012.9.27	2020.3.18	7年6个月	15	支付2012年11月至2018年6月伤残津贴差额62585元
案例二	2016.6.14	2019.3.20	2年9个月	4	以人民币4426.11元每月的75%为基数、每年按照调整伤残津贴的相关规定计算李某应享受的伤残津贴减去李某从工伤保险基金实际领取的伤残津贴之得数
案例三	2014.12.31	2018.11.28	3年11个月	4	在本判决生效后三日内补足常某每月伤残津贴差额9139.48元

从案件的法律历程和裁审过程的相关数据可以看出，对于工伤保险待遇差额的劳动争议案件，不仅劳动争议仲裁机构和司法机关裁审结论可能不一，而且案件经历的时间较长、历经裁审的次数较多。案例一的裁判结果为“支付2012年11月至2018年6月伤残津贴差额62585元”，该判决结果看似清晰明确，但没有说明是否按照每年调整的待遇递增计算还是按一个固定数额计算，而且对2018年7月后的津贴差额既没有裁判主文也没有在裁判文书中进行释明；案例二的裁判结果为“以人民币4426.11元每月的75%为基数、每年按照调整伤残津贴的相关规定计算李某应享受的伤残津贴减去李某从工伤保险基金实际领取的伤残津贴之得数”，只是一个待遇差额的计算方法；案例三的裁判结果为“在本判决生效后三日内补足常某每月伤残津贴差额9139.48元”，忽略了待遇每年增长的因素。三个案例的裁判结果有一个共同的缺憾，那就是只解决了当前的待遇差额问题，有的连当前的差额问题也需要通过其他辅助方式才能实现（如案例二），但对于以后年度的待遇差额问题，恐怕还需要通过诉讼方式来解决。我们应该思考的是：我们是否在争议的解决方式上出了问题？

以案例三为例，对案例三的终审判决，我们可以这样理解：自2015年1月起，用人单位应当每月支付伤残津贴差额9139.48元。但法院并没有考虑每年伤残津贴调整的实际，即便解决了2018年11月之前伤残津贴差额的争议问题，那么在2019年以后呢？每月支付伤残津贴差额9139.48元不变？2020年以后呢？如果按照国家政策规定每年调整伤残津贴支付标准，那么以后的伤津贴差额如何支付？如果按照行政的途径从源头上化解工伤职工长期待遇的差额问题，那么工伤职工伤残待遇每年调整的问题就会迎刃而解。

三、工伤保险待遇差异形成的原因

对于工伤职工应该享受的以本人工资（缴费工资）为计发基数的工伤保险待遇，主要有三项：一次性伤残补助金、一级至四级工伤职工的伤残津贴和因工死亡职工的供养亲属抚恤金。上述待遇差异的形成主要有以下两个原因：

（一）计算口径影响工资总额

《关于工资总额组成的规定》第四条规定，工资总额由计时工资、计件工资、奖金、津贴和补贴、加班加点工资和特殊情况下支付的工资六部分组成；《关于企业工资总额管理有关口径问题的函》《关于企业加强职工福利费财务管理的通知》都将住房补贴、交通补贴或者车改补贴、通讯补贴以及节日补助、按月发放的午餐费补贴等福利待遇统一纳入职工工资总额管理。从以上规定可以看出，不论用人单位实行何种工资收入分配形式，发放或支付给职工的工资性收入和发放或支付给职工的符合纳入工资总额的津贴、补贴等均应统一纳入职工工资总额管理范围。

（二）缴费工资差异引发的待遇差距

《社会保险法》第三十五条规定："用人单位应当按照本单位职工工资总额，根据社会保险经办机构确定的费率缴纳工伤保险费。"《工伤保险条例》第六十四条第二款规定："本条例所称本人工资，是指工伤职工因工作遭受事故伤害或者患职业病前12个月平均月缴费工资。本人工资高于统筹地区职工平均工资300%的，按照统筹地区职工平均工资的300%计算；本人工资低于统筹地区职工平均工资60%的，按照统筹地区职工平均工资的60%计算。”因此，工伤保险费应当以用人单位的工资总额为基数按一定比例缴纳，尽管法律法规出于维护社会公平的角度对月缴费工资作出了“限高保低”的规定，但职工工资在60%—300%的，应当据实申报、据实缴纳，若用人单位实际发放工资超过统筹地区职工月平均工资的60%却仍以统筹地区上年度职工月平均工资60%的下限来缴纳，则曲解了相关法律法规，导致了工伤职工待遇降低，在行为上就涉嫌违法。

四、解决工伤保险待遇问题的途径

通过前面的分析我们知道，对于用人单位已经为劳动者办理了工伤保险手续，但未按照国家规定足额缴纳工伤保险费而引发的工伤保险待遇争议，劳动者应当向劳动行政部门申请解决。笔者认为，主要有以下解决途径：

（一）向劳动监察部门举报、投诉，由劳动监察部门责令改正，并补缴应由用人单位缴纳的工伤保险费，然后申请社会保险经办机构进行待遇变更

根据《劳动保障监察条例》第二十七条、《工伤保险条例》第六十二条的规定，对用人单位违反社会保险法律法规，瞒报、漏报、少报社会保险缴费基数，侵害劳动者社会保险合法权益的行为，劳动者可以到当地社保经办机构或劳动保障监察机构举报投诉，由劳动监察机构进行查实并责令改正，然后申请社会保险经办机构进行待遇变更。

（二）直接向社会保险经办机构申请待遇变更

《社会保险法》第六十三条规定了社会保险经办机构在用人单位未按时足额缴纳社会保险费时，有责任责令其限期缴纳或者补足，并在缴纳或者补足后变更其社会保险待遇。

（三）申请行政复议或行政诉讼

按照《社会保险法》第六十一条、第七十四条,《工伤保险条例》第五十五条的规定，社会保险经办机构有责任、有义务对用人单位的社会保险缴纳申报进行监督管理，对因监督管理不到位而造成职工待遇降低引发的争议，工伤职工可通过行政复议或行政诉讼的途径解决。

综上，因工伤保险缴费问题引发的工伤保险待遇争议，尽管问题单一，但涉及用人单位和社会保险行政、经办、劳动监察处理等多个机构，处理起来比较复杂；加之该问题涉及工伤职工的切身利益，所以，应在用人单位的法律意识上、社会保险征缴的监督管理上、劳动监察的日常巡查力度上进一步加强，确保工伤保险费依法、足额缴纳，以减少该类争议的发生。

第六章

失业保险争议

失业保险是国家通过立法强制实施，对劳动年龄内、有劳动能力并有就业愿望的劳动者，由于非本人原因而失去工作，在一定期间内由国家和社会为其提供基本生活保障的社会保险制度。失业保险是社会保障体系的重要组成部分。

专题一　失业保险待遇损失争议

失业保险待遇争议易引发集体争议或共同诉讼。该类争议应当引起高度重视。

案例一　未缴纳失业保险费应赔偿失业保险待遇损失

案情简介

2005年8月31日，育英中学（化名）董事会（甲方）与方某（乙方）签订《教师聘任合同书》，合同第一条约定，“甲方聘用乙方期限为十五年，即自2005年9月1日起至2020年8月31日止，为固定期限合同。合同期满聘用关系自然终止”；方某自2015年5月起未到育英中学上班。育英中学为方某缴纳医疗保险费（与工伤保险、生育保险绑定缴费）至2015年10月，缴纳养老保险费至2013年12月，未为方某办理失业保险手续。

2015年3月31日，方某等人就失业保险赔偿金等诉求向劳动争议仲裁委员会申请仲裁。

案件历程

（一）劳动人事争议仲裁委：不予受理

2015年4月7日，该委员会作出不予受理通知书。

方某不服，提起诉讼。

（二）一审法院：赔偿失业保险待遇损失

一审法院认为，本案育英中学未为方某办理失业保险且未能证明还能够补办，应当按照规定赔偿方某经济损失。育英中学辩称方某自公立学校离职后，社会保险费继续在某县机关事业保险局缴纳，未转移到某县社会保险局，而某县机关事业保险局未向缴费单位开放参加失业保险险种的渠道，在客观上导致其无法为方某缴纳失业保险费；但育英中学的上述抗辩主张没有相应证据佐证，社会保险未转移到平潭县社会保险局亦不能归责于方某。且依照《某省失业保险条例》第二条规定，各类企业、事业单位、社会团体、民办非企业单位等均应当参加失业保险，育英中学作为民办非企业单位，不按规定参加失业保险，致使方某在解除合同后不能享受失业保险待遇，应当按照《某省失业保险条例》第十九条“失业人员失业前所在单位和本人按照规定累计缴费时间每满一年领取二个月失业保险金”和第二十条“累计缴费时间满一年不满十年的，按当地法定最低工资的百分之七十标准发放”的规定予以赔偿。方某至劳动合同解除时缴费时间已满9年未满10年，其诉请按最低工资的70%计算，符合条例规定的发放标准。本案劳动合同终止日（2015年5月5日）当地月最低工资标准为1170元，故育英中学应向方某赔偿的经济损失为1170元/月 ×70% ×18个月＝14742元。

育英中学不服，提起上诉。

（三）二审法院：赔偿失业保险待遇损失

二审法院认为，首先，育英中学未为方某办理失业保险，也不能证明社保经办机构还能够补办失业保险手续，导致方某离职后无法享受失业保险待遇，其应按规定赔偿方某相应的经济损失。其次，方某依托劳务派遣公司作为平台为自己补缴医疗保险费，属于减轻自己损失的行为，并不能以此认定与其他单位形成劳动关系，育英中学持《劳务派遣公司单位资金往来票据》，以方某再就业为由主张免责缺乏事实依据，本院不予采信。再次，育英中学作为民办非企业单位，有为员工办理失业保险的义务。育英中学未能证明方某的社会保险未转移到平潭县社会保险局应归责于方某，其以某县机关事业社会保险管理中心未开放失业保险险种为由主张无须承担失业保险赔偿责任缺乏依据，本院不予采纳。最后，方某诉请失业保险待遇赔偿时已明确补偿标准按最低工资1170元的70%计算，一审结合方某的工作年限，认定育英中学应向方某赔偿的经济损失为1170元/月 ×70% ×18个月＝14742元正确，方某主张应按70%作为损失补偿标准与其诉请相一致，本院予以支持。

育英中学不服，申请再审。

（四）再审法院：赔偿失业保险待遇损失

再审法院认为，用人单位负有依法为劳动者办理社会保险的义务。育英中学作为民办非企业单位，其二审提供的《政府信息公开申请办理告知书》仅能证明县机关事业单位社会保险管理中心不具备缴纳、征收失业保险费的业务职能，不能证明其系应方某的要求在县机关事业单位社会保险管理中心办理社会保险。故育英中学主张其未为方某办理失业保险没有过错，依据不足，一、二审判决未予采纳，并无不当。育英中学未为方某办理失业保险手续，现有证据亦不能证明社会保险经办机构能够予以补办，方某因无法享受失业保险待遇诉请育英中学予以赔偿损失，具有事实和法律依据，一、二审判决予以支持于法有据。①

案例二　不能补缴失业保险费应赔偿待遇损失

案情简介

郜某2005年9月进入某学校从事数学教学工作，2015年7月至今某学校一直未给郜某安排工作。郜某于2018年6月14日向某学校邮寄解除合同通知书，某学校于次日收到该通知书；郜某与某学校的劳动关系已被湖南省常德市武

① 案例取自福建省高级人民法院（2019）闽民申2828号民事裁定书。

陵区人民法院（2017）湘0702民初836号民事判决书确认，其应获得的停工津贴已计算至2016年3月；其要求某学校支付社会保险损失的诉求未获该生效判决支持；郜某在劳动合同解除前12个月的平均工资以1430元/月计算。

郜某于2018年8月向劳动人事争议仲裁委员会申请劳动仲裁，要求某学校支付失业保险待遇等。

案件历程

（一）劳动人事争议仲裁委：应支付失业保险待遇

劳动人事争议仲裁委员会经审理，于2018年9月18日作出裁决：某学校向郜某支付失业保险待遇17017元。

某学校不服，遂于2018年10月26日诉至法院。

（二）一审法院：对失业保险待遇不予处理

一审法院认为，湖南省常德市武陵区人民法院（2017）湘0702民初836号民事判决书已作如下认定：社会保险费用的征缴是社保经办机构的职责，属于行政管理的范畴，是国家社保经办机构与缴费主体之间的一种管理与被管理的行政法律关系，并非劳动争议案件当事人之间的民事法律关系，劳动者是享受期待权利的受益人，而非征缴关系中的实际权利主体，劳动者和用人单位之间并不因此而形成债的关系。对于用人单位未缴社会保险的，可以通过行政途径，申请社会保险经办机构强制征缴，不属于人民法院受理民事案件的范围。故对某学校与郜某的失业保险待遇争议不作处理。

郜某、某学校均不服，提起上诉。

（三）二审法院：一审判决不当

二审法院认为，本案中某学校未为郜某缴纳失业保险费，现某学校未提交证据证明该失业保险费可以补缴，郜某以某学校未为其缴纳社会保险费而解除劳动合同，属于非因本人意愿中断就业，因此其要求某学校赔偿其失业保险待遇损失应当得到支持。对于部某失业保险待遇损失的具体金额，仲裁裁决书确定为17017元，部某对此未提出异议，本院予以确认。本案部某在申请劳动仲裁时提起的仲裁请求之一是某学校赔偿其失业保险待遇损失，并不是某学校为其补缴失业保险费，而本案原告某学校的诉讼请求也是不向部某支付失业保险待遇损失，故一审判决认为部某的请求为要求某学校缴纳失业保险费而未处理不当，本院予以纠正。

某学校不服，申请再审。

（四）再审法院：部某主张失业保险金符合法律规定

再审法院认为，部某自2005年9月即进入某学校从事数学教学工作，持续工作近10年，已经形成事实劳动关系。虽然自2015年7月起至2018年6月15日某学校收到部某解除合同通知书时止，某学校未再给部某安排工作，但是双方并没有办理解除劳动关系的手续，不能确认双方已解除劳动关系。在部某客观上为某学校提供了劳动并获得报酬的情况下，部某是否具备教师资格证书，不是双方之间劳动关系确立的必备前提条件，且某学校与部某之间的持续劳动关系已被生效判决所确认，故双方之间的劳动关系持续至某学校收到解除劳动合同通知书之日止。部某向某学校主张双方解除劳动关系的失业保险金符合法律规定。[①]

案例三　未及时缴纳失业保险费应赔偿待遇损失

案情简介

鹤某自2012年8月5日起到某木材公司工作，双方每年签订一次劳动合同。2016年8月1日，木材公司向鹤某发放通知，内容为“鹤某：2016年7月8日，

---

① 案例取自湖南省高级人民法院（2019）湘民申5195号民事裁定书。

因木材公司整改、设备检修，临时将你调入金属公司工作，但你至今未前往上班。请你在收到该份通知之日起3日内，前往本公司说明情况，如有请假手续请一并携带至本公司行政部”。后鹤某与木材公司因此发生纠纷，并于2016年7月20日报警处理，派出所出具了接处警证明，内容为：“2016年7月12日8时4分许，派出所接到110指令，民警到现场后发现系鹤某等人与木材公司之间有劳动纠纷，后双方现场协商未能达成一致意见，公安机关建议双方通过司法途径解决劳动纠纷问题，双方表示同意。”后鹤某依法向劳动人事争议仲裁委员会申请仲裁。

案件历程

（一）劳动人事争议仲裁委：驳回了鹤某的仲裁请求

该仲裁委员会驳回了鹤某的仲裁请求。

鹤某不服该仲裁裁决，因而成讼。

（二）一审法院：支持失业保险待遇损失

一审法院认为，用人单位与劳动者应当按照劳动合同的约定，全面履行各自的义务。关于鹤某主张的失业待遇损失6000元，鉴于木材公司未依法为鹤某足额缴纳社会保险，且对鹤某所主张的数额无异议，对此予以支持。

木材公司不服，提起上诉。

（三）二审法院：支持失业保险待遇损失

二审法院认为，关于木材公司应否支付鹤某失业保险待遇损失的问题。木材公司上诉称因失业人员领取失业保险金的条件是“非因本人意愿中断就业的”，而鹤某系自行离职，并不具备领取失业保险待遇的条件。根据《实施〈中华人民共和国社会保险法〉若干规定》第十三条的规定，“非因本人意愿中断就业包括下列情形……（五）劳动者本人依照劳动合同法第三十八条规定解除劳动合同的”，而鹤某正是以木材公司未依法缴纳社会保险费已违反了《劳动合同法》第三十八条的规定为由，要求解除双方之间的劳动合同关系，故木材公司的该项上诉主张于法无据，本院不予支持。因失业保险待遇系劳动者应享受的法定权利，而木材公司确实存在未及时足额缴纳失业保险费的情形，且木材公司一审时对于鹤某所主张的失业保险待遇数额的计算方法也表示认可，故一审法院判令木材公司赔偿鹤某失业保险待遇损失6000元有事实及法律依据，本院予以维持。

木材公司不服，申请再审。

（四）再审法院：木材公司的再审申请理由不能成立

再审法院认为，失业保险待遇是劳动者应享受的法定权利，木材公司于2016年5月才开始为鹤某缴纳失业保险费，因不符合缴纳满一年的条件，导致鹤某不能按照规定向社会保障行政部门领取失业保险金，木材公司应承担鹤某失业保险待遇损失。故一、二审判令木材公司赔偿鹤某失业保险待遇损失6000元有事实及法律依据。[①]

案例四　享受失业保险待遇应符合法定条件

案情简介

邱某原系某印章公司职工，2004年1月印章公司破产后，邱某领取了一次性安置费。2014年1月8日，邱某向市人力资源和社会保障局（以下简称市人社局）反映未能领取失业保险金的问题，2014年2月12日，失业保险中心向市人社局信访接待办公室就上述问题作出《关于邱某未能领取失业保险金问题的答复》，主要内容为：2005年12月印章公司破产重组后，破产清算组于2006年1月向我中心提出申请，为符合申领条件的244名合同制工人申领失

---

① 案例取自江苏省高级人民法院（2019）苏民申2557号民事裁定书。

业保险待遇，经我中心严格审核，于2006年3月起为这244名合同制工人发放了失业保险待遇，其中没有邱某。办理依据包括《失业保险条例》《失业保险金申领发放办法》。该市所有破产改制企业均执行上述政策。2014年2月17日，市人社局向邱某作出《关于对邱某同志反映问题的答复》，内容与上述市失业保险中心的答复基本相同。

邱某于2014年4月3日针对市失业保险中心所作答复申请行政复议。

案件历程

（一）复议机关：失业保险中心所作答复认定事实清楚，适用依据正确

某市政府于2014年5月12日作出（2014）12号行政复议决定，维持了某市失业保险中心的答复。主要理由为：邱某在原印章公司破产后领取的一次性安置费，属于为其自谋职业而发放的一次性安置费。破产企业职工在领取了一次性安置费后自谋职业，即为在业人员，不再享受失业救济。市失业保险中心所作答复认定事实清楚，适用依据正确，应予维持。

邱某不服市政府作出的涉案行政复议决定，提起行政诉讼。

（二）一审法院：市失业保险中心所作答复并无不妥

一审法院认为，因邱某在原印章公司破产后已领取了一次性安置费，故其不能再享受失业保险待遇。市失业保险中心所作答复并无不妥。市政府所作行政复议决定认定事实清楚、程序合法。邱某提出的补发失业保险金和赔偿损失的主张，无事实及法律依据。

邱某不服一审判决，提起上诉。

（三）二审法院：驳回上诉、维持一审判决

二审法院认为，邱某已领取了一次性自谋职业安置费，不能再享受失业保险待遇。《社会保险法》于2011年7月1日颁布实施，印章公司破产及邱某

享受破产单位职工待遇均于2004年完成，根据法不溯及既往的原则，本案不适用《社会保险法》。

邱某不服二审判决，申请再审。

（四）再审法院：邱某的诉请依法不属于行政诉讼受案范围

再审法院认为，本案争议焦点是对市失业保险中心、市人社局的涉案答复如何定性的问题。邱某在再审申请材料中提到，其于2014年1月7日向市失业保险中心申领失业保险金遭拒绝后，于同年1月8日向市人社局的信访部门书面反映该问题。根据一、二审查明的事实，2014年2月12日市失业保险中心向市人社局信访部门作出《关于邱某未能领取失业保险金问题的答复》，2014年2月17日市人社局向邱某作出《关于对邱某同志反映问题的答复》，两份答复内容基本相同。上述情况说明，一方面，市失业保险中心作出的《关于邱某未能领取失业保险金问题的答复》，是在该中心拒绝邱某领取失业保险金的申请，邱某向市人社局书面信访后，该中心就邱某通过信访途径反映问题所作的解释说明；另一方面，市人社局《关于对邱某同志反映问题的答复》中亦载明“逾期不申请，本答复意见即为该信访事项的终结性意见”。据此可以认为，市失业保险中心、市人社局所作的涉案答复，在性质上均属于对信访事项的处理意见。虽然邱某对市失业保险中心的答复不服申请行政复议，但并不能改变涉案答复的信访性质。涉案答复仅是对邱某未能领取失业保险金问题的解释说明，对邱某的实体权利义务不产生实质影响。市政府的行政复议决定维持了市失业保险中心的答复内容，亦未影响邱某的实体权利义务。邱某的诉请依法不属于行政诉讼受案范围。[①]

评析与思考

主张失业保险待遇损失，必须符合《社会保险法》第四十五条和《最高

① 案例取自最高人民法院（2016）最高法行申4207号行政裁定书。

人民法院关于审理劳动争议案件适用法律问题的解释（一）》第一条第五项规定的条件。

一、失业保险待遇损失的成因

失业保险待遇损失主要由以下几个方面的原因引起：一是用人单位没有按照国家的规定缴纳失业保险费；二是劳动者与用人单位签订不缴纳社会保险的协议（有的约定一项，有的约定多项，有的约定不明确），由用人单位为其职工发放社会保险补贴。

实践中，主张失业保险待遇损失的，大多是因为用人单位没有按照国家规定为职工缴纳失业保险费，应当由用人单位按照国家规定的失业保险待遇支付。对于劳动者与用人单位签订不缴纳社会保险协议而不能享受失业保险待遇的情形，则应视签订协议的情况分别对待。社会保险包括养老、医疗、工伤、失业和生育五项保险，只有养老、医疗、失业保险费由用人单位和职工共同缴纳，对于在协议中约定不缴纳失业保险费的，该协议因违反国家强制性规定当然无效，在裁审过程中，失业保险待遇损失可以按照各自在协议中的责任进行分担。

二、失业保险待遇损失的特殊性

根据《社会保险法》第四十五条、第六十三条，《失业保险条例》第十六条，《劳动法》第一百条的规定，劳动者要求用人单位赔偿失业保险待遇损失，应当同时满足用人单位未按规定缴纳失业保险费、非因劳动者原因中断就业、劳动者处于失业状态这三个条件。主张失业保险待遇损失的特殊性有三：一是职工必须在用人单位工作一年以上；二是非本人意愿中断就业；三是用人单位没有缴纳失业保险费。享受失业保险待遇与缴费工资无关，但与职工个人的缴费意愿相关。如果职工与用人单位在缴纳失业保险的协议中约定不缴纳失业保险费，那么在主张失业保险待遇损失的问题上职工有相应的法律责任，在判定失业保险损失时，裁判机关可能按照签订协议时各自的责任裁定失业保险待遇的损失。

三、失业保险待遇项目

失业保险待遇支出项目包括失业保险金、医疗补助金、丧葬抚恤补助费、职业培训和职业介绍补贴、国有企业下岗职工基本生活保障补助和农民合同制工人一次性生活补助金等。

（一）失业保险金

失业保险金是支付给失业人员在失业期间的基本生活费用。《社会保险法》第四十五条规定："失业人员符合下列条件的，从失业保险基金中领取失业保险金：（一）失业前用人单位和本人已经缴纳失业保险费满一年的；（二）非因本人意愿中断就业的；（三）已经进行失业登记，并有求职要求的。"这是享受失业保险待遇的三个必须同时满足的条件。

1.缴纳失业保险费满一年

这是用人单位和劳动者共同的缴费义务，是失业人员领取失业保险金的条件之一。《社会保险法》第四十四条规定："职工应当参加失业保险，由用人单位和职工按照国家规定共同缴纳失业保险费。"因此，这里所说的"一年"是指累计缴费满一年，而非连续缴费满一年。

2.非因本人意愿中断就业

劳动者中断就业，分为本人意愿和非本人意愿两种情形。何为非本人意愿中断就业？《实施〈中华人民共和国社会保险法〉若干规定》第十三条规定，非因本人意愿中断就业包括下列情形：（1）依照《劳动合同法》第四十四条第一项、第四项、第五项规定终止劳动合同的；（2）由用人单位依照《劳动合同法》第三十九条、第四十条、第四十一条规定解除劳动合同的；（3）用人单位依照《劳动合同法》第三十六条规定向劳动者提出解除劳动合同并与劳动者协商一致解除劳动合同的；（4）由用人单位提出解除聘用合同或者被用人单位辞退、除名、开除的；（5）劳动者本人依照《劳动合同法》第三十八条规定解除劳动合同的；（6）法律、法规、规章规定的其他情形。

3. 已办理失业登记并有求职要求

劳动者非自愿失业后，必须到当地社保经办机构办理失业登记，一方面这是领取失业保险金的必经程序，劳动者不进行失业登记，社会保险经办机构就不知道其已失业，也就无从发放失业保险金了，另一方面还要对失业人员进行审查，确认其是否符合领取失业保险金的资格。除失业登记外，失业人员还应有求职要求，以便政府部门指定的公共就业服务机构向失业人员提供就业岗位。

（二）享受失业保险金的期限与标准

关于失业保险金的领取期限，国家只作了原则性规定。《社会保险法》第四十六条规定："失业人员失业前用人单位和本人累计缴费满一年不足五年的，领取失业保险金的期限最长为十二个月；累计缴费满五年不足十年的，领取失业保险金的期限最长为十八个月；累计缴费十年以上的，领取失业保险金的期限最长为二十四个月。重新就业后，再次失业的，缴费时间重新计算，领取失业保险金的期限与前次失业应当领取而尚未领取的失业保险金的期限合并计算，最长不超过二十四个月。"

领取失业保险金的条件和标准

<table>
<tr><th colspan="2">领取条件</th><th rowspan="2">领取失业金的最长年限</th></tr>
<tr><th>同时具备</th><th>失业前累计缴费年限</th></tr>
<tr><td rowspan="4">1. 缴费满 1 年
2. 非本人意愿中断就业、进行失业登记，并有就业要求</td><td>不满 1 年</td><td>不支付</td></tr>
<tr><td>1 年≤累计缴费＜ 5 年</td><td>12 个月</td></tr>
<tr><td>5 年≤累计缴费＜ 10 年</td><td>18 个月</td></tr>
<tr><td>累计缴费≥ 10 年</td><td>24 个月</td></tr>
</table>

关于失业保险金的标准，《社会保险法》第四十七条规定："失业保险金的标准，由省、自治区、直辖市人民政府确定，不得低于城市居民最低生活

保障标准。”《失业保险条例》第十八条规定，“失业保险金的标准，按照低于当地最低工资标准、高于城市居民最低生活保障标准的水平，由省、自治区、直辖市人民政府确定”。在2017年9月以前，由于法律法规授权各省级政府在国家规定的范围内自行确定标准，因此也有了各地标准不同的情况。总的来说，各省规定大同小异。2017年9月以后，各地按照人社部、财政部的意见，逐步提高了失业保险金的标准。2017年9月20日，人社部、财政部联合发布《关于调整失业保险金标准的指导意见》，该意见指出，各省要在确保基金可持续前提下，随着经济社会的发展，适当提高失业保障水平，分步实施，循序渐进，逐步将失业保险金标准提高到最低工资标准的90%。2019年12月13日，国务院发布《国务院关于进一步做好稳就业工作的意见》，该意见第二十条指出，对领取失业保险金期满仍未就业且距离法定退休年龄不足1年的人员，可继续发放失业保险金直至法定退休年龄。这使得失业保险的保障范围更广、更加人性化。

（三）医疗补助金

医疗补助金是指按规定支付给失业人员在领取失业保险金期间的医疗费用。《社会保险法》第四十八条第一款规定：“失业人员在领取失业保险金期间，参加职工基本医疗保险，享受基本医疗保险待遇。”《失业保险条例》第十九条规定：“失业人员在领取失业保险金期间患病就医的，可以按照规定向社会保险经办机构申请领取医疗补助金……”这一制度安排，主要是考虑失业人员在失业期间，无法获得维持生活所需的工资收入，由失业保险基金承担失业人员的基本医疗保险费用，可以减轻失业人员的负担，缓解因失业带来的生活压力。失业人员在领取失业保险金期间患病就医的，可以按照规定向社会保险经办机构申请领取医疗补助金。医疗补助金的标准由省、自治区、直辖市人民政府规定。女性失业人员在领取失业保险金期间生育，符合国家计划生育规定的，可以申领生育补助金，并按照当地生育保险的标准支付。

（四）丧葬抚恤补助费

丧葬抚恤补助费是指按规定支付给在领取失业保险金期间死亡的失业人员的丧葬补助费用及由其供养的配偶、直系亲属的抚恤金。《社会保险法》第四十九条第一款规定："失业人员在领取失业保险金期间死亡的，参照当地对在职职工死亡的规定，向其遗属发给一次性丧葬补助金和抚恤金……"

《失业保险金申领发放办法》第十条规定："失业人员在领取失业保险金期间死亡的，其家属可持失业人员死亡证明、领取人身份证明、与失业人员的关系证明，按规定向经办机构领取一次性丧葬补助金和其供养配偶、直系亲属的抚恤金。失业人员当月尚未领取的失业保险金可由其家属一并领取。"遗属待遇应一次性领取，当多项丧葬补助金发生竞合时，只能领取其中一项。

（五）职业培训和职业介绍补贴

职业培训和职业介绍补贴是指按规定支付给失业人员在领取失业保险金期间接受职业培训、职业介绍的补贴。

（六）国有企业下岗职工基本生活保障补助

国有企业下岗职工基本生活保障补助是指从失业保险基金中调剂用于进入企业再就业服务中心的国有企业下岗职工基本生活保障的支出。

（七）农民合同制工人一次性生活补助金

农民合同制工人生活补助金，是一次性支付给合同期满不再续订或者提前解除劳动合同的农民合同制工人的生活补助费。《失业保险条例》第二十一条规定："单位招用的农民合同制工人连续工作满1年，本单位并已缴纳失业保险费，劳动合同期满未续订或者提前解除劳动合同的，由社会保险经办机构根据其工作时间长短，对其支付一次性生活补助金……"可见，农民工只需满足"连续工作"满一年即可享受相关权益，而无须"缴费"满一年。领取项目为生活补助金，而不是失业保险金，领取形式为一次性，而不是逐月领取，这是其与一般失业人员领取失业保险待遇最大的区别之一。农民合同制工人生活补助金仅限于劳动合同期满未续订或者提前解除劳动合同的情形。一是排斥了除此两种情形以外的其他任何离职情形；二是只强调了“未续订”和“提前解除”，至于是用人单位不续订还是农民工本人不续订、是用人单位解除还是农民工本人解除，则在所不问，只需在客观上“未续订”或“提前解除”。

劳动关系解除或终止后，劳动者以用人单位未为其办理失业保险为由主张失业保险待遇损失的，是否需要审查劳动者享受失业保险待遇的相关条件？这要分劳动者是城镇职工还是农民合同制职工两种情况。城镇职工以用人单位未为其办理失业保险为由，要求用人单位赔偿损失的，应当审查劳动者是否正常缴费满一年以及是否非因本人意愿中断就业；农民合同制职工以用人单位未为其办理失业保险为由，要求用人单位赔偿损失的，应当审查劳动者是否连续工作满一年。

四、失业保险待遇损失的计算标准

关于失业保险待遇损失的计算标准，国家没有统一规定。裁审实践中，一般按照地方人力资源社会保障部门公布的当期失业保险金标准及应当享受的时间进行计算，部分地区以当地失业保险金标准的一定比例为标准计算，这些比例一般超过失业金的标准，具有惩罚性。如《浙江省失业保险条例》第四十七条规定，用人单位应当按照失业保险待遇损失或者一次性生活补助损失总额的二倍给予赔偿；《重庆市失业保险条例实施办法》第十三条规定，单位应比照失业人员工作年限应享受失业保险金的120%予以赔偿。

专题二　失业保险费代缴争议

失业保险代缴有代理和代替两种方式。前已述及，代理是一种合法行为，而代替是非法行为。养老保险、医疗保险享受待遇与缴费无直接关联，而失业保险却与此不同，享受待遇与缴纳单位密切相关。如果劳动者不是以用人单位的名义缴纳，而是以第三方的名义缴纳，那么劳动者带着用人单位出具的解除劳动合同证明去申领失业金，可能遇到种种困难。

案例　失业保险费代缴产生的法律责任由用人单位承担

案情简介

自2011年3月1日起，朱某与某贸易公司先后四次签订《劳动合同书》，对双方权利义务进行了约定，最后一次劳动合同约定履行至2018年12月31日。2016年5月26日，朱某以贸易公司未依法足额为其缴纳社会保险，未依法与其订立无固定期限劳动合同为由，向贸易公司发出《解除劳动合同通知书》，贸易公司于当日收到该通知书。朱某2008年4月至2008年12月的社会保险由贸易公司缴纳，2009年1月至2016年5月的社会保险由某人力资源服务有限公司为其缴纳。贸易公司与某人力资源服务有限公司签订《人事代理服务合同》，约定："贸易公司委托其提供的人事代理服务项目：1.五险一金代缴及享受办理；2.工资福利发放、代扣代缴个人收入调节税；3.员工工作档案建立、调动、托管服务……"2016年7月5日，贸易公司向朱某发出《领取失业保险金通知》，通知其于2016年7月8日14点持本人身份证到失业保险局领取失业保险金。2016年7月11日，就业和人才服务局失业保险中心作出《关于朱某不能领取失业保险待遇的说明》："我区参保职工朱某……2009年1月至2016年5月31日在某人力资源服务有限公司参加失业保险，而朱某并未与某人力资源服务有限公司签订劳动合同。依据渝府发［2005］111号和渝人社发［2011］163号文的规定，必须是用人单位参加社会保险。所以不能领取失业保险待遇。特此说明。"2016年6月12日，朱某与贸易公司因失业保险赔偿金发生争议并申请仲裁，请求裁决贸易公司支付朱某失业保险赔偿金12600元。朱某系农村户口。2014年9月1日起，重庆市包括渝中区在内的一类地区失业保险金的发放标准为875元/月。

案件历程

（一）劳动人事争议仲裁委员会：失业保险中心所作答复认定事实清楚，适用依据正确

2016年6月20日，该委认为失业保险中心所作答复认定事实清楚，适用依据正确。

朱某不服，遂诉至法院。

（二）一审法院：用人单位应当赔偿失业保险待遇损失

一审法院认为，劳动者本人因《劳动合同法》第三十八条的规定解除劳动合同可以享受失业保险待遇。本案中，双方之间的劳动关系于2008年3月25日建立，2016年5月26日解除，解除原因系贸易公司未依法为朱某购买社会保险。根据上述法律规定，此种情形属于非因朱某本人意愿中断就业，且双方劳动关系存续期间已满8年不足9年，故朱某符合领取17个月失业保险金的情形，但因贸易公司未依法为朱某办理失业保险，造成朱某无法享受失业保险待遇，贸易公司应对朱某的损失进行赔偿，朱某要求贸易公司支付失业保险待遇损失8925元（875元/月 ×17个月 ×120%×0.5），予以支持。

公司不服，提起上诉。

（三）二审法院：驳回上诉、维持一审判决

二审法院认为，本案的争议焦点为：被上诉人朱某是否具备申请领取失业保险金，上诉人贸易公司应否承担被上诉人朱某失业保险待遇损失的责任。本案由于上诉人贸易公司未依法为被上诉人朱某购买社会保险，被上诉人朱某以此提出解除与上诉人贸易公司的劳动关系，符合《劳动合同法》的相关规定，同时也符合《社会保险法》第四十五条规定的失业人员领取失业保险金的条件。依据就业和人才服务局失业保险中心出具的说明，被上诉人朱某不能领取失业保险待遇，系因上诉人贸易公司未依法为被上诉人朱某办理失业保险所致，因此，上诉人贸易公司应对被上诉人朱某造成的失业保险待遇损失承担赔偿责任。[①]

评析与思考

《社会保险法》第五十七条第一款规定："用人单位应当自成立之日起三十日内凭营业执照、登记证书或者单位印章，向当地社会保险经办机构申请办理社会保险登记。社会保险经办机构应当自收到申请之日起十五日内予以审核，发给社会保险登记证件。"第五十八条第一款规定："用人单位应当自用工之日起三十日内为其职工向社会保险经办机构申请办理社会保险登记。未办理社会保险登记的，由社会保险经办机构核定其应当缴纳的社会保险费。"依据上述规定，为职工缴纳社会保险是用人单位的法定义务，用人单位应当向其所在地的社会保险经办机构办理社会保险登记，并应当向其所在地的社会保险经办机构为其职工缴纳社会保险，社会保险登记实行属地管理，开户和缴费单位应当是"用人单位"，即与劳动者建立劳动关系的用人单位，用人单位委托第三方代缴职工社会保险不合法。一般而言，劳动者享受社会保险待遇的前提应当是与参保单位存在劳动关系。而在社会保险代缴的情形

① 案例取自重庆市第五中级人民法院（2017）渝05民终441号民事判决书。

下，用人单位所在地与社会保险缴纳地、社会保险缴纳主体与实际工作单位均不一致。代缴是直接以社会保险代缴公司的名义为职工缴纳社保，此种情形不是代理而是代替。由于社会保险涉及人身性质，代缴公司虽代替用人单位缴纳社会保险费用，但不能代替用人单位为劳动者申请相关待遇，而在社会保险经办机构的缴费账户上，却又显示用人单位并未为其职工缴纳社会保险。这就导致劳动者在申报社会保险待遇时，存在被社会保险经办机构拒绝的风险，而劳动者因此遭受的损失，将由用人单位直接承担，对于用人单位来说将存在很大的用工风险。

第七章

生育保险争议

生育保险争议，不仅包括用人单位未缴纳生育保险费引发的劳动争议、社会保险经办机构因支付生育保险项目引发的行政争议，还包括因用人单位工资水平高，在社会保险经办机构支付生育保险待遇的情况下引发的劳动争议。尽管生育保险在五项社会保险中属于“小险种”，但实践中，争议问题的复杂程度并不因险种小而变得简单。

专题一　生育保险待遇损失争议

生育保险待遇损失是由于用人单位未缴纳、未及时缴纳、未足额缴纳生育保险费，社会保险经办机构不支付女职工生育保险待遇而要求用人单位支付相关损失的争议。

案例一　生育保险待遇损失按照过错程度分担

案情简介

丁某于2013年12月16日入职某家居公司从事货物出入数据管理工作，工作至2019年3月31日离职。劳动关系存续期间家居公司未为丁某缴纳社会保险。因某家居公司未依法为其缴纳社会保险，丁某于2019年3月31日提出解除劳动关系。庭审中，家居公司认可收到丁某解除劳动合同通知，双方共同确认劳动关系解除时间为2019年3月31日，均认可丁某离职前12月平均工资为5601.32元。丁某主张某家居公司未交纳社会保险导致其生育保险损失合计4400元，家居公司对丁某主张损失数额无异议，但认为不应当承担赔偿责任。另，丁某与家居公司签订的一份劳动保险协议书中约定：由于丁某个人原因，丁某要求并承诺自行缴纳保险费用，工作期间公司每月补助500元，由丁某自行向有关部门交纳各项保险费用；丁某没有及时缴纳保险引起的一切后果自行负担；若将来发生争议，丁某要求另行为其工作期间缴纳保险费，则须先退还公司每月补助的全部保险费用，然后再按照国家相应法律法规解决争议。

案件历程

（一）劳动人事争议仲裁委：驳回仲裁请求

2019年5月29日，劳动人事争议仲裁委裁决家居公司支付丁某解除劳动关系补偿金工资差额等，驳回丁某其他仲裁请求，驳回家居公司仲裁反请求。

家居公司不服，提起诉讼。

（二）一审法院：缴纳社会保险是双方法定义务，根据双方的过错程度、实际损失数额等因素酌情确定

一审法院认为，因依法缴纳社会保险是劳动法规定的家居公司与丁某之间的法定义务，现双方签订的劳动保险协议书因违反法律、法规的强制性规定应属无效。故丁某所主张的因家居公司未缴纳社会保险导致生育保险待遇损失，其主观上亦存在过错。现根据公平和诚信原则，结合双方的过错程度、丁某的实际损失数额等因素，该院对相关损失酌情予以确定，赔偿丁某生育保险损失3080元。劳动者在依法享受生育或者施行计划生育手术休假期间，用人单位应当支付其工资。故家居公司主张丁某返还已付产假工资的主张，缺乏法律依据，该院不予支持。

家居公司不服，提起上诉。

（三）二审法院：生育保险待遇损失按照过错程度分担

二审法院认为，依法为员工缴纳社会保险是家居公司作为用人单位的法定义务，家居公司以双方签订协议约定由丁某缴纳为由，认为其对此不存在过错，不应支付丁某解除劳动关系补偿金的上诉主张，于法无据，本院不予支持。家居公司关于丁某存在旷工，其不应支付丁某2019年3月工资差额1500元的上诉主张，缺乏充分有效证据证明，本院无法采信。关于丁某主张的生育保险待遇损失，一审法院根据公平和诚信原则，结合双方的过错程度、丁某的实际损失数额等因素，对相关损失酌情予以确定，本院认为并无不当。

综上，家居公司的上诉请求本院不予支持。[①]

案例二　生育保险补缴后社保部门不支付生育保险待遇，用人单位有责任的，应支付生育保险待遇损失

案情简介

孟某于2014年12月12日入职某商务公司，从事行政经理工作，月工资为4000元。2015年7月起，孟某工资涨至每月4200元。2016年2月26日，医院诊断孟某为早孕，出具了诊断证明及病假证明单（早孕、先兆流产）。2016年10月19日，孟某剖宫产生育一女。孟某在产假结束后未向商务公司请假，也未去商务公司上班。2018年5月26日、5月29日，商务公司分别通过快递方式通知孟某到岗，孟某拒绝签收邮件且未到岗。2018年5月30日，商务公司通知孟某解除劳动合同。次日，孟某收到商务公司的解除劳动关系证明。2018年11月12日，孟某作为申请人，以商务公司为被申请人向劳动人事争议仲裁委员会提起仲裁请求，请求裁决商务公司支付生育险报销赔偿2万元、生产哺乳期间赔偿5万元及解除劳动合同关系补偿5万元。

案件历程

（一）劳动人事争议仲裁委：驳回生育保险待遇损失

2018年12月11日，劳动人事争议仲裁委员会裁决商务公司支付孟某经济补偿金6335元并驳回孟某的其他仲裁请求。

孟某不服该仲裁裁决，于法定期限内起诉。

---

① 案例取自北京市第一中级人民法院（2019）京01民终11436号民事判决书。

（二）一审法院：对生育保险待遇损失不予处理

一审法院认为，劳动者以用人单位未为其办理社会保险手续，且社会保险经办机构不能补办导致其无法享受社会保险待遇为由，要求用人单位赔偿损失而发生争议的，人民法院应予受理。本案中，孟某要求商务公司支付生育险报销医药费2万元、产假98天期间的生育津贴5万元的诉讼请求，不属于劳动争议受案范围，故对孟某上述两项诉讼请求，一审法院不予处理。

（三）二审法院：社保部门不能为孟某补发生育津贴、报销生育医疗费用，由此给孟某造成的生育保险待遇损失，应当由商务公司承担

二审另查明，商务公司提供的社会保险补缴审批表显示，2018年11月30日，商务公司为孟某补缴了2015年7月至2016年2月生育保险，补缴月基数为4200元；2016年3月至2016年6月生育保险，补缴月基数为2626元；2016年7月至2017年6月生育保险，补缴月基数为2930元。

二审法院认为，本案系孟某与商务公司因劳动关系的解除产生的争议，系劳动合同纠纷。《某市人民政府关于进一步做好企业职工生育保险工作有关问题的通知》规定："女职工生育津贴为本人生育前12个月的月平均缴费工资除以30天后乘以产假天数（元以下四舍五入）。"本案中，孟某2016年10月19日剖宫生育一女，商务公司在其生育前并未为孟某连续足额缴纳生育保险1年以上。虽然商务公司在社保部门稽核后为孟某补缴了社会保险，但此时社保部门已不能为孟某补发生育津贴，报销生育医疗费用，由此给孟某造成的生育保险待遇损失，应当由商务公司承担。本案中，社保部门已经通过稽核确定了孟某的缴费工资，参照上述规定的计算方式，本院认定商务公司应当支付孟某生育津贴10623.2元，生育医疗费用为4600元。[①]

---

① 案例取自山东省济南市中级人民法院（2019）鲁01民终8908号民事判决书。

评析与思考

主张生育保险待遇损失，必须符合《最高人民法院关于审理劳动争议案件适用法律问题的解释（一）》第一条第五项规定的受理条件。

一、生育保险待遇损失的成因及维权路径

生育保险待遇损失主要由以下几个方面的原因引起：一是用人单位没有按照国家的规定缴纳生育保险费；二是劳动者与用人单位签订不缴纳社会保险的协议（有的约定一项，有的约定多项，有的约定不明确），由用人单位为其职工发放社会保险补贴，案例一就属于这种类型；三是用人单位没有足额缴纳生育保险费，致使女职工不能按照国家规定的标准享受生育保险待遇；四是用人单位因为欠交生育保险费，在补缴后社会保险经办机构认为不能按照国家规定享受生育保险待遇。

实践中，主张生育保险待遇损失的，大多是因为用人单位没有按照国家规定为职工缴纳生育保险费，应当由用人单位按照国家规定的生育保险待遇支付。对于劳动者与用人单位签订不缴纳社会保险协议而不能享受生育保险待遇的情形，则应视签订协议的情况分别对待。社会保险包括养老、医疗、工伤、失业和生育五项保险，只有养老、医疗、失业保险费由用人单位和职工共同缴纳，工伤和生育保险由用人单位缴纳，个人不缴费。对于在协议中约定不缴纳生育保险费的，该协议因违反国家强制性规定当然无效，但在裁审过程中，生育保险待遇损失不能与养老、医疗、失业保险损失一样对待，尽管有双方的协议约定，但职工在工伤和生育保险费的缴纳上没有义务，不能按照各自在协议中的责任进行分担。案例一的判决结果按照用人单位和职工缴纳生育保险费的责任比例进行损失分担，混淆了社会保险各个险种在缴纳上的责任和义务，值得商榷。

对于因为没有足额缴纳生育保险费、补缴生育保险费后又不能享受生育

保险待遇的情形，裁审实践中，不仅对是否属于劳动争议存在分歧，而且对于是否赔偿生育保险待遇损失也有分歧。笔者认为，对于用人单位未为劳动者建立社会保险账户，且社会保险经办机构不能补办导致其无法享受社会保险待遇，劳动者要求用人单位赔偿损失而发生的争议，应当按照《最高人民法院关于审理劳动争议案件适用法律问题的解释（一）》第一条第五项规定作为劳动争议处理；而对于用人单位已为劳动者办理了社会保险手续，但因用人单位欠缴、拒缴社会保险费或者劳动者对缴费基数有异议等发生的争议，不应作为劳动争议处理，而应当通过行政途径解决。案例二属于用人单位欠缴社会保险费的行为，后用人单位补交了生育保险费，社会保险经办机构应当为职工发放其应当享受的生育保险待遇。但司法机关却径行对该案件作出了判决，虽然劳动者在生育保险待遇上没有受到损失，但在案件的处理方式和途径上却混淆了民事与行政案件的受理范围。

二、生育保险待遇损失的特殊性

生育保险待遇包括生育津贴和生育医疗费用，任何一项待遇发生损失都可以主张，但生育保险待遇损失不同于其他社会保险待遇损失，有其待遇计发的特殊性。

《女职工劳动保护特别规定》第八条第一款规定："女职工产假期间的生育津贴，对已经参加生育保险的，按照用人单位上年度职工平均工资的标准由生育保险基金支付；对未参加生育保险的，按照女职工产假前工资的标准由用人单位支付。"生育津贴与缴费工资和休假天数有关。用人单位的缴费工资直接关系到生育津贴的具体数额，生育保险缴费都是按照职工的工资总额的一定比例进行交费的。有的用人单位刻意瞒报职工缴费工资总额，低于职工实际发放工资缴纳生育保险费，因此社会保险经办机构在发放职工生育津贴时，按照职工个人的缴费工资计发生育津贴，这样争议就不可避免。生育保险在五项社会保险中是统筹层次比较低的一个险种，一般情况下都是执行统筹地区的政策标准，不同地区生育医疗费用的支付政策差异可能较大，有的按照医疗保险的规定报销生育医疗费用，但大多数地方是实行定额结算，由生育保险基金按一定的标准支付。因此，生育保险待遇损失不仅与缴费工资有关，还与地方的生育保险政策相关联。

专题二　生育保险待遇支付争议

由于各方在生育保险待遇支付条件、支付标准、支付项目上理解不一，引发诸多争议。生育保险待遇争议不仅有劳动争议，还有行政争议。

案例一　用人单位在职工生育期间支付的工资是否属于不当得利

案情简介

2015年1月1日、2016年1月1日，某区环卫站与赖某分别签订合同期限为一年的《劳动合同》。2016年4月18日，赖某向某区环卫站提出辞职申请并取得某区环卫站同意。劳动关系存续期间，某区环卫站为赖某办理了职工生育保险。赖某于2015年10月2日住院生产。同年12月3日，社会保险事业局审核后向某区环卫站支付职工生育保险待遇10404.69元，其中生育医疗费为3000元，生育津贴为7404.69元（按产假98天计算）。根据《某区生育保险暂行办法》第十五条的规定，生育津贴是女职工按照国家规定享受产假期间获得的工资性补偿。该办法第十六条第一项规定，生育津贴由社会保险经办机构支付给用人单位，女职工产假期间的工资由用人单位按原渠道、原标准发放。2016年1月11日，某区环卫站通过银行转账将10404.69元当作生育保险费支付到赖某银行账户。赖某产假期间，某区环卫站均按应发1600元，实发1354元的标准向赖某支付工资，该标准与赖某产假前一个月的工资一致。某区环卫站向人民法院起诉，请求判令赖某返还给某区环卫站7404.69元和支付该资金占用期间的孳息（孳息以7404.69元为基数，按银行同期贷款利率，从2016年1月11日起计算至实际还清之日止）。

案件历程

（一）一审法院：赖某应返还7404.69元和该款产生的孳息

一审法院认为，原告提交的证据能够证实原告于2016年1月11日转给被告7404.69元系原告失误所致，并非原告真实意思表示。被告没有合法根据占有该款已造成原告损失，应当将该款返还给原告。返还的不当利益，应当包括原物和原物所生的孳息。本案原物为货币，产生的孳息为利息收益。原告误将钱转给被告，其依法可随时向被告主张返还，故本案孳息计算标准应比照银行同期活期存款的基准利率计算。由于本案纠纷产生的原因是原告失误造成的，原告请求孳息按银行同期贷款利率计算对被告显失公平，本院不予支持。

赖某不服一审判决，提出上诉。

（二）二审法院：赖某领取的工资并不构成不当得利

二审法院认为，生育津贴是女职工按照国家规定享受产假或者计划生育手术休假期间获得工资补偿。《女职工劳动保护特别规定》第八条规定，女职工产假期间的生育津贴，对已经参加生育保险的，按照用人单位上年度职工月平均工资的标准由生育保险基金支付。《某区生育保险暂行办法》第十六条规定："……（一）生育津贴由社会保险经办机构支付给用人单位，女职工产假期间的工资由企业按原渠道、原标准发放。（二）国家机关、属财政拨款的事业单位女职工产假期间的工资由用人单位按原渠道、原标准发放，生育保险基金不支付生育津贴。"本案中，在赖某与某区环卫站劳动关系存续期间，某区环卫站为赖某缴交了生育保险，依法赖某应享受产假期间的生育保险待遇。某区环卫站在赖某生育期间，即于2016年1月11日向赖某发放生育津贴7404.69元，同时按原工资标准及渠道向赖某发放工资。所谓不当得利，是指没有法律根据，取得不当利益，使他人受到损失而自己获得利益的民事法律事实。显然赖某领取的生育津贴并不构成不当得利。据此，某区环卫站以不当得利为由诉请赖某返还生育津贴缺乏法律依据，依法应予驳回，一审判决支持的诉讼请求不当，该院予以撤销。

某区环卫站不服，申请再审。

（三）再审法院：领取的工资并不构成不当得利

再审法院认为，本案再审的争议焦点为：某区环卫站支付给赖某的生育津贴应否返还。依据《社会保险法》第二条“国家建立基本养老保险、基本医疗保险、工伤保险、失业保险、生育保险等社会保险制度，保障公民在年老、疾病、工伤、失业、生育等情况下依法从国家和社会获得物质帮助的权利”的规定，生育津贴是女职工按照国家规定享受产假或者计划生育手术休假期间获得的物质帮助。《女职工劳动保护特别规定》第八条“女职工产假期间的生育津贴，对已经参加生育保险的，按照用人单位上年度职工月平均工资的标准由生育保险基金支付”及《某区生育保险暂行办法》第十六条“（一）生育津贴由社会保险经办机构支付给用人单位，女职工产假期间的工资由企业按原渠道、原标准发放。（二）国家机关、属财政拨款的事业单位女职工产假期间的工资由用人单位按原渠道、原标准发放，生育保险基金不支付生育津贴”的规定，是对生育女职工发放生育津贴的规定，并不涉及工资支付问题。本案中，在赖某与某区环卫站劳动关系存续期间，某区环卫站为赖某缴交了生育保险，依法赖某应享受产假期间的生育保险待遇，社会保险经办机构将赖某的生育津贴支付给某区环卫站后，某区环卫站应向赖某支付；工资是劳动者的劳动报酬，赖某作为劳动者，有权获得劳动报酬，某区环卫站作为用人单位，虽然可以不支付赖某产假期间的工资，但前引规定只是对女职工应享受的生育津贴最低限度的保障性规定，现有法律法规并不禁止用人单位在女职工享受生育津贴的同时又向女职工支付工资。某区环卫站向赖某既发放工资又支付生育津贴，系其自愿给付，并不违反法律规定，其发挥扶助妇幼的社会职能，更有利于生育女职工身体的恢复和新生儿健康成长，符合公序良俗，为应受褒扬的善良之举，本院予以充分肯定与尊重。赖某系基于某区环卫站自愿给付取得工资与生育津贴，某区环卫站没有证据证明属于误发，二审判决认为不构成不当得利正确。某区环卫站认为其所发放给赖某的生育津贴属不当得利，主张返还，没有事实与法律依据，不予支持。[①]

案例二　生育津贴应当按照职工所在用人单位上年度职工月平均工资计发

案情简介

尹某于2014年6月3日入职某资产管理有限公司，双方签订自2014年6月3日起至2017年6月2日止的劳动合同。尹某于2017年2月21日生育一子，难产，依法享有113天产假和30天生育假。生育保险基金已以19512元/月为标准支付尹某生育生活津贴93007.20元。尹某生育前的月工资标准为4500元，每月还另有交通补贴900元及餐贴1000元。2017年5月26日，资产管理有限公司向尹某发出《劳动合同续延通知书》："公司于2014年6月3日与您签订的劳动合同即将于2017年6月2日期满。因您目前处于产假期间，按照相关法律规定现通知如下：您的劳动合同期限将自动顺延至您哺乳期届满之日。届时，若双方没有续签劳动合同的，双方的劳动关系依法到期终止，按照法律法规及公司规章制度办理劳动关系终止事宜；双方同意续签劳动合同的，另行协商并办理续签事宜。"尹某于2017年10月31日离职。资产管理有限公司2016年度职工月平均工资为91039.10元。2017年10月31日，尹某提起劳动争议仲裁申请，要求资产管理有限公司支付生育生活津贴差额350292.80元。

案件历程

（一）劳动人事争议仲裁委：支持生育生活津贴差额125649.33元

劳动人事争议仲裁委员会于2017年12月15日作出裁决，裁令资产管理有

---

① 案例取自广西壮族自治区高级人民法院（2020）桂民再411号民事判决书。

限公司支付尹某生育生活津贴差额125649.33元。

双方均不服该裁决，提起诉讼。

（二）法院：用人单位应当给予生育津贴补差

法院认为，本市女职工符合法律法规规定生育的享受产假98天，难产的，增加产假15天。符合法律法规规定生育的，除享受国家规定的产假外，还可以再享受生育假30天，生育假享受产假同等待遇。已经参加生育保险的女职工产假期间的生育津贴，按照用人单位上年度职工月平均工资的标准由生育保险基金支付。从业妇女生产或者流产时所在用人单位的上年度职工月平均工资高于本市上年度全市职工月平均工资300%的，按300%标准由生育保险基金计发；从业妇女生产或者流产时所在用人单位的上年度职工月平均工资高于本市上年度全市职工月平均工资300%以上的，高出部分由用人单位补差。本案中，原告于2017年2月21日生产一子，依法享有113天产假和30天生育假，生育保险基金已按照本市2016年度全市职工月平均工资的300%即19512元/月为标准支付原告生育生活津贴93007.20元，故被告应以其2016年度职工月平均工资91039.10元为标准支付原告143天生育生活津贴差额340945.84元（税前）。综上，原告要求被告支付2017年2月21日至2017年7月13日期间143天生育生活津贴差额税前340945.84元的诉讼请求于法有依，本院予以支持。被告要求无须支付原告生育生活津贴差额125649.33元无依据，本院不予支持。①

案例三　享受生育保险待遇条件的认定

案情简介

黄某所在单位依法为其参加了生育保险，并于2016年2月28日至2016年

① 案例取自上海市浦东新区人民法院（2018）沪0115民初6313号民事判决书。

11月30日为黄某缴纳了自2016年1月起至2016年12月止连续一年的生育保险费用。2016年12月17日，黄某在医院行剖宫产术生育一女（婚生二孩）。2017年2月7日，黄某向某县社保局提出支付生育保险待遇的申请。

案件历程

（一）社会保险经办机构：不符合生育保险报销要求

某县社保局以黄某的生育不符合享受生育保险待遇条件为由不予支付，并向黄某出具《告知书》：经核实，黄某生小孩时间为2016年12月17日，其申请报销的费用不符合生育保险报销要求。

黄某不服，提起诉讼。

（二）一审法院：社会保险经办机构应当给付生育保险待遇

一审法院认为，本案的争议焦点是，黄某是否具备享受生育保险待遇的条件。《某省职工生育保险暂行规定》第十一条规定："职工享受生育保险待遇，应当同时具备下列条件：（一）职工所在单位按照规定参加生育保险并为该职工履行缴费义务满一年；（二）符合法定条件并履行规定手续生育（含流产）或者实施计划生育避孕节育情况检查、避孕节育手术和复通手术的。"据此，黄某主张享受生育保险待遇，应当同时符合上述两个条件。根据《社会保险法》第五十四条第一款规定，用人单位已经缴纳生育保险费的，其职工享受生育保险待遇。本案中，黄某的本次生育符合国家人口和计划生育政策，各方当事人对此亦无异议。某县医保局也认可黄某所在单位于2016年2月28日至2016年11月30日为黄某缴纳了自2016年1月起至2016年12月止连续一年的生育保险费用，即黄某所在单位已经按照规定参加了生育保险，并且为黄某履行缴纳生育保险费用义务满一年，某县医保局应依法履行给付黄某生育保险待遇的法定职责。

某县社保局不服，提起上诉。

（三）二审法院：缴费数额与缴费期限均为一年的规定违背上位法的立法原意

二审法院认为，依据《社会保险法》第五十四条第一款之规定，用人单位已经缴纳生育保险费的，其职工享受生育保险待遇。某县医保局上诉称参照《某省职工生育保险暂行规定》第十一条享受生育保险待遇需同时满足缴费数额与缴费期限为一年的规定，是对依法享受生育保险待遇增设条件，违背上位法的立法原意，与相关规定不符，不能成立，故对其上诉请求不予支持。

某县社保局不服，申请再审。

（四）再审法院：驳回再审申请

再审法院认为，《社会保险法》第五十四条第一款规定，用人单位已经缴纳生育保险费的，其职工享受生育保险待遇。《女职工劳动保护特别规定》第八条第一款、《某省女职工劳动保护特别规定》第十三条第一款规定，女职工产假期间的生育津贴、医疗费用，对已经参加生育保险的，由生育保险基金支付；对未参加生育保险的，由用人单位支付。上述规定对于单位履行缴费义务期限并未明确。《某省职工生育保险暂行规定》第十一条虽规定职工享受生育保险待遇，应当具备职工所在单位按照规定参加生育保险并为该职工履行缴费义务满一年的条件，但对于开始享受生育保险待遇的具体时间并未明确。根据《社会保险费征缴暂行条例》第十条第一款的规定，用人单位为职工缴纳社会保险费是按月缴纳。本案中，黄某所在单位于2016年2月28日至2016年11月30日为黄某缴纳了自2016年1月起至2016年12月止连续一年的生育保险费用，除1月、2月为补缴，至12月均为按月正常缴纳，之后亦继续正常缴纳。黄某所在单位已经按照规定参加了生育保险并为黄某履行缴纳生育保险费用义务满一年。黄某生育时间为2016年12月17日，此时黄某所在单位按照规定已于2016年11月30日为黄某正常缴纳了12月的生育保险费，在其生育时也应认为黄某所在单位符合上述缴费义务期限规定。某县医保局提出的单位履行缴费义务应计算至2016年12月31日满1年，且应从次月起才开始享受生育保险待遇的主张没有法律依据，对于此类法律法规没有明确规定的情形，应当从有利于参保职工的角度作出解释，对该主张本院不予支持。①

评析与思考

女职工享受生育保险待遇所依据的规范，不仅要符合社会保险经办管理的行为习惯，而且不能与上位法的规定相冲突。女职工的生育津贴按职工所在用人单位上年度职工月平均工资计发具有特殊性。

一、源于一系列的规范性文件

《企业职工生育保险试行办法》第五条规定："女职工生育按照法律、法规的规定享受产假。产假期间的生育津贴按照本企业上年度职工月平均工资计发，由生育保险基金支付。"《女职工劳动保护特别规定》第八条第一款规定："女职工产假期间的生育津贴，对已经参加生育保险的，按照用人单位上年度职工月平均工资的标准由生育保险基金支付；对未参加生育保险的，按照女职工产假前工资的标准由用人单位支付。"《社会保险法》第五十六条第二款规定："生育津贴按照职工所在用人单位上年度职工月平均工资计发。"

二、源于生育保险的特殊性

《企业职工生育保险试行办法》第四条规定："生育保险根据'以支定收，收支基本平衡'的原则筹集资金，由企业按照其工资总额的一定比例向社会保险经办机构缴纳生育保险费，建立生育保险基金……职工个人不缴纳生育保险费。"因此，生育保险有两个特殊性。一是生育保险"以支定收，收

① 案例取自江西省高级人民法院（2019）赣行申154号行政裁定书。

支基本平衡”的资金筹集原则。生育保险以基金支出的多少来决定筹集的征收比例，支出越多，生育保险征收的比例就会随之调整提高；如果生育保险基金结余较多，那么生育保险基金的筹集比例就会随之调整降低。二是职工个人不缴纳生育保险费，社会保险经办机构按照用人单位工资总额的一定比例征收。

笔者认为，女职工的生育津贴按照职工所在用人单位职工平均工资计发，一是可以避免个别女职工因本人工资低而影响其生育期间的生活待遇，这也符合《妇女权益保障法》第二十七条“任何单位不得因结婚、怀孕、产假、哺乳等情形，降低女职工的工资，辞退女职工，单方解除劳动（聘用）合同或者服务协议”的规定。二是不会因为生育津贴支付而影响生育保险基金的安全。

后　记

案例是学习法律的根本，读案例是法律人的日课。王泽鉴老师说过："读判决是最基本的任务，我大概每天都在读判决，不读判决的话，我不知道我能研究什么。写文章的话，如果说没有判决的时候，我就不会写，我觉得那就等于空谈。"他还说："要从案例事实寻找法律规范，从法律规范来认定案例事实。只有在案例研习之中才能学习、培养这样的法律能力。"对此，我深信不疑。在人社系统工作多年，阅读、收集案例已成为一种习惯，特别是对特殊案例、裁判特色案例、社会关注度高的争点问题案例，我更是情有独钟。在中国法制出版社出版著作《工伤认定疑难案例解析与要点剖析》《劳动争议实务案例解析与要点剖析》之后，受中国法制出版社吕静云编辑的启发才有了这本《社会保险疑难案例解析与要点剖析》，也正是有了吕静云编辑的鼓励、指导和支持，我才有出版这本书的信心和勇气，同时也非常感谢本书责编赵律玮的仔细审校和提出的宝贵建议。任何客观存在的事物都有一些让人感到缺憾的地方，就像人们平时所说的"人生有三恨：河鱼多刺，海棠无香，《红楼梦》未完"。正因为有这种缺憾，才有这种缺憾之美。这本案例评析也是这样。尽管笔者尽了最大的努力，但是总有让人感到不满意的地方。有些问题案例少，分析得比较笼统、简单，甚至词不达意；有些问题尽管案例较多，说得比较烦琐，但也有实践中遇到的疑难案例无处可循的可能。敬请读者批评指正和见谅。

在本书的成书过程中，东营市人力资源和社会保障局的吕江波提出了很多修改意见，在此深致谢意。同时也感谢聊城市劳动人事争议仲裁院的小伙伴们的建议和反复校阅。

作者

2022年5月9日

图书在版编目（CIP）数据

社会保险疑难案例解析与要点剖析 / 栾居沪，王立林著 .—北京：中国法制出版社，2022.5

ISBN 978-7-5216-2680-3

Ⅰ . ①社…　Ⅱ . ①栾… ②王…　Ⅲ . ①社会保险—案例—中国　Ⅳ . ① F842.61

中国版本图书馆 CIP 数据核字（2022）第 074876 号

策划编辑：吕静云（lvjingyun0328@sina.com）

责任编辑：赵律玮（ayu.0907@163.com）　　封面设计：杨鑫宇

社会保险疑难案例解析与要点剖析

SHEHUI BAOXIAN YI'NAN ANLI JIEXI YU YAODIAN POUXI

著者 / 栾居沪，王立林

经销 / 新华书店

印刷 / 三河市紫恒印装有限公司

开本 / 710 毫米 ×1000 毫米　16 开　　印张 / 20　字数 / 321 千

版次 / 2022 年 5 月第 1 版　　2022 年 5 月第 1 次印刷

中国法制出版社出版

书号 ISBN 978-7-5216-2680-3　　定价：75.00 元

北京市西城区西便门西里甲 16 号西便门办公区

邮政编码：100053　　传真：010-63141600

网址：http://www.zgfzs.com　　**编辑部电话：010-63141793**

市场营销部电话：010-63141612　　**印务部电话：010-63141606**

（如有印装质量问题，请与本社印务部联系。）